사할린 한인의 노스탤지어 이야기 탐구

대원 다문화연구 총서 7
사할린 한인의 노스탤지어 이야기 탐구

2018년 6월 10일 초판 인쇄
2018년 6월 15일 초판 발행

지은이 | 김영순 · 박봉수 외
펴낸이 | 이찬규
펴낸곳 | 북코리아
등록번호 | 제03-01240호
주소 | 13209 경기도 성남시 중원구 사기막골로 45번길 14
우림2차 A동 1007호
전화 | 02-704-7840
팩스 | 02-704-7848
이메일 | sunhaksa@korea.com
홈페이지 | www.북코리아.kr
ISBN | 978-89-6324-605-5 (94300)
978-89-6324-506-5 (세트)

값 17,000원

*본 대원 다문화연구 총서는 대원 서윤석 회장의 연구발전기금을 지원받아 인하대 아시아다문화융합연구소에 의해 발간되었습니다.

대원 다문화연구 총서 7

사할린 한인의 노스탤지어 이야기 탐구

김영순 · 박봉수 · 이영실 · 박미숙 지음

북코리아

서문:
어떤 노스탤지어의 색깔과 향기

우리 모두는 가슴 깊이 그리움으로 꽉 찬 노스탤지어를 안고 산다.

이 그리움이 꿈이 되고, 그 꿈은 현실을 지탱하는 힘이 되기도 한다. 가끔 그리움이 현실에서 채워지지만 우리는 또 다시 그리움의 대상을 만들어 간다. 그런 의미에서 '인간은 누구나 그리움을 가지고 산다'라는 말에 동의하게 된다.

우리는 그리움을 현실로 만들고 그 현실이 다시 그리움을 만드는 '이중적 노스탤지어'를 안고 사는 사할린 한인을 만날 수 있다. 사할린 한인, 이 단어만 들어도 나는 가슴이 먹먹하다. 80년 전 일제의 동원으로 고국 땅에서 이국땅으로 끌려가 힘든 삶을 영위했던 그들, 지금까지 누구도 기억해주지 않았던 그들의 존재, 우리는 그들의 그리움을 이 책에 담기로 했다.

2017년 현재 국내 24개 시설에 약 2,700여 명의 사할린 한인 영주귀국자들이 거주하고 있다. 이들은 거의 80세가 넘었거나 곧 80세가 되는 고령의 연세를 보이고 있다. 이들의 숫자는 하루가 다르게 변하고 있어 사할린 영주귀국 어르신의 정확한 숫자는 파악되지 않고 있다. 이들 사할린 한인 어르신들의 영주귀국 배경은 이렇다.

사할린에 남겨진 한인들의 귀국 문제를 풀기 위해, 1994년 한국과 일본 양국 공동조사단이 사할린에 파견된다. 공동조사단은 사할린주 한인노인회 등을 통해 영주귀국 희망자를 파악하고, 사할린 잔류 한인들의 생활 실태와 요청 사항을 파악하는 한편, 사할린주 당국과 적십자사와의 협조 방안을 협의하기 위해 방문한 것이다. 이후 8월에 열린 5차 한일 실무협의회에서, 사할린에 잔류한 한국인 중에서 고국 땅으로 이주를 희망하는 사람 전원을 대상으로 귀국사업을 추진하기로 합의하였다. 이를 위해 영주귀국자를 위한 주택과 요양시설 건설에 필요한 부지는 한국 정부가 제공하고, 건설 비용과 정착지원금은 일본 정부가 제공한다는 데 원칙적으로 상호 동의했다.

일본 정부는 이에 필요한 경비를 1995년 예산에 반영하겠다고 약속하는 등 적극적인 자세를 보였다. 사할린 잔류를 선택한 사람에 대해서도 개인 보상을 검토한다고, 일본 관방장관이 밝히기도 했다. 한일 양국의 움직임에 맞추어, 사할린주 한인노인회는 다음과 같은 요구 사항을 1994년 5월 일본 외무성에 제출하였다.

- 1945년까지 출생자들을 1세로, 이후 출생자들을 2세로 취급해 보상할 것.
- 한국으로의 영주귀국은 연령을 기준으로 단계적으로 실시하고, 1938년 이전 출생자들을 우선적으로 귀국시키되 희망하는 가족과 동반귀국할 수 있도록 조건을 마련할 것.
- 거주지는 본인의 희망지에 주택을 제공할 것.
- 1세들에게는 사망 시까지 생활비와 치료비를 지급할 것.
- 소유 재산을 한국으로 가져갈 수 있도록 하고, 연금생활자의 연금을 한국으로 보낼 수 있게 할 것.
- 사할린에 계속 남는 것을 희망하는 한인들에게는 1인 1천만 엔씩 보상할 것.
- 사할린 거주 한인들의 민족문화 재생을 위해 민족학교와 문화센터를 건설할 것.
- 사할린 거주 한인들이 이중 국적을 취득할 수 있도록 할 것.
- 일제시대 사할린에 왔다가 러시아 본토로 이주한 한인들에게도 동일한 조건으로 보상할 것.

당시 '1세'에 대한 규정은 사할린 한인들 대부분이 고령이라는 점을 감안하여,

영주귀국 대상에 있어 우선적으로 고려해야 할 사람들이라는 의미가 강했다. 이는 사할린 한인노인회가 과거 사할린 거류 일본인들이 자신의 본국으로 귀환되는 과정에서도 희망자 가족 전원을 받아들였고, 심지어 유골 봉환까지 한 것을 사례로 삼은 것이었다. 그러나 불행히도 이 기준은 어느 시점에선가 영주귀국 대상을 한정 짓는 조건으로 변질되어 버리고 만다. 영주귀국 대상자의 범위 선정과 시기, 방법을 논의하는 과정에서 바로 그 1세들만이 영주귀국 대상으로 확정되었기 때문이다.

한일 적십자사에 의해 실시된 영주귀국 시범사업의 대상자 선정 기준은 다음과 같다. 1945년 8월 15일 이전 사할린 이주 또는 사할린 출생자, 1994년 당시 러시아 국적, 또는 무국적자, 북한 국적 제외, 고령자로 무자녀 또는 독립 세대를 구성하고 있는 자, 정신적 또는 전염성 질환이 없는 자로 제한하였다. 또한, 지역 구분 없이 2인 연령을 합산한 고령자를 우선으로 한다. 이후 2004년부터는 영주귀국의 범위를 확대하여 러시아 본토에 거주하는 1세도 포함하였으며, 2008년부터 1세의 배우자와 장애를 가지고 있는 자녀도 동반귀국을 허용하였다. 특히 1세의 배우자는 국적을 불문하고 허용했으며, 장애의 경우에는 장애증명서를 제출함으로써 귀국이 허용되었다.

그러나 이러한 영주귀국 사업은 영주귀국 시 한 세대는 2인 1가구로 한정하였으며 1인은 거주할 수 없다는 단서를 붙였다. 입주아파트의 동 · 호수 배정은 장애인, 휠체어 사용자를 저층에 배정하고, 합산연령 고령세대 순으로 우선 반영하였다. 하지만 거주지는 단지 생존 시에만 제공되고 상속할 권한은 없다는 단서가 붙었다. 이러한 영주귀국 조건의 제한으로 인해 일부 사할린 한인들이 가짜 결혼을 하고, 나이를 바꾸며, 이미 오래 전 고인이 된 사람의 성과 이름을 사용하는 등 결과적으로 불운한 역사가 재생되었다.

이러한 사할린 한인의 영주귀국의 역사는 그들의 삶과 닮은 꼴인 듯 매우 힘들고 험난한 여정이었다. 이들의 삶은 법적, 제도적 난관과 문제를 넘어 자신이 그리워하던 부모의 고향으로 돌아왔다. 그러나 이들의 그리움은 바로 끝난 것이 아니라 또 다른 그리움을 가져왔다. 바로 사할린 현지에 남겨 둔 자식들과 손주들을 궁금해

하거나 사무치게 보고 싶은 마음이다. 우리들에게 그리움이 있다는 것은 생존해 있다는 것이고 현실과의 투쟁을 의미한다. 그러기에 늘 그리움은 대를 잇는다. 우리는 이 책에서 노스탤지어의 색깔을 보고 향기를 맡고자 하였다.

이 책은 모두 3부로 이루어졌다. 1부 '사할린 한인, 그들은 누구인가'에서는 사할린 한인들을 이해하기 위한 내용과 사할린 한인의 연구 지형에 대하여 기술하였다. 또한 이 책의 집필을 위한 자료수집 방법과 연구참여자들에 관한 내용을 설명하였다.

2부 '문화적응과 정체성 협상의 이야기'는 3~5장으로 구성하여 사할린 한인 어르신 세 분의 이야기를 실었다. 3장에서는 '뼛속까지 나는 한국인: 우정구의 이야기'를 기술하였다. 그리고 4장에서는 '사할린에서 한국으로의 여로: 박영자의 이야기'를, 5장에서는 '인생역전 드라마의 주인공: 장정기의 이야기'를 기술하였다.

3부 '마음의 향수에서 귀환으로의 여정'은 6~8장으로 구성하였다. 6장에서는 '청춘예술단에 인생을 담아: 김부자의 이야기'를, 7장에서는 '귀향을 위한 노력과 좌절: 김성수의 이야기'를, 8장에서는 '사할린에서 핀 무궁화: 문정현의 이야기'를 기술하였다.

이상의 여섯 분 사할린 어르신의 이야기는 소설이 아니라 실화이다. 이분들 모두 이 책을 집필하는 데 있어 인터뷰에 응했으며, 자신이 가진 사진을 내주었고, 실명을 밝히는 것을 꺼리지 않았다. 이들은 자신을 잊은 채로 방치했던 우리에게, 우리 사회에 자신들의 존재를 적극적으로 알리고 싶어 했다. 자신의 부모님이, 또한 자신들이 일제에 의해 원치 않았던 삶을 살았던 것은 우연의 운명이라고 수긍하지 않았다. 그들의 삶 속에서 그들은 '그리움'을 통해 지속적으로 일제와 우리 정부에 저항해왔던 것이다.

본 저자들은 이 책을 접하는 모든 이들이 이들의 이야기를 통해 그리움이 배어있는 지독한 노스탤지어의 빛깔과 향기를 경험하기를 내심 바라는 바이다. 이 노스탤지어의 빛깔은 보는 사람에 따라 다르고, 향기는 맡고자 하는 사람에 따라 다를 것이다. 중요한 것은 과거 일본이 보여준 것과 같이 세계의 어디에선가 평화를 깨고, 남의 행복을 망치려는 자들에게 이런 노스탤지어는 색깔도 없고, 냄새도 없을 것이라는 점이다. 그들은 볼 수 있는 눈과 냄새를 맡을 수 있는 코가 절제된 인간들이기 때문이다. 다시 말해 누군가에게 이런 대를 잇는 그리움, 힘에 겨운 노스탤지어를 만드는 주범들은 인간이길 거부했거나 인간의 탈을 쓴 금수와도 다름없기 때문이다. 우리 인간은 그리움을 만들고, 그리움은 평화를 위한 노스탤지어를 만들며, 이 노스탤지어는 역사를 만든다. 이 책은 이런 진리를 공유하고자 기록되었다고 해도 과언이 아니다.

끝으로 이 책의 출간을 위해 노력해주신 인천광역시 남동사할린센터 내의 사할린경로당 신동식 회장님과 사할린 한인 어르신들께 머리 숙여 감사드리는 바이다. 또한 이 책이 나오기까지 물심양면으로 후원해주신 니나리치 코리아 회장이셨던 대원 서윤석 박사님께 감사드리고자 한다.

2018년 지나가는 봄을 아쉬워하며

저자 대표 김영순 · 박봉수

CONTENTS

PICTURE CONTENTS

PICTURE CONTENTS

PICTURE CONTENTS

PICTURE CONTENTS

I

사할린 한인,
그들은 누구인가

1장에서는 우리나라 근 · 현대사의 살아 있는 역사인 사할린 한인들에 대해, 그들이 누구이며, 러시아와 일본의 틈바구니 속에서 어떠한 삶을 살아왔는지, 그들의 기억 속의 고향은 어떠한 모습으로 자리하고 있는지 기술하였고 사할린 한인에 관한 연구의 담론들을 살펴보았다.

2장에서는 이 책의 저술을 위해 자료수집방법으로써 사용한 포토텔링이 무엇인지, 왜 포토텔링 방법을 사용하였는지, 그리고 포토텔링 연구 방법은 사할린 한인 생애사를 수집하는 데에 어떤 장점이 있는지 등에 대해 기술하였으며, 본 연구에 참여한 영주귀국 사할린 한인 6명에 대해 그들이 어디에서 태어나고 어떠한 배경에서 성장하였는지, 사할린에서 어떻게 지냈고, 어떠한 경험을 하였는지, 현재의 근황을 간략하게 기술하였다.

1장
사할린 한인 연구의 패러다임

사할린 한인은 우리나라 근 · 현대사의 살아 있는 역사이다.
사할린 한인 한 사람이 죽는 것은 박물관 한 채가 사라지는 것과 같다.
우리의 임무는 이들의 목소리를 글로 남겨 이들의 목소리가 사라지지 않고
울림이 되어 후세들이 이들을 기억하게 하고자 함이다.

1. 사할린 한인: 근 · 현대사의 살아 있는 박물관

사할린은 남북으로 가늘고 긴 섬으로 북부에는 길랴크, 윌타 등의 소수민족이 거주하고 남부에는 아이누족이 생활하는 평화로운 섬이었다. 그러나 1800년 초에 러시아에서 죄수들을 사할린으로 이주시킴으로써 평화로운 섬에는 러시아와 일본의 세력 다툼이 시작되었다(Дин Ю. И., 2015). 그리고 사할린은 러 · 일 친화조약(1855년)이 체결되면서 국경이 없는 양국의 국민이 공존하는 땅이 되었다. 그러나 러시아와 일본은 사이에 가라후토와 치시마 교환조약(1875년)이 체결되면서 사할린은 러시아

가 차지하고 게 되고, 치시마섬은 일본이 영유하게 되었다. 그러나 1904년 러 · 일 전쟁이 발발하면서 일본은 사할린을 점령하고, 1905년에 포츠머스 평화조약에 의해 북위 50도 이남의 남부를 차지하게 되고, 러시아는 사할린 북부를 차지하게 되었다(Kuzin Anatolii, 2014).

일본은 남사할린을 차지하고 가라후토라 불렀고 1920년에는 러시아의 위기를 틈타 북사할린 마저 점령하게 된다. 그러나 일본은 1925년에 소비에트 정부와 북경조약을 맺고 북사할린에서 철군하게 된다. 그 후 1945년에 소련군이 사할린에 진주하여 1951년의 샌프란시스코조약에 따라 일본이 영유권을 포기하게 되고 남사할린과 홋카이도주에 속했던 쿠릴열도까지 러시아의 영토가 되어 오늘날에 이르고 있다(한국이민사박물관, 2015). 원래 사할린은 우리나라의 남과 북을 합친 크기와 같고, 사할린의 주요도시로는 유즈노사할린스크, 코르사코프, 홈스크, 알렉산드롭스크사할린스키, 아니바, 돌린스크, 쿠릴스크, 마카로프, 네벨스크, 노거리키, 오하, 포로나이스크, 세베로쿠릴스크, 스미르니흐, 토마리, 티모브스코예, 우글레고르스크, 유즈노쿠릴스크 등이 있다(최상구, 2015).

사할린은 혹독한 기후, 지리적 오지, 농사에 적합하지 않은 자연환경을 가지고 있다. 이러한 악조건으로 사할린은 동토의 땅이라 불리곤 하였다. 그럼에도 불구하고 이런 척박한 땅에 한인들이 거주하게 된 것은 다음의 세 가지 이유로 살펴볼 수 있다.

첫째, 1800년대의 자유이주이다. 1800년대 후반 조선인들은 사할린 전 지역에 흩어져 자리 잡고 살았다. 그 수가 적기 때문에 독립된 마을을 형성하지 못하고 러시아인이나 토착민들과 섞여 살았다. 당시 사할린에 거주하던 한인은 대부분 남성인 점을 고려할 때 이들은 임시 거주자로 돈을 벌기 위해 사할린으로 온 것으로 추정된다(Дин Ю. И., 2015). 이들은 후에 고려인이 되었다. 이들이 고려인이 된 배경은 강제이주이다. 1937년 일본과 전쟁을 앞둔 소비에트 정부는 사할린에 거주하는 한인들을 일본의 스파이라고 여겨 모두 우즈베키스탄, 카자흐스탄 등으로 강제이주를 시켰다. 이에 한인들은 그동안 옥토로 만든 삶의 터전을 버리고 기차에 올라야만 했다. 한인들은 어디로 가는지도 모르는 열차에 태워져 중앙아시아 황무지에 버려졌다(이재혁, 2011). 황무지에 버려진 한인들은 또다시 황무지를 일구고 희망을 의 씨앗을 뿌려 후손의 교육에 힘쓰고 미래의 씨앗을 키웠다. 이와 같은 강제이주는 한인공동체 문화와 민족의 동질성과 정체성이 파괴되는 가장 큰 비극적인 사건으로 중앙아시아로 강제이주된 한인은 오늘날 '고려인'으로 남아있다(윤인진, 2002).

둘째, 경제적 · 정치적인 이유이다. 이는 1905년 사할린의 남부가 일본의 지배하에 넘어간 것과 무관하지 않다. 일제 강점기에 우리나라의 기근은 자신의 조국을 버리고 더 나은 새로운 삶의 조건을 찾아 나서게 한 강력한 원동력이 되었다. 또한 1910년 대한제국이 병합된 후 남사할린과 한국은 1945년 일본의 패전까지 식민지에 놓이게 되었다. 1919년 식민지 조선에서 3 · 1운동이 일본에 의해 가혹하게 탄압을 받게 되자 일부 조선인들은 러시아 연해주를 거쳐 사할린섬으로 도망쳐 갔다. 사할린으로 이주한 조선인들은 대부분 어업에 종사하면서 조선인 마을을 형성하면서 살았다. 이들은 어업조합에 등록하고 잡은 고기는 포획량을 균등하게 나누는 조합의 원칙과 자연적인 물물교환은 상품을 생산하여 화폐로 전환시키는 시스템으로 바뀌어 갔기 때문에 생활 수준은 거의 비슷했다.

셋째, 일본의 노동력을 해결하기 위한 한인들의 동원이다. 1920년 일본은 북사할린의 점령으로 더 많은 노동력을 필요로 하였고, 이를 해결하기 위해 일본의 식민지에 있는 조선인들을 끌어들이고 이들에게 합법적인 거주권과 가능한 많은 혜택을 주고, 노동 모집과 징용을 이용하여 사할린으로의 이주를 가속화하였다. 일본은 계약노동자들을 사할린으로 데려와 노동력의 빈 공백을 채웠다. 그러나 외형적으로는 계약처럼 보이지만 내면에는 가난한 사람들을 헐값으로 데려간 불평등 계약이었다. 사할린 한인은 온갖 멸시와 차별을 받으면서 철도부설, 비행장 건설, 탄광 등에서 노동력을 착취당했다. 사할린의 석탄 산업은 원시적이며 단순한 방식으로 이익만을 추구하는 방식이었기 때문에 생활에 대한 배려는 고려하지 않았고, 심지어 작업복도 주지 않았다. 비록 이들이 더 좋은 돈벌이를 위해 사할린을 선택하였다 하여도 결국 이는 강제동원이었다(Kuzin Anatolii, 2014). 그 이유는 해방이 되었어도 조국으로 귀환하지 못했기 때문이다.

> "점심은 밴또(도시락)지. 밴또를 주는데 꽁보리밥요. 밥도 요만큼 주고, 국은 아무 것도 없는 멀건 된장국이고, 고기? 고기가 어디 있어? 반찬은 다꽝 2쪽이 다고… 신발 살 돈이 없어서 맨발로 일하는 사람, 다 떨어진 신발을 끈으로 묶어서 신는 사람도 적지 않았지."(박봉수, 2016: 재인용)

이를 종합하면 19세기 말에서 20세기 초에 조선 국내 사정은 계속되는 흉작과 기근, 세도정치가 행해짐에 민란이 잦아져서 사회가 불안해진 상태였다. 이로 인해 많은 조선인, 특히 빈곤 농민들이 조국을 떠나 만주, 일본, 러시아 영토로 이주하기 시작했다. 1910년에 일본이 조선을 합병함으로써 조선총독부가 설치되어 식민지 통치정책을 강행하고 탄압하여 외교 · 내정 · 군사지배 · 토지약탈, 풍습 · 역사 · 언어 등 민족문화를 말살시켰다. 1930년 이후 일본은 대외침략전쟁을 수행하기 위해 인적 동원을 시행하였으며 조선총독부는 인권과 자유를 무시한 채 조선인 강제연행을 대대적으로 감행했다. 일제는 1938년에 국가총동원령을 내렸고 1939년에 국민직업능력신고령과 국민징용령을, 1940년 조선총독부의 조선 직업소개소령, 1944년 9월 징용령을 내려 많은 조선인들이 사할린으로 가게 되었다.

일본은 부족한 노동력을 채우기 위해 1930년부터 1940년대에 이르기까지 많은 조선인들을 사할린으로 강제연행했다. 강제연행된 한인들은 군수공장, 군공사장, 토목건축 현장, 석탄 광산, 금속 광산, 항만 운수, 집단 농장 등에 동원되었는데 석탄 광산에 동원된 사례가 가장 많았다. 대일항쟁기 강제동원 피해조사 진상위원회(2015)에 따르면 노무 동원은 동원된 각종 산업의 노무자를 가리키는 것으로 만주사변(1931)을 시작으로 전쟁이 장기화됨에 따라 일본 제국주의는 국가총동원법(1938)을 공포하고 일본 본토와 식민지를 대상으로 인적, 물적 자원에 대한 총동원 정책을 실시한 것에서 기인한다(한국이민사박물관, 2015). 노무 동원은 국가 권력이 자행했는데 정책적이고 조직적이었으며, 집단 폭력적 동원이었으며, 노무 동원의 방식은 할당 모집과 국민징용, 그리고 관 알선 등 3단계로 이루어졌다.

노무 동원 방식은 첫째, 1938부터 1945년까지 이루어졌으며 모집의 형태는 조선총독부가 노무자의 모집 지역과 할당 인원을 결정하고 허가하였다. 특히 지역 행정기관과 해당 기업이 모집 담당자와 함께 노무자를 송출하는 방식으로 이루어졌다. 둘째, 1939부터 1945년까지 국민 징용이다. 국민 징용은 국민징용령 및 국민직업능력신고령에 의하여 일본 정부가 선정하고 교수하여 송출하는 방식으로 행정기관이 선정에서 수송은 물론 식량 조달과 인력 관리 등을 직접 담당하였다. 셋째, 1942년부터 1945년까지 이루어진 관 알선이다. 관 알선은 지금까지 이루어진 모집이나 국민 징용과 다르게 사업자와 대행단체가 공동으로 담당하였다. 예컨대 사업자 또는 대행단체가 인력을 신청하면 조선총독부가 모집 지역과 인원을 결정하고 조선총독부와 지방 행정기관, 경찰, 조선노무협회, 직업소개소 등이 협력하여 노무자를 선정하고 송출하는 방식으로 이루어졌다(최상구, 2015).

하지만 1930년부터 1938년까지는 자유이주 시기라 할 수 있다. 이때는 조선인들은 식민지 조선에서 보다 더 나은 삶을 꿈꾸며 일자리를 찾아 일본과 사할린으로 갔기 때문이다. 그리고 1938년부터 1945년 사이의 강제이주 시기는 외형상 모집이었지만 실제로는 일본에 의한 강제연행이었다. 한국인들의 운명 중에서 가장 비극적인 시기는 1944년 9월부터 1945년 8월까지 이루어진 이중징용이다. 이중징용은 전환배치라고도 하는데 1944년 탄광에서 일하는 사할린 한인들이 일제의 강제명령에 의해 일본 큐슈의 탄광과 이바라키 탄광 등지로 이동한 것을 말한다(전형권 · 이소영, 2012; Kuzin Anatolii, 2014; 박승의, 2015).

일본에 의한 전환배치의 원인은 연합군의 공격이 심해져 석탄수급이 난항을 격자 그 인력과 자재들을 본토로 강제이동이다. 결국 전환배치의 후유증은 우리 사할린 한인을 이산가족으로 만들었다. 가정을 가지고 있던 대부분 노무자들은 가족을 남겨두고 홀로 갈 수밖에 없었기 때문이다. 이산가족이 되어 사할린에 남겨진 가족들은 생활고를 피할 수 없었다. 특히 민족적, 사회적 차별뿐만 아니라 심지어 가족이 해체되는 악순환도 발생했다. 광복 후 일부는 가족을 찾아 사할린으로 돌아갔지만 일부는 일본에 잔류하거나 한국으로 귀국하여 이산가족으로 지내야 했다. '이중징용'이라는 용어는 1차적으로 사할린에 징용되었다가 현지에서 다시 일본 본토로 징용되었다는 의미에서 붙여진 것으로 1990년대 사할린의 유가족들에 의해서였다(장석홍, 2007). 이는 사할린 한인은 돈을 벌기 위함이 아니라 관 알선 모집책에 의해 징용으로 끌려 간 이가 대다수임을 알 수 있는 단서가 된다(Kuzin Anatolii, 2014).

1945년 9월의 해방은 사할린에 거주하는 한인들에게 큰 기쁨이기도 했지만 결국 거대한 정치적 도구에 자신의 운명을 맡겨야 하는 비운으로 남았다. 해방이 되자 사할린에 거주하던 한인들은 꿈에 그리던 고향으로 돌아가기 위해 사할린에 처음으로 발을 디뎠던 코르사코프 항구로 몰려들었다. 그러나 사할린 한인이 귀국하는 데는 소련 정부의 허락이 필요했다. 사할린 지역 개발에 노동력이 필요했던 소련 정부는 한인들의 귀국을 허락하지 않았다. 소련의 지도부는 사할린 한인들에게 예전의 거주지로 돌아가 예전과 같은 기업과 기관에서 일할 것을 명령하였다. 이에 일본인들은 순순히 소련의 지도부 명을 따랐지만 사할린 한인들은 귀환을 요구하면서 강력히 저항했다. 사할린 한인들은 대부분 젊은 나이에 가족과 이별한 사람들이었다. 이들은 일본인들보다 더 먼저 귀환할 권리가 있다고 믿었다. 하지만 대규모 정책과 정황은 이들의 기대를 저버렸다. 소비에트 정권도 이들을 동정했지만 전쟁으로 파괴된 농업을 일으키기 위해서 엄청난 노동력이 필요하게 되자 조선인의 발목을 잡고 돌려보내지 않았다. 고향을 잃은 조선 사람들은 귀국의 희망을 마음속에 깊이 간직하고 타향살이를 계속해야 했다.

이처럼 사할린 한인은 자신의 의지와는 무관하게 조국으로 돌아갈 권리를 박탈당한 채 귀향의 꿈을 가슴에 묻고 무국적자의 삶을 살게 되었다. 돌아갈 조국을 잃은 상태에서 국적 없이 버틴다는 것은 그리 쉬운 일이 아니었다. 그러나 이들은 소련 국적을 취득하게 되면 고향에 갈 수 있는 기회마저 없어질까 하는 두려움에 무국자로 차별대우와 불이익을 당하면서까지 국적을 취득하지 않고 고초를 견뎌냈다. 하지만 시간이 지남에 따라 고향에 돌아갈 수 없다는 것을 인식하고 특히 무국적자의 자녀들은 고등교육은 커녕 대륙으로 진출할 수 없다는 현실에 부딪쳐서야

비로소 소련 국적을 취득하고 살기 위해 러시아화 되어 갔다.

> "우리 생활? 밑바닥 밑바닥 그런 밑바닥 생활이 없었지. 참 언제 무너질지 모르는 모래밭에 서서, 내일? 내일이라는 걸 어떻게 생각해? 한 치 앞도 모르고 러시아 사람들 속에서 오늘은 어떻게 지내며, 내일은 어떻게 지낼까? 생사의 고난이라는 게 눈앞에 부글부글했고 굶어죽지 않기 위해서 자식 교육에만 신경을 쓰고 큰 꿈을 가질 욕심을 부릴 수가 없었지."(박봉수, 2016: 재인용)

사할린의 한인민족 미디어인 새고려신문과 우리말TV방송에 따르면, 무국적자로 편견과 차별을 경험했던 사할린 한인들은 어려움 속에서도 우리 민족의 성실함으로 어려움을 극복하고 자녀의 교육에 힘썼다. 예컨대 한인 밀집 지역에 조선학교를 세워 민족어와 민족 문자를 지키려 노력하였다. 뿐만 아니라 민족정체성을 지키기 위해 음력 달력이 없음에도 불구하고 음력을 사용하여 가족의 생일과 조상의 기일을 지켰다. 또한 이들은 자녀의 돌에는 돌잡이를 하고, 혼례는 고향의 관례에 따랐으며, 상·장례에서도 3일장과 3년 상을 지킨 것으로 나타났다(박봉수, 2016). 이러한 고향의 정체성을 지키는 데 가장 큰 힘이 되었던 것은 '계(契)'의 일종인 '동생간'이다. 동생간은 성이 같거나 동향의 사람들이 모여 만든 의형제 조직으로 단순한 친목의 의미가 아닌 친척의 개념이었다. 그들은 동생간을 통해 부모와 고향에 대한 그리움을 달래며 특히 한민족 공동체로 경조사를 치렀으며, 이러한 통과의례의 대소사는 새로운 고향을 만드는 데 근간이 되었다.

> "우리 한인들은 잔치를 집에서 했어요. 아버지 환갑 때 국수를 70kg나 뺐어요. 아휴, 동네에 사는 한인들은 다 왔지. 환갑을 안 하는 한인이 어디 있어. 한인이라면 누구나 다 하지. 모여서 이렇게 먹고 마시면서 힘을 얻기도 하고, 고향을 꿈꾸기도 하고. 또 멀리에 사는 의형제가 있으면 여기가 살기 좋으니까 여기로 이사 오라 하고 자꾸 모여 살지. 고향을 만드는 거야. 몸만 사할린이지 고향하고 똑같지. 고향이 힘이 되는 거지."(연구참여자 우정구, 2016)

사할린 한인은 사회적 분위기에 휩쓸려 제대로 된 민족교육을 받을 수 없었다. 살기 위해 자신의 언어와 문화를 버리고 동화되어야 했기 때문이다. 그러나 사할린 한인은 제한된 기회구조 내에서 신분 상승을 추구하며 한편으로는 민족문화와 정체성을 유지하는 전략을 선택하였다. 이처럼 사할린의 한인은 언어적으로, 문화적으로 현지사회에 동화되었음에도 불구하고 민족정체성을 유지하고 전수하려는 것은 아마도 소수민족으로 구별되고 다르게 대우받은 것에 기인한 것이 아닐까 한다 (윤인진, 2014).

1988년 '88서울올림픽'과 한 · 러수교는 사할린 한인에게 잊고 살았던 귀환을 꿈꾸게 하는 동인이 되었다. 서울 올림픽은 사할린 한인에게 한국의 발전상을 간접적으로 접하게 하는 커다란 획을 긋는 계기가 되어 조국에 대한 관심이 높아졌을 뿐만 아니라 사할린 한인의 위상이 높아지는 계기가 되었다. 뿐만 아니라 88올림픽과 한 · 러 수교 이후 사할린 한인이 고국과 교류가 잦아지면서 사할린에 다시 한번 한국어 교육의 부흥을 가져왔다. 사실상 사할린은 1963년에 조선학교가 폐교된 후 약 30년간 한국어를 거의 사용하지 않아 한국어가 사라질 위기에 놓여있었다. 당시 사할린의 한국어는 한인 민족미디어인 사할린주 새고려신문과 우리말TV방송국만이 한글로 된 신문을 발행하여 사할린 한인 1세들의 향수를 달래주고 이산가족의 소식을 전하면서 모국어의 명맥을 이어오고 있었다(박봉수 · 김영순, 2016).

그러나 88올림픽 이후 사범대학을 졸업한 한인들이 모국어를 살리기 위해 북한에서 교재와 교구를 가져다가 한국어 교육을 시작하였다. 1990년대에는 모국에서 한국어 교원 연수와 교재를 공급받아 중단되었던 한국어 교육의 간극을 좁히는데 힘을 모았다. 이러한 결과 유즈노사할린스크시의 제9동양어문학교에 한국어 교육이 신설되었고, 사할린국립종합대학에서는 한국어과를 개설하여 젊은 한국어 교사를 배출하기에 이르렀다. 특히 사할린에는 1993년에 사할린한국교육원이 개원하여 사회교육적 방법에 의한 민족교육을 담당하고 있다. 한국교육원에서는 러시아에 거주하는 사람들을 대상으로 한국어는 물론 한국의 역사, 문화 교육을 실시하고 있다. 한국문화원 내에는 사할린 한인 사회에 존속한 각종 한인사회단체가 있다.

대표적인 사할린주의 한인단체는 사할린주 한인회, 사할린주 한인노인회, 사할린주 이산가족회, 사할린주 여성회 등이 모여있다. 이러한 사회단체에서는 사할린 각지에 흩어져 살고 있는 한인들을 결속시키고 한민족의 정체성 유지는 물론 한국 기업의 진출에까지도 영향을 미치는 등 중요한 역할을 하고 있다. 이처럼 '88서울올림픽'과 '한 · 러 수교'는 사할린 한인사회단체의 결속을 가져온 데 이어 사할린 동포 1세들에게 귀향에 대한 꿈을 다시 꾸게 하는 동인이 되어 현재 영주귀국에 이르게 되었다.

2017년 현재 국내 24개 시설에 약 2,700여 명의 사할린 영주귀국자들이 거주하고 있다(대한적십자사 내부자료). 한국 정부가 영주귀국 시범사업의 대상자 선정 기준을 사할린 거주의 징용 1세(1927년 출생한 독신자)로 한정하였다가 1990년 대한적십자사에서 초청 책임을 맡으면서 1935년생까지 1세대로 규정하였는데, 1993년부터는 1945년 8월 15일 출생자까지 1세로 확대하였다(정근식 · 염미경, 2000). 영주귀국 시범사업의 대상자 선정 기준을 구체적으로 살펴보면 우선 1945년 8월 15일 이전 출생자로 당시 러시아 국적, 또는 무국적자이다(북한 국적 제외). 그리고 고령자로 무자녀 또는 독립 세대를 구성하고 있으며 정신적 또는 전염성 질환이 없는 자와 2인 연령을 합산한 고령자를 우선으로 하였다. 2004년부터는 영주귀국의 범위를 확대하여 1945년 이전에 사할린에 살다가 해방 후 소련 전 지역에 흩어져 사는 한인 1세대도 포함하였다. 그러나 소련 본토 거주자는 과거 사할린에 강제징용되었다는 증거를 제출해야 했다. 그리고 2008년부터 1945년 이후에 태어나 사할린에 거주하게 된 1세의 배우자와 장애를 가지고 있는 자녀도 동반귀국을 허용하였다. 특히 1세대의 배우자는 국적을 불문하고 영주귀국을 허용하였으며, 장애를 가지고 있는 경우에는 장애증명서를 제출하여야만 영주귀국이 허용되었다. 또한 입주 시 동 · 호수 배정은 장애인, 휠체어 사용자, 두 사람의 연령을 합산하여 고령세대 순으로 우선적으로 저층에 배정하였다(보건복지가족부, 2010).

그러나 영주귀국 시 한 세대는 반드시 2인 1가구로 한정하고 거주지는 단지 생존 시에만 제공되며 상속할 권한은 없다는 단서가 붙었다. 이러한 조항 때문에 일부의 한인은 영주귀국을 하기 위해 가짜 결혼을 하고, 나이를 바꾸며, 이미 오래 전 고인이 된 사람의 성과 이름을 사용하는 등의 부작용이 발생하였다. 이는 결과적으로 이산가족이 되어 한평생을 실향민으로 살아온 사할린 한인들에게 다시 이산가족이 되는 불운한 역사가 재생되었다(Kuzin Anatolii, 2014).

2. 사할린 한인에 관한 연구 지형

우리나라에 거주하는 영주귀국 사할린 한인은 전국 24개 시설에 약 2,700여 명인 것으로 나타났으나 그들의 숫자는 날이 갈수록 줄어드는 것으로 보고되고 있다(박봉수, 2016). 최근 영주귀국 사할린 한인들의 이슈가 논의되면서 사할린에 거주하는 한인과 한국으로 영주귀국한 한인에 대한 연구도 활발하게 이루어지고 있다.

학술정보시스템에 따르면 '사할린 한인'이라는 주제어로 검색된 학위 논문은 24편 중 박사학위 논문이 5편이고 나머지는 모두 석사학위 논문으로 내용은 대부분 영주귀국 사할린 한인의 생활과 적응에 대한 것이 주를 이루고 있다. 사할린 한인에 관한 연구는 1960년대 후반부터 보이기 시작하였는데 주로 학술기사로 발표가 되다가 1970년 후반부터 극소수의 학술논문으로 발표되었다는 것이 특징이다. 이처럼 연구가 활발히 이루어지지 않은 것은 1990년 이전에는 한국과 러시아 간의 국제정세에 의해 자료 접근성의 문제 등으로 연구가 원활히 이루어질 수 없었기 때문이다. 특히 1980년대까지 소련에서는 사할린 한인에 대한 연구는 금지의 대상이었다(김게르만, 2005). 그러나 최근 급격하게 활발한 연구가 이루어져 소논문은 125편이고, 단행본과 자료집은 약 104편에 달한다. 주목할 만한 것은 초기에는 문헌연구가 주를 이루었다면 최근에는 구술을 통한 발표가 늘어나고 있다는 것이다.

이처럼 사할린 한인에 관한 연구가 질적 양적 성장을 보이는 것은 사할린 한인의 법적 지위와 처우개선 문제 등이 대두되었기 때문이다. 특히 1990년 한 · 러 수교 전후 한인들의 과거사가 진상규명되어야 한다는 관 · 민단체들의 움직임이 나타났고, 접근이 불가능하던 일부 민족 관련 문서들이 공개되었기 때문이다. 뿐만 아니라 러시아와 정부와 민간 차원의 경제협력 교류가 확대되면서 냉전 관계에 놓여있던 양국 간의 긴장이 완화되었고, 이들을 바라보는 시각의 변화와 함께 과거사의 진상규명에 대한 문제의식이 표면으로 떠올랐기 때문이다(Kuzin Anatolii, 2014; Дин Ю. И., 2015).

사할린 한인에 관한 연구는 크게 사할린에 거주하는 한인에 관한 연구와 한국으로 영주귀국한 사할린 한인에 관한 연구로 나눌 수 있다. 첫째, 사할린에 거주하는 한인에 관한 연구로는 한인 사회의 형성과 민족정체성에 관한 연구(방일권, 2012; 정진아, 2011), 한인의 이주 및 동원 실태에 관한 연구(이재혁, 2011; 최길성, 2001), 사할린 한인 귀환문제에 관한 연구(김승일, 2006; 민병은, 2016; 방일권, 2014; 이연식, 2014; 황선익, 2012), 사할린 한인의 디아스포라 경험과 이주에 관한 연구(이재혁, 2010; 전형권 · 이소영, 2012), 사할린 동포의 한국과 일본에 있어서의 법적지위에 관한 연구(최경옥, 2012) 등이 있다.

정진아(2011)는 연해주 · 사할린 한인의 삶과 정체성에 관한 연구를 중심으로 연구 동향과 과제를 살펴보고 연해주 · 사할린 한인 연구는 크게 풍속과 문화예술, 이주사와 항일독립운동사, 정치경제 연구로 나누어 분석하였다. 방일권(2012)은 한국과 러시아 등에서 발표한 약 250편의 사할린 한인에 관한 연구 성과를 자료집, 학술 연구, 르포성 자료, 학술기사로 나누어 분석하였다. 김민영(2000)은 일본 측의 통계 자료들을 통해 조선인 사할린 동원의 실체에 접근하여 조선인 강제동원의 기초자료와 사할린 조선인 강제동원에 대한 연구의 단초를 제공하였다. 최길성(2001)은 사할린에 거주하면서 사할린에 잔류하는 동포의 문화 정체성, 그리고 민족 간의 결혼 정체성, 차별 정체성 등 한민족성을 연구하였다. 이재혁(2011)은 사할린 한인 이주의 역사적 성격과 사할린 한인의 인구 형성 과정, 그리고 인구의 특성을 파악하고, 이주의 특성과 이주형태를 분석하였다. 한혜인(2011)은 1945년부터 1970년대 중반까지의 사할린 한인 귀환을 둘러싼 한국, 일본, 소련, 북한이 시행한 정책, 그리고 각 국가의 국민적 틀에서 그 정책을 통한 사할린 한인들의 배제와 포섭 과정을 밝혔다. 최경옥(2012)은 사할린 한인이 사할린으로 이주한 배경은 무엇이며, 이들과 관련된 재판과정과 법적 쟁점, 국적 처리문제, 이에 따른 원상회복의무 등에 관하여 어떠한 역사의 흔적이 남아 있으며, 이에 관한 한국정부의 책임을 짚어보았다. 황선익(2012)은 미국의 자료와 일본 외무성의 자료를 활용하여 사할린 한인의 귀환교섭과 억류 전개과정과 실상을 구명하였다. 방일권(2014)은 1945년 8월부터 1950년 6 · 25 전쟁 이전까지 소련은 사할린 한인의 귀환과 노동력 문제에 대해 어떻게 인식했는지에 대해 연구하였다. 이연식(2014)은 일본 정부가 1945년 8월부터 1965년 한일조약 체결 이전까지 각기 한국과 소련 정부를 상대로 사할린 한인의 귀환문제와 관련해 어떻게 대응하였고, 어떻게 인식했는지, 그리고 어떻게 의제화되었으며, 어떠한 외교적 교섭을 시도하였는지 등을 탐색하였다. 정진아(2014)는 고려인과 사할린 한인이 한국에 거주하면서 한국인과의 사이에서 발생하고 있는 사례를 살펴 문화 공존과 통합, 문화정체성 형성을 위한 역사연대를 제안하였다. 이연식(2016)은 사할린주 역사기록보존소(GIASO)에 소장된 일제강점기 문서들을 화태청 공문서, 경찰관계 문서, 기업관계문서로 나누어 한인의 동원 및 거류실태와 관련된 기록을 살펴 화태청의 동원 관련 정책, 경찰조직의 감시와 통제 방식, 개별 기업 및 작업장의 노동조건과 처우를 종합적으로 고찰하였다.

이와 같은 연구에서는 사할린에 한인이 거주하게 된 동기와 사할린에 거주하는 한인들의 일과 직업, 그리고 사할린에서 한인으로 살아가는 정체성의 문제, 사할린 한인의 고국으로 재이주 문제 등을 다루었다. 예컨대 사할린 한인은 우리나라의 암울한 근 · 현대사의 역사의 산물로 역사를 상징하는 존재로 혹은 경계인으로서 연구되었다. 즉, 일제강점기 식민지체제와 소련의 냉전체제의 의해 생성된 대표적인 한인 디아스포라 집단으로 규정되었으며 강제동원으로 인한 이산가족의 대표적 집단으로 사회적 상징이 되었다. 사할린 한인의 신상을 관리하는 화태청은 일본 중앙정부의 정책을 시행하는 대리인으로서의 성격이 강했으며 국책에 따라 시기별로 감시의 대상과 방법을 바꾸어 가며 한인들을 관리하고 있었다. 그리고 기업은 한인을 직접 관리하지 않고 하청업자를 통해 간접 관리하고 있었으며 전황이 악화됨에 따라 한인의 통제와 관련해 화태청-경찰-기업 간의 공조가 더욱 강화되었음을 확인하였다. 그러나 연구의 내용에 있어서는 과거 역사의 진상규명에 주안점을 두었다면 현대에는 점점 사할린 한인 사회의 정체성에 대한 사회학적 접근과 문화인류학적 관점으로 연구 영역이 확장되고 다양해진 것으로 나타났다.

둘째, 한국으로 영주귀국한 사할린 한인에 관한 연구로는 크게 생활실태 및 적응에 관한 연구(김성종, 2009; 김인성, 2011; 박신규 · 이채문, 2016; 박경용, 2013; 배수환, 2010; 안미정, 2014; 오승주, 2012; 이순형, 2004; 임채완 · 이소영, 2015; 정진아, 2014; 조재순, 2009), 사회 문화적 정체성에 관한 연구(김영순 · 박봉수, 2016; 박봉수 · 임지혜, 2015; 이은숙 · 김일림, 2008; 정근식 · 염미경, 2000), 법과 인권에 관한 연구(김남석, 2017), 이주루트에 관한 연구(임채완 · 선봉규, 2013; 전형권 · 이소영, 2009), 자원봉사활동(박봉수 · 이미정, 2016)으로 나눌 수 있다.

정근식, 염미경(2000)은 1990년대 한인사회의 내적 분화와 세대간 갈등 문제에 대한 분석을 통하여 사할린 한인의 역사적 경험이 현재적 시점에서 어떻게 작용하고 재구성되는지, 그리고 어떠한 의미가 부여되는지 조사하였다. 일제강점하강제동원피해진상규명위원회(2007)에서는 이중징용 생존자 15명과 유가족 9명의 구술을 통해 강제동원 이전 상황, 사할린 생활, 일본 생활, 해방 이후의 생활 실태를 밝혔다. 이은숙, 김일림(2008)은 사할린에 거주하는 1945년 이전 출생 한인 11명을 대상으로 그들의 이주와 사회문화적 정체성에 대해서 규명하였다. 김성종(2009)은 사할린 한인 귀환과 정책에 있어 발생하는 사회문제를 오랜 기간 적절한 정책적 대응이 이루어지지 못하는 원인을 정책의제형성론을 통해 설명하고 분석하였다. 전형권, 이소영(2009)은 경기도 일대와 충남 천안에 거주하는 사할린 한인 9명의 구술을 통해 사할린 한인의 이주루트를 발표하였다. 조재순(2009)은 안산 고향마을에 거주하는 사할린 한인 20의 구술을 통해 사할린으로 떠나면서부터 귀국해서까지 경험한 주거생활사를 강제이주 시 상황과, 강제노동현장에서의 주거생활, 결혼 시 주거생활, 영주귀국하기 직전과 귀국 후 주거생활로 나누어 밝혔다. 배수한(2010)은 부산시 기정면 거주 사할린 한인 114명의 거주실태와 개선방향을 설문조사하였다. 김인성(2011)은 현재 사할린 한인들의 영주귀국 및 정착과정에서 적용하고 있는 법제도의 문제점을 파악하고 해결책을 제시하기 위해 영구귀국자를 위한 지원제도와 국적 관련제도를 살펴보았다.

이순형(2011)은 안산 고향마을에 거주하는 영주귀국 사할린 한인 64명을 대상으로 사할린 귀환자의 삶을 이주시기, 거주기, 영주귀국 후의 한국적응기로 나누어 영주귀국 사할린 한인의 적응 과정을 발표하였다. 오승주(2012)는 6명의 사할린 한인을 대상으로 16회기의 집단미술치료 프로그램을 실시하여 삶의 만족도와 불안에 미치는 영향을 밝혔다. 박경용(2013)은 김옥자라는 한 여성의 구술을 통해 과거 사할린 한인의 디아스포라적 삶을 '기억의 환기'로 접근하였다. 임채완 · 선봉규(2013)는 영주귀국한 사할린 한인 8명의 구술을 통해 이주에서부터 영주귀국하기까지의 과정에 대하여 기술하였다. 안미정(2014)은 생활공간에서 나타나는 다양성에 주목하여 부산시 사할린 영주귀국자회 회원 7명의 구술을 통해 사할린 한인의 이주 및 영주귀국 과정에서 발생한 다양한 사회문화적 지형을 살펴보았다. 정진아(2014)는 영주귀국한 고려인과 사할린 한인의 생활문화를 살펴보고 이들이 한국인과 겪는 문화갈등 양상을 고찰하여 고려인, 사할린 한인, 한국인이 공존할 수 있는 방안을 제시하였다. 임채완, 이소영(2015)은 영주귀국 사할린 한인들의 한국사회의 정착 및 적응 생활환경을 살피고 한국 생활에 대한 만족도 및 정책적 욕구를 조사하기 위해 영주귀국 사할린 한인의 집단 거주지 9개 지역에서 설문조사와 심층면접을 실시하였다. 박봉수, 임지혜(2015)는 사할린 동포 7명을 대상으로 초국가적 이주자로서 정체성의 분화 과정을 포토보이스 연구방법을 사용하여 분석하였다. 김영순, 박봉수(2016)는 사할린 영주귀국자 통과의례에 나타난 '고향'의 의미를 탐색하기 위해 사할린 영주귀국자 6명을 연구참여자로 하여 포토텔링 기법을 활용하여 자료를 수집하고 분석하였다. 박봉수, 이미정(2016)은 사할린 영주귀국 노인 5명으로부터 면담 자료를 수집하고 참여관찰을 수행하고 기록한 연구 일지를 분석하여 사할린 영주귀국 노인이 자원봉사 활동에서 어떠한 경험을 하였으며, 그 경험의 의미는 무엇인지 밝혔다. 박신규, 이채문(2016)은 부산정관 신도시 거주 7인의 구술을 통해 그들이 말하는 귀환의 의미를 분석하고 한국에서 초국가적 삶을 어떻게 형성하는지를 분석하였다.

이처럼 영주귀국 사할린 한인을 둘러싼 담론은 2000년대 접어들어 일제강제동원위원회, 국립민속박물관, 지구촌동포연대, 일제강점강제동원피해진상규명위원회, 대학연구소 등에서 보고서 발간과 신진 연구자들에 의해 질적·양적 성장을 보이고 있다. 하지만 여전히 강제동원과 귀환문제에 편향되어 있고 문헌연구가 대다수를 이룬다. 이는 비록 자료 접근이 비교적 용이해졌다 하여도 여전히 자료 접근의 어려움과 대상 접촉의 한계가 있는 것으로 판단된다. 특히 우리나라에 소장되어 있는 자료의 한계와 소유하고 있는 자료에 대한 해석 또한 일본과 러시아, 그리고 우리나라에서 보는 관점이 같지 않은 역사의 특수성을 안고 있어 이러한 문제점의 간극을 좁히는 데 각국의 합의가 필요하다고 본다.

그러나 사할린 한인이 영주귀국하여 초국적 이주가 이슈가 되면서 영주귀국 사할린 한인을 대상으로 한 연구들이 발표되기 시작하여 문헌연구에서 오는 한계점의 간극을 메우고 있다. 물론 이들의 역사적 진상을 규명하기 위해서는 일본이나 러시아의 문서자료가 바탕이 되어야 하는 한계가 있지만 사할린 한인에 대한 연구는 이들의 이야기를 통해서 기록하고 재현해야만 한다는 쪽이 더 설득력이 있기 때문이다.

3. 사할린 한인과 노스탤지어

사람들은 가끔 두꺼운 사진첩을 꺼내 펼쳐 놓고 지나온 날들을 기억해 내거나 스쳐 지나다 만난 사건들과 사람들로부터 과거를 회상한다. 잠시 동안이지만 정지되어 있는 자신의 모습을 보고 대견하게 생각하기도 하지만 한편으로는 알 수 없는 슬픔까지 느껴질 것이다. 그때의 슬픔은 돌이킬 수 없는 옛 향리에 대한 그리움이므로 우울과 잠재의식 속의 고통을 암시한다. 사실 이러한 속성들은 실향민이나 타향살이를 하는 디아스포라, 그리고 고향이 있어도 그것이 아련한 추억으로만 간직되는 사람들에게는 고통일 수밖에 없다. 고향으로 돌아갈 것을 간절히 바라다 못해 그것이 결국에는 고질병이 되어버린 것, 그것이 바로 향수, 즉, 노스탤지어(Nostalgia)이다(신명섭 · 이은숙, 1999; Boym, 2001; 윤희진, 2014).

향수의 기원은 1678년 스위스의 의사 호퍼(Johannes Hofer)가 자신의 박사학위 논문에서 '자신의 고향으로 되돌아가고 싶은 갈망'에서 오는 '상상적 고통'을 노스탤지어라 명하면서 시작되었다(Draaisma, 2008, p. 167). 노스탤지어의 어원은 '고향으로 돌아감'이란 뜻의 그리스어인 '노스토스(νόστος, nóstos)'와 '갈망'하고 '염원'한다는 뜻의 그리스어인 '알고스(ἄλγος, álgos)'에서 유래했다.

향수병으로 번역되는 노스탤지어는 종종 과거의 공간에 연관된 것으로 그려진다. 그러나 노스탤지어는 반드시 과거만을 암시하지 않는다. 모든 것은 과거로의 귀환이 불가능할 뿐만 아니라 불완전한 기억 속의 시간과 공간 또한 모두 변하고 있기 때문이다. 따라서 노스탤지어는 과거의 정해진 공간을 향한 것만이 아니라 귀환하려고 하는 즉, 미지의 공간, 미래의 이상향에 대한 막연한 그리움이다. 결국 실향민이나 이방인이 잠시 머무는 곳이 아닌 영원히 머물고 싶어 하는 곳이 바로 고향이며 노스탤지어이다.

고향은 자기가 태어나서 자란 마을, 또는 조상 대대로 살아온 곳이다. 그래서 고향이라는 개념의 기본 요소에는 흘러간 세월과 언제나 그리운 어린 시절의 유희공간이 포함되어 있다. 이는 고향의 속성을 근본적으로 과거 지향적 관점에서 본 개념이다. 실향민이 된 사할린 한인에게 단절된 고향은 상실 그 자체였다. 유년기의 상실은 깊이 뿌리박힌 장소의 상실이며, 이러한 상실을 극복하기 위해 조각난 과거를 짜 맞추어 보는 것은 고통스러운 과정이다. 이것은 기억의 장치라 할 수 있는데 기억은 단순히 역사 혹은 시간성에만 연관된 것이 아니라 특정 장소성과 밀접하게 관련되어 있다. 장소를 기억하고 기록함으로써 장소와 인간의 관계를 회복할 수 있는 여지를 가늠해 본다. 사적 · 공적인 기억은 언제나 장소에 기반하고 있으며, 이러한 장소에 대한 기억은 사라져 가는 것에 대한 끈질긴 추적이다. 따라서 고향의 상실은 다시 볼 수 없는 것이기에 아련한 아픔을 가져다주는 동시에 그리움과 즐거움을 주는 유토피아적 공간이다. 때문에 고향에 대한 추억과 그리움의 강도는 그만큼 더 애달프다. 어린 날의 추억과 꿈이 있는 곳, 고향은 늘 마음의 안식처이자 뿌리이다. 그 갈 수 없는 공간적 그리움을 나타낸 고향에 대한 그리움은 곧 공간적으로 회귀 불가능한 고향 상실에서 오는 아픔과 시간적으로 회귀 불가능한 어린 날에 대한 향수로 나타난다. 향수가 영원히 회복될 수 없는 고향에 대한 고통스러운 그리움이라고 할 때 그리움은 고향 자체에 대한 그리움만이 아니라 흘러가버린 유년 시절 같은 상실 그 자체에 대한 그리움의 표상이다.

사실 향수를 불러일으키는 요인은 매우 다양하다. 첫째, 즐거울 때보다는 몸이 아플 때나 힘들 때, 뭔가가 아쉽고 답답할 때, 삶이 녹록하지 않거나 사회관계 혹은 가족들과 충돌할 때 더 느낀다. 그래서 현재 과거에 대한 향수가 깊어진다는 것은 현재의 삶이 어렵다거나 무엇에 대한 상실감이 깊다는 증거라 할 수 있다. 둘째, 향수는 고향, 혹은 누군가에 대한 그리움이 커지면서 두드러지게 나타난다. 특히 실향민이나 디아스포라처럼 고향과 자유로이 왕래할 수 없을 때 더욱 강해진다. 이산의 슬픔을 가슴속 깊이 간직하고 살기 때문이다. 그래서 디아스포라에게 향수는 혈육과 고향에 대한 그리움이다. 셋째, 외로움과 낮은 자존감, 그리고 역할 상실이 닥칠 때 절망감이 커지며 향수가 깊어진다. 항상 같이하던 친구가 죽거나 바라던 일을 실패했을 때, 진정한 욕망이 좌절될 때 과거를 회상하는 것이 향수이다. 넷째, 사회적 고립과 지원의 결핍에서도 향수를 느낀다. 특히 국경의 경계를 넘은 디아스포라의 경우 언어로 인해 상호작용이 원활하지 않거나 소통이 어려워 삶의 가능성을 확대할 수 없을 때 오는 고립감 속에 향수감정이 작용하여 자칫 향수병으로 빠질 위험성이 있다.

이처럼 향수의 원인은 다양하지만 과거의 향수로부터 위로를 받을 수 있고 새 힘을 얻을 수 있다. 향수가 기억의 저장소에서 자신을 위로할 수 있는 것은 향수는 가슴 시린 과거도 아름다운 꿈으로 재구성하는 긍정적인 힘을 가지고 있기 때문이다. 여름날 모닥불을 피워놓고 할머니 무릎을 베고 자장가를 듣던 일, 벌거벗고 시냇물에 들어가 물장구를 치던 일, 난로에 노란 양은 도시락을 올려놓고 쉬는 시간마다 바꾸어 놓던 일 등 즐겁게 보내던 유년 시절이 파노라마처럼 스쳐 지나며 향수로 피어나 내 주위에서 맴돈다. 그래서 향수의 공간은 개인의 실제 고향을 넘어 그리움을 느낄 수 있는 모든 이상적 공간을 향해 확장된다. 따라서 과거를 기억하는 또 하나의 감정인 향수, 즉 노스탤지어는 어떤 사건이나 장소에 대해서 개인적으로 연관성이 있는 행복했던 과거에 대한 감성적인 갈망 또는 동경하는 애착심이다(윤희진, 2014). 과거의 전통 안에 고정되어 있는 것이 아니라 끊임없이 현재와 관련을 맺고 현재에 영향을 미치는 것이다.

2장
사할린 한인 연구의 틀

1. 포토텔링, 대안적 자료수집방법

사진은 찍는 그 순간의 영혼이 담겨있다. 우리는 어떠한 것과 마주하였을 때 자기에게 의미 있다고 생각하거나 혹은 그 순간을 기억하고 싶을 때 사진을 찍는다. 사진을 찍는 순간은 매우 행복하다. 그리고 곧 잊는다. 그런데 어느 날, 또 우연히 무엇인가와 마주했을 때, 혹은 어떤 추억이 있는 장소가 생각나고 그리울 때, 사진을 꺼내어 보면서 추억을 소환한다.

그렇다. 사진은 기록일 뿐만 아니라 이야기이다. 사진은 그 시대를 살아온 한 개인과 다른 개인 간의 관계를 담는다. 또한 사진은 사진 속 주인공의 가치와 당시의 보편적 삶에 대한 이야기를 간직하기도 한다. 그래서 사진에는 무수한 어휘와 사연이 숨을 쉬고 있기에 그것을 꺼내어 이야기할 때 과거의 시간을 현재로 끌어와 다시 되살아나게 하는 힘이 있다. 이것이 포토텔링이 지니는 힘이다.

포토텔링은 연구참여자가 가지고 있는 사진을 활용하여 커뮤니케이션을 이끌고, 연구참여자의 내러티브를 공고히 하며, 연구참여자에게는 치유를, 연구자에게는 성찰의 기회를 제공한다는 것이 가장 큰 특징이다. 따라서 포토텔링은 연구참여자가 고령의 노인이거나 내성적이며 말하는 것을 즐겨하지 않는 경우, 혹은 기억을 담보할 수 없는 연구참여자에게 기억을 되살아나게 하는 유용한 자료수집 방법이 될 것이다.

1) 포토텔링이란

'포토텔링(Phototelling)'이란 영어 '포토(Photo)'와 스토리텔링(Storytelling)의 '텔링(Telling)'의 합성어로 참여자가 제시한 사진이미지를 통해 자료를 수집하고 나아가 연구참여자의 내러티브를 구성하는 것이다(박봉수, 2016). 포토텔링은 대안적인 자료수집의 한 방법으로서 기존의 포토보이스 연구방법과 사진치료 연구방법에 기반을 두고 고안되었다. 사진을 통해 이야기에 접근하려는 방법과 시각을 포함하고 있다. 다시 말해 포토텔링은 이야기가 향유되는 총체적인 과정 즉, 이야기의 안과 밖뿐만 아니라 이야기 속의 모든 사건과 환경에 대한 폭넓은 접근과 해석을 위해 사진을 활용하는 것이다.

포토텔링 기법에서 활용하는 사진은 단순히 사진의 주인공이 누구인지를 기억하는 데 초점을 두지 않는다. 오히려 포토텔링에서 사진은 새로운 개념에 대한 커뮤니케이션 수단으로서 연구참여자의 적극적인 커뮤니케이션을 유도하는 데 그 가치가 있다.

사진은 기억의 저장소로서 지각되는 존재이며 시간의 힘을 물리치는 힘이 있다. 과거의 기억이 현재화되면서 기억은 지각을 닮는다. 그래서 연구참여자는 사실적 기록성과 현장성을 가지고 있는 사진의 특성을 이용하여 그들의 삶에 체득되어 있는, 몸속에 내장되어 있는 기억의 파편을 모아 그 기록이 갖는 경험을 자세하게 되살려내어 설득력 있게 전달할 수 있다. 또한 연구자에게는 현장 텍스트를 구성하여 연구참여자들과 대화를 통해 '다시 이야기하기'를 가능하게 하고 그들이 만들어낸 의미에 대해 깊이 고찰할 수 있다는 특징을 가지고 있다. 이러한 특성 때문에 포토텔링 연구는 특히 고령의 연구참여자 혹은 우울증을 앓거나 소극적 성격의 소유자, 트라우마가 강한 사람 등을 참여자로 하여 연구하는 데 강점(強點)을 갖는다(김영순 · 박봉수, 2016).

포토텔링은 연구참여자가 간직한 사진을 활용하여 그들의 목소리를 반영하고, 그들의 살아 있는 이야기를 사진을 통해 구체화한다. 연구참여자들은 추억을 되살려 냄으로써 과거의 시간을 현재로 끌어당기고, 사진에 얽힌 의미를 다시 살아나게 한다. 따라서 사진은 잠재적 과거가 아니라 보이지 않는 현재와 미래가 된다.

스토리텔링은 '스토리(Story)'와 '텔링(Telling)'의 합성어로 '이야기하다'라는 의미를 갖는 공감적 의사소통 행위이다(김영순, 2011). 스토리텔링은 인간이 세계를 인식하는 근본적인 방식인 이야기를 통해 인간의 감성에 자신의 경험을 호소하는 의미전달 구조이며, 사건에 대한 진술이 지배적인 담화 양식이다. 이야기는 인간의 감성과 지식을 전달하는 최초이자 최고의 매개체이다.

미국 영어교사위원회(National Council of Teachers of English)에서는 스토리텔링을 '음성(Voice)'과 '행위(Gesture)'를 통해 청자들에게 이야기를 전달하는 것이라고 정의한다. 그리고 셜리 레인즈(Shirly Raines)에 의하면 스토리텔링은 이야기(Story), 청자(listener), 화자(Teller)로 구성되며, 청자가 화자의 이야기에 참여하는 이벤트라고 한다(최혜실, 2006). 김영순(2008)은 스토리텔링은 스토리와 다양한 매체가 결합하였을 때 실현되는데 그 바탕에는 텍스트, 주체의 행위, 시 · 공간이 결합했을 때 이루어진다고 한다. 이때, 텍스트는 '이야기'로, 주체의 행위는 '이야기하기'로, 시 · 공간의 배경은 '이야기판'으로 환원할 수 있다. 즉, 스토리텔링은 이야기를 하는 화자와 이야기를 듣고 상상력을 발휘하는 청자 간의 상호작용 과정으로, 이야기하는 행위와 이야기 본연의 자체를 동시에 지칭하는 것이다(고욱 · 이인화, 2003; 김영순, 2011, p. 23; 최혜실, 2011).

스토리텔링은 이야기, 구술적 속성, 현재성이라는 특성이 있다. 특히 스토리텔링은 이야기하는 현재성에 초점을 맞추기 때문에 이야기를 통해 상대방에게 감동을 주거나 공감을 불러일으킨다(김영순, 2011). 이러한 측면에서 스토리텔링은 자신이

전하고자 하는 정보만을 지칭하는 것이 아니다. 전달하고자 하는 모든 것을 쉽게 이해시키고 기억하게 하며 정서적 몰입과 공감을 끌어내기 때문에 어떤 주제를 전달할 때 쓸 수 있는 효과적인 방법이라 할 수 있다. 그러므로 스토리텔링과 포토의 결합인 포토텔링은 연구참여자의 내러티브를 공고히 하고 연구자와 연구참여자 간의 커뮤니케이션을 이끌어 그들의 삶을 총체적으로 이해하는 데 유용한 연구도구이다.

과학기술의 혁명으로 인하여 다양한 미디어매체가 발달하게 되었고, 이에 따라 서사학(敍事學)에서도 매체의 확장에 대한 요구가 발생하게 되었다. 이러한 시대적 요청과 함께 구술시대의 '이야기'에서 '글'로, '책'으로, '문학'으로 존재하던 이야기는 '카메라'를 통해 '영상물'로 변화하며 새로운 의사소통의 매개체로 또는 새로운 의사소통의 방식으로 확장된다(김영순, 2011).

사진이나 녹음기, 비디오 등과 같은 매체의 특성을 활용한 연구들의 등장은 이러한 시대적, 학문적 요청에 의한 것이다. 특히 사진은 첫째, 어떤 시각 매체보다도 지시적 기능이 강하다. 어떤 이미지도 사진만큼 구체적이고 사실적으로 정확하게 묘사해낼 수 있는 가까운 매체가 없기 때문이다. 둘째, 사진에 표현된 모든 이미지는 언어의 기능을 지닌다. 사진은 무엇인가를 표현하고 전달하는 기능이 있는데 이는 곧 커뮤니케이션으로서 언어적 기능의 본질인 것이다(이지양, 2014).

사진은 이러한 본질 외에 사진을 찍는 사람의 의식으로 이어지는 내적 특성과 사진이미지의 구현으로 이어지는 외적 특성이 있다. 내적 특성은 사진 안에 표현된 내용에서 나타나는 특성으로 내용상의 특성인 기록성, 현장성, 우연성, 고립성 등을 말한다. 외적 특성은 사진의 이미지 구현 과정에서 생기고 사진과 사진 문화에 영향을 미치는 메커니즘의 특성으로 복사성과 자동성을 들 수 있다.

이러한 사진의 특성을 활용한 연구방법에는 사진 활용 치료기법과 포토보이스 방법이 있다. 사진 활용 치료기법은 영국 의사 휴 다이아몬드(Hugh Diamond)에 의해서 고안되었다. 그는 1850년대에 정신병 환자의 치료를 위해서 환자의 인상을 사진으로 기록하고 그것을 환자들에게 보여준 후 환자에게 나타난 변화를 연구하였다

(Krauss & Fryrea, 1980). 그 후 정신 건강학, 심리학, 사회과학 등에서 미술치료사, 상담자, 심리학자, 정신과 의사 등 다양한 분야의 전문가들에 의해 사진은 치료를 위한 수단으로 활용되었다(주형일, 2001; 이가영 · 김선희, 2016).

이처럼 사진 치료기법은 다양한 사례연구를 통해 모인 임상의 결과라 할 수 있다. 구체적으로 살펴보면 다음과 같다. 정신과 환자가 자화상을 직면하였을 때 나타나는 긍정적 반응을 확인한 연구(Cornelison & Arsenian, 1960), 알콜 환자에게 사진을 보고 과거 경험을 떠올리고 억압되었던 감정을 표하는 것을 확인한 연구(Dollinger, Rhodes & Corcoran, 1993), 환자가 과거 자신의 사진을 보았을 때 회상이 가능함을 확인한 연구(Lewis & Butler, 1974), 전문가가 미리 준비한 사진 중 하나를 참여자가 선택하는 과정을 관찰한 결과 개인의 내면, 행동, 지각의 이해가 가능함을 시사한 연구(Weiser, 1975), 환자에게 슬라이드쇼, 오디오 가이드를 활용한 체계적 둔감화 프로그램을 사용한 결과 심상 유도(guided imagery)에 사진 활용 가능성을 확인한 연구로, 사진 감상 후 내담자의 감상평이나 보고에서 치료를 위한 정보수집에 유용함을 시사한 연구(Stewart, 1979; Krauss & Fryrea, 1980) 등이 있다. 특히 크라우스(Krauss, 1980)는 사진이 치료를 위한 정보수집 언어화 촉진, 가족관계 탐색 등 5가지 사진치료기법의 긍정적 효과가 있음을 보고한 바 있다(이가영 · 김선희, 2016). 이와 같이 여러 연구결과들은 사진을 활용한 환자의 치료가 효과적임을 시사하고 있다. 이러한 점은 본 연구자들이 포토텔링 기법을 개발하는 데 기억을 회생시키는 능력을 잃어가고 있는 고령층 연구참여자들을 대상으로 하는 연구에 도입할 수 있는 계기를 마련하였다.

포토텔링 기법 개발에 도움을 준 것은 바로 포토보이스 연구방법이다. 최근 국내에서도 왕과 버리스(Wang & Burris, 1992)에 의해 고안된 포토보이스(Photo Voice) 연구방법이 널리 활용되고 있다. 포토보이스는 질적연구 방법 중의 하나로 사진술(Photography)과 결합한 사람들의 사회적 행동을 연구하는 참여적 행동을 연구하는 방법이다(김진희 · 김영순 · 김지영, 2015). 특히 포토보이스는 연구참여자들의 관점에서, 그들을 이해하고, 연구참여자 자신을 둘러싼 세계를 어떻게 조망하고 있는지에 대한 통찰력을 보는 데 효과적이다(Novak, 2010). 포토보이스 연구는 일회용 카메라를 연구참여자에게 나누어 주고 연구 주제에 맞는 사진을 찍어오게 한다(박봉수 · 임지혜, 2015; 윤은향, 2015). 포토보이스 방법에서 자기가 찍고 싶은 상황, 사건, 사물을 결정하는 것에서 한발 더 나아가, 포토텔링에서는 자기가 찍은 사진 중에 의미 있는 것을 뽑아서 기억을 회상하고 이야기를 한다. 둘 다 자신이 선택한 것 즉, 사진을 찍는 행위와 사진을 고르는 행위가 유사하며 선정된 사진을 발화와 행동으로 옮긴다는 공통점이 있다. 그러나 포토텔링에서 수집한 자료는 과거에 찍은 사진 중에서 특정 상황, 사건, 사물을 결정하는 것이기에 포토보이스에 비해 이야기는 더욱 과거로 돌아갈 수 있다는 특징이 있다. 그러므로 포토텔링은 인터뷰 단계에서 연구참여자가 가지고 있는 그 사건이나 사실이 담긴 사진을 보면서 연구참여자의 내러티브를 끄집어내고 연구자와 이야기 놀이를 할 수 있는 자료수집 방법이다.

포토텔링 연구 방법에서 연구참여자들은 자신의 사진과 이야기를 나누는 것으로 개인의 성장과 치유를 도모하는 이점을 가질 수 있다. 연구참여자들은 사회적 현상을 개인의 관점으로 재해석하고 표현하여 그들만의 커뮤니티를 창조하기 때문이다.

사진은 과거를 기록하며 한 개인과 그 개인이 속한 사회가 지닌 과거를 이야기하는 것이다. 과거의 이야기는 하나의 역사이기 때문에 사진은 개인의 이야기를 기록하면서 집단의 역사를 말하기도 하고 동시에 집단의 기억에 의존하며 개인의 과거사를 되짚어 내기도 한다. 그렇기 때문에 사진에 관해 이야기하는 사람들은 기억에 대해 이야기 하고, 시간에 관해 말하고 시간과 시간이 축적된 역사를 거론한다. 마치 시간과 기억과 역사를 이야기하지 않고서는 사진에 대해 논할 수 없는 것처럼 말이다. 연구참여자들이 사진 속의 순간을 이야기함으로써 연속성을 지니는 이야기는 삶을 살아가는 시대와 함께 변화하며 현재성을 지니게 된다. 이를 테면 가족 앨범에 담긴 추억이나 일생의 기념비적인 사건 등 사진을 통해 사람들은 기억을 회상하고 이야기를 하기도 한다. 그래서 사진에는 시간이 내포되어 있기 때문에 사진은 역사를 이야기하고 특정한 순간을 공간적으로 표현하는 매체라고 할 수 있다(주형일, 2003). 하지만 사진이 그 자체로써 역사를 이야기할 수는 없다. 관객이 사진 속에 기억을 투영해야만 역사로서 기능을 할 수 있다. 따라서 사진이 갖는 매력은 단순하게 현실의 일상적 대상을 포착하는 차원을 뛰어넘어 인간의 현실과 정체성 그리고 비전을 담는 것이라 할 수 있다. 이처럼 사진은 순간에 머무르게 할 뿐만 아니라 새로운 시대의식을 반영함으로써 세계를 조망하는 다양한 방법을 제시할 수 있다. 사진은 시대의식과 조형 언어가 연결됨으로써 삶과 밀접한 생활양식으로 등장하게 된다.

사진이미지는 그림이 아니라 말을 만들어 내는 매체이다(Metz, 1978). 즉, 사진은 시각 행위가 아니라 언어 행위이다. 사진은 살아 있는 현실에 대한 근거로 삼는 현실성과 기록성을 가지고 있다. 사진 기록으로서의 가치는 시간의 깊이에 따라 자연스럽게 그 시대의 시 · 공간적 가치로 이어지며 역사로 존재하는 것이다. 사진은 특정 시간과 장소에서 발생한 사건을 지시하는 기억의 저장소이다.

[사진 2-1]은 1958년 당시 우정구의 결혼식 사진으로 우리에게 사할린 한인들의 사회문화상을 직접 보여주고 있다. 당시 사할린 한인들은 조선 사람과의 결혼을 선호하였으며, 한복을 입고 면사포를 쓴 신부의 예복에서 한민족의 문화와 소련의 유럽문화가 공존하고 있음을 볼 수 있다. 따라서 사진이미지는 단지 이미지 자체에만 머무는 것이 아니라 보는 사람들이 사진 밖의 현실까지도 상상하도록 해준다.

[사진 2-1] 포토텔링 예시: 1958년 사할린 한인의 결혼식 모습

이러한 사진의 특성을 활용한 포토텔링은 사진 속 장면을 통해 시간과 기억, 공간이라는 보편화된 주제로 이끌어 간다. 또한, 사진은 한 개인과 그 개인이 속한 사회에 대해 홍미를 만들어 주는 동시에 시간이 축적됨에 따라 기억의 왜곡으로 정확도가 떨어지는 인간 기억을 연장시켜주는 기능이 있다. 뿐만 아니라 사진은 개개인이 살아온 삶의 방식과 태도, 인간을 둘러싸고 있는 환경에 대한 이해와 철학을 고스란히 담고 있어 연구참여자의 내러티브를 공고히 한다(박봉수, 2016).

내러티브(Narrative)는 개인의 비교적 긴 형태의 이야기로서 개인의 경험이나 특별한 시간과 사건에 관련된 것을 정리한 '이야기'이다(염지숙, 2003). 내러티브 탐구는 인간의 경험에 가치를 부여한 듀이(Dewey)의 사상에 영향을 받아 클래디닌과 코넬리(Clandinin & Connelly, 2000)가 발전시켜온 질적연구 방법 중 하나로 개인의 이야기화된 경험(storied experience)을 시간의 흐름과 상황에 대한 고려를 바탕으로 탐구하는 연구 방법이다(박봉수, 2016).

내러티브 매체로서 포토텔링 연구 방법은 사진이 가진 객관성과 서술성, 그리고 누구나 쉽게 알아볼 수 있는 대중성을 담보해 줌으로써 연구자가 목표로 하는 내러티브를 탐색할 수 있게 한다(박봉수, 2016). 포토텔링 기법을 활용한 자료수집은 사진을 과거의 특정한 시간과 장소와 사건을 배경으로 한 뚜렷한 사실로 인지하는 것에서 머무는 것이 아니라 사진을 보고 '다시 이야기'함으로써 인간에게 역사와 세계를 바라보는 새로운 인식의 창을 제공한다(박봉수 · 김영순, 2016). 예컨대 어느 한 개인의 삶은 단순히 개인 한 사람에 국한된 것이 아니라 가족을 비롯한 이웃, 마을, 사회, 국가와의 상호작용의 결과이다. 이와 같이 개인 생애의 기억은 사회문화적 관계와 그에 따른 공적 가치를 포함하기 때문에 가족을 비롯하여 사회구성원의 권리와 의무의 작동 메커니즘까지 함유하고 있다. 따라서 포토텔링을 활용한 연구는 사회적 이슈에 대한 시각을 확장하고 개인적 내러티브를 공고히 할 수 있다(김영순 · 박봉수, 2016).

특히 오래된 사진이미지는 시간성이 투영되어 최근에 찍은 사진과는 다른 역사를 가지고 있다. 시간성을 포함한 사진은 독특한 깊이의 내러티브를 함축하고 있기에 지나간 시간에 대한 노스탤지어를 불러일으킨다. 이러한 요소들은 사진이 제시하는 과거의 시간이 현재의 시간과 맞닿아 있어 연구참여자가 이야기하는 현재의 시간으로 시선을 끌어당긴다. 과거의 기억이 현재화되면서 시간의 힘을 물리치는 강력한 도구가 된다.

2) 포토텔링을 활용한 연구사례

박봉수(2016)는 자신의 박사학위 논문에서 포토텔링을 활용하여 자료를 수집하였다. 그는 2013년부터 남동사할린센터와 관련된 부서에서 근무한 경험이 있다. 그리고 영주귀국 사할린 한인으로 구성된 자원봉사단체 '사할린을 사랑하는 봉사모임', 일명 '사사봉'의 자원봉사자로 활동한 경험과 2015년 한국이민사박물관과 '사할린 한인 망향가' 특별전에서 고향으로 영주귀국한 사할린 어르신들의 '어제와 오늘, 그리고 미래'를 수집한 경험을 축적하여 '영주귀국 사할린 한인의 통과의례 내러티브 탐구'를 연구하였다. 일본에 의한 사할린 한인의 강제이주 기억과 소련의 해체로 인한 체제 이주 과정에서 그들의 통과의례는 어떠했는지, 그리고 그 본질적 의미가 무엇인지 밝혀 그들의 삶에 어떻게 투영되어 있었는지, 그리고 현재 삶에 어떻게 반영되어 있는지 그 연결고리를 찾기 위함이다.

위 연구에서 포토텔링을 적용한 것은 첫째, 연구참여자들과 라포르 형성을 중요하게 생각했기 때문이다. 특히 라포르를 형성하고 인터뷰를 하기 위해 연구참여자 자택을 방문했을 때 자연스럽게 벽에 걸려 있는 사진을 보면서 커뮤니케이션이 일어났다. 연구참여자는 벽에 걸려 있는 사진을 설명하면서 향수에 젖어 있었고, 저장되어 있던 기억이 살아난다는 것을 확인하였다. 그리고 연구자가 연구참여자를 한층 이해하는 데 유용했다. 둘째, 연구참여자의 기억력을 담보할 수 없다는 우려와 언어에만 의존하던 심층면담을 보완하기 위함이다. 지나온 생애에 대한 심층면담을 할 때 연구참여자가 말한 첫 번째 이야기와 두 번째 이야기가 상이함을 확인하였고, 이것을 보완할 방안을 찾다가 사진을 보면서 이야기하는 것을 고안해 냈다. 셋째, 한 사람의 생애는 개인의 삶을 담고 있고, 이러한 개인의 삶은 곧 역사이다. 그러나 개인이 담고 있는 이야기는 특정한 장소에 일부만 기록되어 있어 사라질 위기에 놓여 있다. 그래서 이러한 연구를 통해 더 많은 개인의 생애를 기록하기 위함이다.

연구의 주된 내용은 연구 동기를 시작으로 연구를 왜 하게 되었는지, 그리고 연구를 해야만 하는 필요성과 목적을 제시하고 선행연구를 통한 시사점을 기술하였다. 이론적 논의에서는 사할린 한인의 고향과 통과의례, 그리고 통과의례와 민족정체성은 어떠한 상관관계에 놓여있는지에 대해 기술하였다. 연구 방법에서는 내러티브 탐구 절차에 대해 기술하고 남동사할린센터를 소개하였다. 그리고 연구참여자 선정 과정과 분석에 대해 기술하였다. 연구의 신뢰성 확보를 위해 어떠한 절차로 어떻게 연구를 진행하였는지 그에 따른 윤리적 고려에 대해 기술하였다. 포토텔링기법과 심층면접에 기반을 두어 자료를 수집하고, 인터뷰 내용은 내러티브 탐구 지점으로 분석하였다. 분석한 연구 결과는 연구참여자들의 통과의례별 의미를 범주화하여 다시 이를 통합하고, 고향 메타포와 민족정체성의 의미로 재범주화하여 구성하였다. 기존에 사용되지 않던 포토텔링기법을 고안해 내어 활용하였다는 데에 의의가 있다.

박봉수(2016)의 '영주귀국 사할린 한인의 통과의례 내러티브 탐구'의 자료수집을 위해 포토텔링을 활용하였다. 이 연구에 참여한 사람들은 영주귀국 사할린 한인 5명으로 참여관찰, 포토텔링과 심층면담을 활용하여 자료를 수집하였다. 면담 장소는 연구참여자의 연령과 커뮤니케이션, 그리고 사진을 활용한다는 특징 때문에 연구참여자가 가장 편하게 생각하여 양질의 자료를 제공할 수 있는 연구참여자의 자택에서 이루어졌다.

영주귀국 사할린 한인의 통과의례를 탐구하기 위해 연구 설계와 자료수집이 동시에 이루어졌다. 연구 설계에서는 문헌검토와 참여관찰을 동시에 병행했으며, 선행연구에서 도출한 시사점을 토대로 연구문제를 선정하였다. 그리고 참여관찰을 통해 연구자는 그들의 움직임을 기록으로 남겨 분석에 활용하였다. 연구참여자들에 대한 깊이 있고 체계적인 접근과 이해를 위해서였다. 특히 연구참여자들의 특성을 파악하지 못한다면 보다 깊이 있는 이야기에 접근할 가능성이 낮기 때문이다.

참여관찰은 연구 공간이자 영주귀국 사할린 한인들의 자조(自助) 공간이라 할 수 있는 남동사할린센터에서 그들의 행위를 분석하기 위해 약 2년 동안 이루어졌다. 그리고 문헌을 통해 확인한 내용을 현장을 통해 깊이 이해하고, 인터뷰 과정에서 연구참여자들이 말한, 사진 속의 현장을 깊이 이해하기 위해 직접 사할린 현지에 가서 참여관찰 하였다. 본 연구가 실제 수행되는 과정과 그 결과에 대해 간학문적 맥락에서 연구하고자 했기 때문이다. 사할린 한인이 걸어온 길은 어떠하였으며, 현재 걷고 있는 길과 어떻게 다른지, 그들은 고향의 행위를 어떻게 하고 있는지 깊이 이해하기 위함이다.

연구참여자 선정은 한국어를 잘하는 어르신을 소개받아 관계 맺기를 하고, 잠정적 연구참여자들과 거리를 좁히기 위한 노력을 하였다. 이는 연구자의 예비인터뷰와 참여관찰을 통해 비의도적으로 생성된 선입견에 의해 다층적이고 통합적인 면을 간과할 수 있다는 우려 때문이다. 코딩에서 개별의미 단위를 추출하고 동료 연구자와 끊임없이 토론하며 외부 감사를 거친 후, 다시 참여자와 탐구자가 만나 예비조사에서 얻은 시사점에 주목하여 다시 이야기하기(Retelling)에 들어갔다.

자료 분석과정에서는 수집한 자료의 분석과 글쓰기가 동시에 이루어졌다. 연구의 정당성을 확보하기 위해 연구가 끝날 때까지 사할린 한인 연구 콜로키엄을 만들어 끊임없이 주제에 관해서 이야기하였다. 수집된 자료에 대해 이야기하고, 비판하여 자기 성찰하는 데 도움이 되었다. 마지막으로 연구텍스트 작성하기에서는 연구참여자들의 이야기를 생생하게 담아내기 위한 글쓰기 작

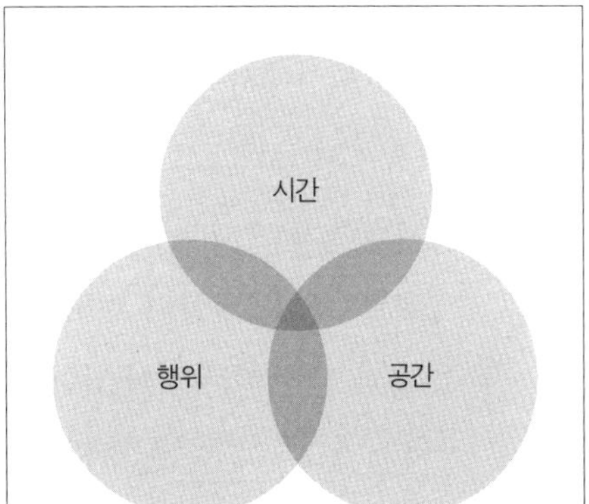

[그림 2-1] 내러티브 탐구의 3차원적 탐구지점

[사진 2-2] 3차원적 탐구지점: 시네고르스크 탄광

업을 염두에 두면서 논문을 작성하여 연구참여자의 검토를 받았다.

참여관찰과 심층 인터뷰, 포토텔링을 통해 수집한 자료는 개인과 사회의 상호작용, 시간성, 공간성이라는 내러티브 탐구의 3차원 탐구지점에 초점을 두어 분석하였다(Clandinin & Connelly, 2000). 특히 연구참여자들이 간직한 통과의례에 대한 향수를 수집하였다. [그림 2-1]은 내러티브 탐구 지점을 그림으로 나타낸 것이다.

시네고르스크 탄광(사진 2-2)과 코르사코프 망향의 언덕은 시간·공간·행위를 모두 내포한다. 시네고르스크 탄광은 남사할린에서 가장 큰 탄광 중의 하나로 1943년부터 1945년까지 사할린 한인이 가장 많이 노역하던 탄광이다(한국이민사박물관, 2015). 시네고르스크의 옛 이름은 가와카미(川上)였다. 시네고르스크 탄광은 미쓰이광산주식회사에서 직영하던 곳이며 남사할린 최대 탄광 중 하나로 1945년 8월 종전 이후 시네고르스크 탄광으로 개칭하여 러시아 정부가 운영하다 2004년에 폐광 조치되었다(최상구, 2015).

코르사코프 망향의 언덕에는 '사할린희생동포 위령기념조각'이 있다. 여기에는 다음과 같은 비문이 써 있다.

〈배를 세우는 뜻은〉

글 : 김문환

1945년 8월, 애타게 그리던 광복을 맞아 동토 사할린에서 강제노역하던 4만여
동포들은 고국으로 돌아가기 위해 이 코르사코프 항구로 몰려들었습니다.
그러나 일본은 이제는 일본 국적이 아니라는 이유로
이 분들을 내버린 채 떠나가 버렸습니다.
소련 당국도 혼란 상태에 있던 조국도 이들을 돌보지 못했습니다.
짧은 여름이 지나 몰아치는 추위 속에서
이 분들은 굶주림을 견디며 고국으로 갈 배를 기다리고 또 기다렸습니다.
이윽고 혹은 굶어 죽고, 혹은 얼어 죽고, 혹은 미쳐 죽은 이들이 언덕을 메우건만
배는 오지 않아 하릴없이 빈손 들고
민들레 꽃씨마냥 흩날려 그 후손들은 오늘까지 이 땅에서 삶을 가꾸고 있습니다.
조국이 행방되었어도 돌아갈 길이 없어
아직도 서성이는 희생동포들의 넋을
조국으로 세계로 자유롭게 모시려는 뜻을 모아
이 "망향의 언덕"에 단절을 끝낼 파이프 배를 하늘 높이 세웁니다.

이곳 코르사코프는 사할린 한인들의 과거, 현재, 그리고 미래가 묻힌 곳이다. 코르사코프 망향의 언덕은 일본에 의해 강제로 끌려간 조선인이 배에서 내려 처음 사할린 땅에 발을 디딘 곳 중의 하나로 사할린 한인에게 남다른 의미를 가지고 있기 때문이다. 1945년 해방이 되자 고향으로 가기 위해 어린아이와 봇짐을 등에 지고 수백 km를 걸어온 조선인들로 인산인해를 이루던 곳이다. 그러나 하루 이틀이 지나 한 달이 지나고 1년이 되어도 그들을 데리고 갈 배는 오지 않았다. 대부분 남한이 고향인 조선인들은 고향 땅도 밟지 못한 채 동토의 땅 사할린에서 추위에 얼어 죽고, 굶주려 죽고, 고향 땅에 있는 부모 · 형제를 그리워하다 미쳐 죽어간 곳이다(한국이민사박물관, 2015).

[사진 2-3] 3차원적 탐구지점: 사할린 한인 청소년 역사캠프

[사진 2-3]은 '사할린 한인 청소년들의 역사캠프'로 2015년 7월 사할린주 노인회에서 주관한 한인 4세와 5세 청소년들을 위한 역사캠프 프로그램이다. 캠프에 모인 한인 4세와 5세들이 2박 3일 동안 한인이 가장 많이 거주하는 유즈노사할린스크에서 출발하여 남부의 최대 항구인 코르사코프, 시네고르스크 탄광, 돌린스크, 포자르스코예, 네벨스크까지 선조의 역사와 발자취를 둘러보며 이해하기 위함이다.

[사진 2-4]와 [사진 2-5]는 3차원적 탐구지점 중 특히 '상호작용'이 일어나는 지점이다. [사진 2-4]는 사할린 한인문화센터로 사할린에 거주하는 한인뿐만 아니라 사할린에 거주하는 모든 민족에게 한국어와 한국 문화를 이해할 기회를 제공하는 곳이다. [사진 2-5]는 영주귀국 사할린 한인들의 자조 공간인 남동사할린센터이다. 박봉수(2016)는 사할린경로당을 초국가적 이주의 종착역으로 본 것이 아니라 사회적 맥락 안에서 연결망을 통해 상호작용이 일어나는 고향이 확장된 개념으로 보았다.

남동사할린센터는 인천시 남동구 논현동에 위치한 곳으로 영주귀국 사할린 한인의 재사회화와 안정적인 정착, 사회통합, 아름다운 노년을 구현하는 것을 목적으로 2014년에 개원하였다. 1층에는 사무실, 할아버지방, 할머니방, 식당이 있다. 사무실에는 여섯 분의 자원봉사자가 근무를 한다. 여섯 분은 모두 영주귀국하신 사할린

[사진 2-4] 3차원적 탐구지점: 사할린 한인문화센터

[사진 2-5] 3차원적 탐구지점: 남동사할린센터

어르신으로 부회장, 사무총장, 문화부장, 회계 업무, 대사관 · 영사관 업무 등을 담당하고 있다. 2층 다목적실은 강당과 교육장으로 분리해서 사용하기도 한다. 대부분 교육은 대강당에서 이루어지는데 평일에는 역사 교실, 노래 교실, 춤 등을 배운다. 교육장 입구에 탁구대와 당구대가 있는데 이것을 이용하는 어르신들은 오전 오후로 나누어 정해진 시간에만 이용할 수 있다. 옥상에는 어르신들의 여가생활과 건강을 위한 게이트볼장이 있다. 게이트볼장에는 날씨와 관계없이 어르신들의 웃음소리가 가득하다.

따라서 남동사할린센터는 영주귀국 사할린 어르신들의 초국가적 이주를 실천하는 장이다. 뿐만 아니라 정체성을 찾기 위해 '고향'에 대한 새로운 개념을 만들어 가는 곳이다. 다양한 유대관계를 형성하고 이러한 사회적 연결망 안에서 러시아와 한국 사이의 맥락들을 스스로 재구성하고 자신들이 공유할 수 있는 교집합을 창조해내고 있다. 고향이라는 개념을 공유하고 있는 사람들은 그들의 테두리 안에 들어올 수 있고, 서로 친구가 될 수 있다. 결국, 이들의 고향은 정적인 것이 아니라 과거의 부모님 경험으로부터 현재와 미래의 경험으로 옮겨가는 하나의 과정이다(박봉수, 2016). 그러므로 남동사할린센터는 고향이 확장된 의미로 볼 수 있다. 이때 고향은 물리적 공간이 아닌, 물리적 공간으로 투영된 고향이다(박봉수, 2016). 그곳이 남동사할린센터이다.

3) 사할린 한인의 통과의례 내러티브 탐구*

아놀드 반 겐넵(Arnold van Gennep)은 통과의례를 '무엇'이 일어나고 있는가에 대한 것뿐만 아니라 '어떻게' 그리고 '왜' 일어나는가에 관한 것까지도 포괄한다고 한다(전경수 외, 2000). 박봉수(2016)에서는 단지 '통과의례를 했다'라는 것에 목적을 두지 않고, 그 통과의례를 하기 위한 전 과정과 그들이 간접 경험한 통과의례도 중요하게 다루어 연구참여자들의 삶과 시대성을 엿보았다.

사할린 한인들은 자녀가 태어나면 삼칠일을 지켰다. 금줄은 달지 않았지만 외부 사람들의 출입을 삼갔으며 자녀의 돌에는 고향에서 하던 습관대로 미역국을 끓여 이웃과 나누어 먹고 수수팥떡을 하여 액운을 물리치는 예를 갖추었다. 그리고 돌잡이를 하면서 아이의 장래를 점치기도 하면서 자녀의 건강을 기원했다.

'결혼'은 자손을 번식하여 가족이 함께하는 즐거움을 새겨주는 보금자리로 고정되어 있다. 어느 날 김성수는 친구들과 함께 광장으로 춤을 추러 갔다. 거기에는 친구들과 온 지금의 아내가 있었다. 춤을 추면서 다가가 이야기를 하고, 호감을 느

[사진 2-6] 통과의례 예시: 사할린 한인의 돌잔치

* 본 절에서는 박봉수(2016)를 재구성하여 실은 것이다.

[사진 2-7] 통과의례 예시: 사할린 한인의 결혼식

끼기 시작하여 결혼하게 되었다. 당시 부인은 간호사로 일을 하고 있었다. 그녀가 예쁜 것도 있지만 특히 조선 사람이고, 성격이 좋아서 결혼하게 되었다고 한다.

1960년 초에 김성수가 결혼할 때만 해도 사할린 한인들은 이미 러시아의 문화가 낯설지만은 않은 때였다. 신부 얼굴에 연지곤지는 찍지 않지만 혼례상에는 소나무 가지에 청실홍실이 걸리고, 식순에 의해 식이 진행되었다. 결혼할 때 대부분 신랑은 양복을 입고, 신부는 드레스를 입었다. 그러나 김성수의 부인은 한복을 입고 머리에는 러시아 스타일의 베일을 썼다. 한복은 장모님이 만들어 주신 것이고, 머리에 쓴 베일은 부인이 직접 만들어 썼다고 한다. 김성수의 결혼사진 속에는 음식을 준비하는 아주머니들의 깔깔거리는 웃음소리, 부침개를 부치는 고소한 기름 냄새, 마당 한쪽에서는 장구를 치며 막걸리 마시는 아저씨, 소리패의 흥겨운 가락 등을 유추하게 한다.

사할린 한인들은 경사스러운 일이나 슬픈 일이 생길 때면 동기들끼리 모여 희노애락(喜怒哀樂)을 함께 했다. 사할린 한인들은 사할린으로 이주할 당시 대부분 독신으로 이주를 하였기 때문에 친족 관계가 협소할 수밖에 없었고 이를 극복하기 위해 '동생간'이라는 의형제 형태의 친분 관계가 성행했다(최상구, 2015). 그들은 일제강점기 사할린으로 이주하는 과정에서 고향을 잃어버렸을 뿐만 아니라 보호 기능과

[사진 2-8] 통과의례 예시:
사할린 한인의 형제간 사진

같은 좋은 요소들도 놓쳐 버린 상태에서 러시아 땅에 적응해야만 했기 때문이다. 그들은 '동향(同鄕)'을 중심으로, 혹은 '동성(同性)'을 중심으로 인위적으로 관계를 구성하여 친족 관계를 넓힌다. 이것은 단순히 친목 단체가 아니라 혈육으로 맺어진 친족 단체이다. 호칭도 큰아버지, 작은아버지 등으로 하여 친척과 같은 확고한 친족 공동체의 의미이다(한국이민사박물관, 2015). 사할린 한인에게 고향은 사전적 의미와는 달리 과거라는 시간성과 조상 대대로 살아온 곳이라는 장소성을 담고 있다(박봉수, 2016). 그들에게 현재 위치는 거주국인 동시에 또 다른 고향이기 때문이다.

"가족이 어디 있어요? 아버지 혼자지. 하지만 아버지 혼자가 아니요. 동네 사람이 모두 가족이고, 사는 곳이 고향이었지. 이것은 1963년에 찍은 우리 아버지 환갑 사진이요. 아버지는 1944년에 징용으로 가서 벌목장에서 일했어요. 나는 3살 때 엄마 등에 업혀 사할린으로 아버지 찾으러 갔지요. (중략) 내가 결혼했을 때인데 그때 이런 음식을 사는 것이 아니라 다 동네에 사는 아버지 형제들이 직접 만들어서 이렇게 쌓았어요. 그때 동네에 돌아다니는 절구도 있었어요. 누구네 집에 생일이다 하면 그 집에서 쓰고, 누구네 집 제사다 하면 또 그 집으로 가지고 가서 사용하고, 두부도 직접 만들고, 술도 담고, 국수도 국수틀을 집에서 만들어 직접 뺐어요. 대단

[사진 2-9] 통과의례 예시:
사할린 한인의 환갑 사진

하지, 우리 민족이 흥이 있는 민족이고, '고향'하면 자다가도 벌떡 일어나 어디 가나 이렇게 모여 사는 것을 좋아했지. 고향이나 마찬가지지…."(연구참여자 김성수)

김성수의 아버지는 장남인 형이 징용으로 사할린으로 가게 되자 형을 대신하여 1944년 사할린에 갔다. 그는 이듬해인 1945년에 어머니와 같이 사할린에 있는 아버지를 찾아갔다가 고향으로 돌아오지 못한 채 사할린에 억류되었다. 그는 부모님의 소원대로 조선 여자와 결혼하였다. 그의 부모님 환갑잔치에는 술과 풍물이 빠질 수 없었다. 사할린 한인들이 모여 사는 마을에는 공동으로 사용하는 절구와 맷돌이 있어 집안의 크고 작은 잔치에는 그것을 돌아가며 사용했다. 뿐만 아니라 동네에 사는 한인들이 모두 모여 술을 담그고, 두부를 만들고, 국수도 직접 뽑아 잔치했다. 부조는 돈으로 하는 사람들도 있었지만 돈이 없는 사람들은 집에서 음식을 만들어 부조하거나 노동으로 부조하는 사람들도 있었다. 그래서 사할린 한인들의 잔치는 잘사는 사람이나 가난한 사람이나 모두 풍요로웠다.

2. 연구에 참여한 사할린 한인

1) 우정구

우정구는 1934년 경북 의성에서 태어나 10살 때 아버지를 찾아 사할린으로 갔다. 그의 아버지는 외아들인 우정구를 교육시키기 위해 사할린 광부 모집을 보고 사할린으로 이주하였다. 사할린으로 이주한 그는 해방 전에는 일본학교를 다니다가 해방 후에는 조선학교를 다녔다. 그는 소학교를 졸업하고 러시아학교를 무사히 졸업하였다. 사범대학에서 수학을 전공한 그는 정년까지 조선학교에서 수학교사로 일했다. 수학교사를 하던 중 같은 한인마을에서 함께 컸던 후배를 아내로 맞아 결혼을 하고 아들 둘과 딸 하나를 얻었다.

그는 정년퇴직을 한 후 사할린 한인회장을 하며 한인들의 고단한 삶과 정체성을 찾기 위해 봉사하였다. 그는 자식들을 모두 결혼시키고 아버지가 그리워하던 고국으로 2007년에 영주귀국 하여 부인과 함께 노후를 보내고 있다. 83세임에도 불구하고 컴퓨터를 배우고 한국어를 배우러 다니며 열심히 사는 그에게 남은 소망이 있다면 자식들과 함께 사는 것이다. 사할린 한인에 대한 정책이 변하여 자식과 함께 살고 싶은 우정구의 간절한 소망이 이루어지길 빌어본다.

2) 박영자

박영자는 1941년에 사할린 돌린스크에서 외동딸로 태어났다. 아버지는 사할린에 모집으로 와 삼판에서 일하시며 외동딸인 그녀를 많이도 사랑해주셨다. 15살이 되던 어느 날 그녀는 부모가 친부모가 아니라는 사실을 다른 사람을 통해 알게 되었지만 내색을 하지 않았다. 그녀는 10학년을 졸업하였을 때 3년 동안 사귀던 남자와 결혼하여 2남 1녀를 두었다. 그녀는 결혼 후 무역전문학교를 나와 매장에서 매니저를 하면서 한 회사에서 30년 동안 근무하였다.

2005년 모국 방문을 다녀온 남편이 한국으로 영주귀국을 하고 싶어 했다. 자녀들이 모두 한국으로 영주귀국할 수 없기 때문에 영주귀국에 관심이 없었던 그녀는 남편의 설득으로 2007년 인천 논현동으로 영주귀국하였다. 새로운 것들을 경험하고 배우기 좋아하는 그녀는 교회에서 하는 성서대학에서 많은 것을 배우며 산다. 또한 그녀의 직업경험을 통하여 사할린경로당에서 회계 일을 맡아 봉사한다. 항상 긍정적이고 밝은 성격을 가진 그녀는 많은 사람들을 즐겁게 한다. 그녀에게 소원이 있다면 가족 모두 건강하고 하나님 안에서 행복한 것이다.

3) 장정기

장정기는 1941년 제주도에서 둘째로 태어나 1943년 세 살 때 부모님을 따라 사할린으로 이주하였다. 그가 10살 때 어머니는 막냇동생을 낳은 지 두 달 후 세상을 떠나셨다. 아버지는 어머니가 돌아가시고 7년 후 재혼을 하여 새어머니와 살다가 2000년도에 영주귀국하였는데 2달 만에 돌아가셨다. 하지만 장정기를 길러주신 새어머니는 지금도 안산에서 혼자 살고 계신다.

장정기는 러시아학교 7학년을 마치고 러시아 국적을 받아 군에 입대하였다가 1964년 제대 후 동네 초등학교로 부임해 온 여교사를 만나 결혼을 하여 1남 2녀를 두었다. 그는 1970년 농업대학을 졸업하고 대규모 농업회사에 들어가 사장으로 40년을 근무하였다. 회사에서 퇴직하기 직전 러시아 정부가 수여하는 최고 권위의 훈장을 받고 2007년에 영주귀국하였다.

2014년도에 뇌경색이 와서 큰 수술을 받았지만 현재 79세로 틈나면 가까운 명소로 나들이를 가거나 사할린 동포와 주민들과 어울리면서 하루하루를 즐겁게 그리고 감사하는 마음으로 지내고 있다.

4) 김부자

김부자는 1943년에 사할린에서 1남 1녀 중 막내로 태어났다. 그녀의 아버지는 1941년 강제징용으로 사할린으로 이주하여 탄광에서 일하다가 1946년도에 탄광이 무너져 화상을 입고 어머니가 가출한 뒤 사망하였다. 5살에 고아가 된 김부자는 옆집 아주머니가 데려다 키워주고 오빠는 다른 곳에서 자라 1959년도에 북조선으로 간 뒤 만난 적이 없다.

김부자는 1964년에 사범대학을 졸업하고 조선학교의 교원으로 있다가 한인 2세와 결혼하여 2남 1녀를 낳았다. 그녀는 1993년에 '사할린청춘예술단'을 조직하여 사할린 한인 3, 4세들의 한인 정체성을 유지하도록 돕는 한편 부산을 오가며 사업을 하였다. 그러던 어느 날 노인회장과 인연이 되어 사할린주 한인노인회에서 일하면서 사할린 한인 1세대들의 영주귀국을 위해 힘썼다. 2007년도 남편과 함께 영주귀국하였다.

현재 그녀는 '무궁화봉사단' 단장으로 노래하면서 봉사하고 있다. 그녀의 노래는 이산의 아픔을 숙명으로 받아들이는 사할린 한인의 애환이 녹아 있다. 임종을 맞이하러 온 자녀들이 함께 자고 이야기 할 수 있어 마음 편히 지낼 수 있는 시설이 확보되었으면 좋겠다고 이야기 하는 김부자의 바람이 속히 이루어지기를 기원한다.

5) 김성수

김성수의 어머니는 1940년 김성수를 임신한 몸으로 아버지를 찾아 사할린으로 갔다. 김성수는 1941년에 사할린 브이코프 탄광촌에서 2남 5녀 중 장남으로 태어났다. 그가 4살 되던 해, 1945년에 해방이 되었고 고향에 돌아가기 위해 잠시 머물렀던 낯선 땅 코르사코프에 뿌리를 내리게 되었다. 그래서 김성수에게 코르사코프는 제2의 고향이 되었다.

1950년, 9살에 조선소학교에 입학하여 10학년에 졸업하고 상급학교에 진학하지 못한 김성수는 결국 학업을 포기하고 막노동을 하게 된다. 어느 날 김성수는 친구들과 함께 춤을 추러 갔다가 조선인 간호사를 만나 결혼하여 1남 2녀를 두었다. 김성수의 어머니는 고향방문단을 통해 고향을 한 번 방문하였으나 다시 고향에 돌아오지 못하고 끝내 사할린에서 세상을 떠났다. 그는 부두의 물품 하역장에서 책임자로 일하면서 고국으로 귀환하기 위해 코르사코프시 이산가족협회의 회장을 역임하며 영주귀국을 위해 힘썼다. 그는 2007년에 부모님을 대신하여 부인과 함께 영주귀국을 했다.

요즘 김성수는 시간이 나면 사할린경로당에서 당구를 치며 시간을 보내고 있다. 몸은 부모의 고향에 있지만 마음은 자녀가 있는 사할린에 가 있어 또 다른 마음의 병을 앓고 있다.

6) 문정현

문정현은 1938년 사할린 샤조르스크에서 1남 4녀 중 장남으로 태어났다. 부친은 1938년도에 사할린에 가서 탄광에서 6년간 일하다 일본으로 이중징용 되었다. 그는 사범학교 졸업 후 1958년(20살)에 다시 통신학교로 진학하여 기계를 전공하면서 아버지를 찾던 중 아버지가 북한에 있다는 소식을 듣고 아버지를 초청하는 서류를 작성하여 24년 만에 극적으로 만났다. 떨어져 산 세월이 긴 만큼 부모님은 갈등이 심하여 아버지는 가족과 재회한 지 2년 만에 돌아가셨다.

문정현은 훌륭한 기술과 성실함으로 회사에서 차장까지 승진하면서 직장과 동료들에게 꿈과 희망을 주었고, 1989년에 홈스크시의 한인협회 회장직을 맡아 KAL 007편이 격추되어 탑승객 전원이 목숨을 잃었을 때 추모제를 주도하였다. 그는 2007년에 인천의 논현동으로 이주하였지만 지금도 사할린에서 사업을 하는 한국인 동료들을 돕고 있다. 미처 행복한 가정을 꾸리지도 못하고 저세상에 가신 아버지, 남편과 남은 인생 오순도순 살아보지도 못하고 일만 하다가 외롭게 가신 어머니, 결혼을 6개월 앞두고 누구 손에 죽었는지도 모르게 처참하게 저세상에 가버린 둘째 아들을 기리며 오늘도 외로운 하루를 보내고 있다.

3. 연구의 여정

본 연구는 2016년 7월에 기획하여 2017년 12월까지 이루어졌다. 사할린 한인 생애사 저술 작업을 위해 인하대학교 아시아다문화융합연구소에서는 본교 대학원에서 박사학위를 받은 연구자를 대상으로 저술을 할 연구자를 공모하였다. 모집 결과 5인의 박사가 생애사 저술 작업에 선정되었다. 이에 연구자 1인에 연구참여자 4~5인을 맡아 22인의 생애를 수집하기로 하였다. 연구에 앞서 연구자들은 2주에 한 번씩 생애사 저술 작업을 위한 콜로키엄을 갖고 연구의 어려움을 공유하고 해결책을 스스로 찾아 나섰다.

본 연구의 목적은 영주귀국 사할린 한인의 생애사를 통하여 역사적 상흔에 대한 치유와 우울감을 극복하고 자아정체성을 확립시키고 사회통합감과 연대를 고양시키기 위함이다.

사할린 한인 생애사 저술을 위해 2016년 7월 29일 인하대학교 정석학술정보관에서 영주귀국 사할린 한인 서른 분을 모시고 사할린 학술대회를 열었다. 이날 아시아다문화융합연구소와 남동사할린경로당이 협약식을 갖고 본 연구에 협조하기로 했다. 학술대회에 앞서 남동사할린경로당 신동식 회장님의 격려사가 있었다. 신동식 회장님은 학술대회에 참석하신 영주귀국 사할린 한인을 대표하여 사할린 학술대회를 열어 준 아시아다문화융합연구소의 김영순 소장에게 감사인사를 전함과 함께 생애사 저술 작업에 적극 협조할 것을 밝혔다.

이어 학술대회에서는 본 연구의 목적을 설명하고 본 연구에 참여를 희망하는 사람들에게 생애사 교육을 하였다. 참석자 27명 중 본 연구에 참여하겠다고 의사를 밝힌 사람은 22명이었으며, 참여하지 않겠다고 의사를 밝힌 사람은 5명이었다. 이에 참여 희망자에 한하여 간략하게 본인을 소개하는 자술서를 쓰게 하여 연구참여자의 기초자료를 확보하였다.

영주귀국 사할린 한인 생애사 저술 작업의 연구 방법은 문헌 연구, 참여관찰, 포토텔링을 활용하여 구술면담을 하고, 현지조사, 연구참여자 교육, 사할린 한인 사회 단체장 FGI(표면집단면접법) 등을 통하여 자료를 수집하는 것이다. 본 연구는 총 4단계로 이루어지며 1차 연구를 시작으로 4차 연구를 통해 체계적이고 정교한 연구를 실시하고, 최종적으로 저서 및 전시회의 형태로 출판기념회와 전시회를 하고자 하였다.

1차 연구는 기초자료를 수집하는 단계로 2016년 7월부터 문헌조사를 시작으로 연구 동향을 살핀 후 연구에 적합한 연구참여자를 선정하였다.

2차 연구는 참여관찰과 더불어 연구참여자의 생애에 대한 내러티브 포토텔링 생애사 연구 방법을 활용하여 자료를 수집하고 2차 연구를 통해 실시한 면담에 관한 전사는 별도의 연구 보조 인력을 활용하였다. 전사된 자료는 생애사 중심으로 재

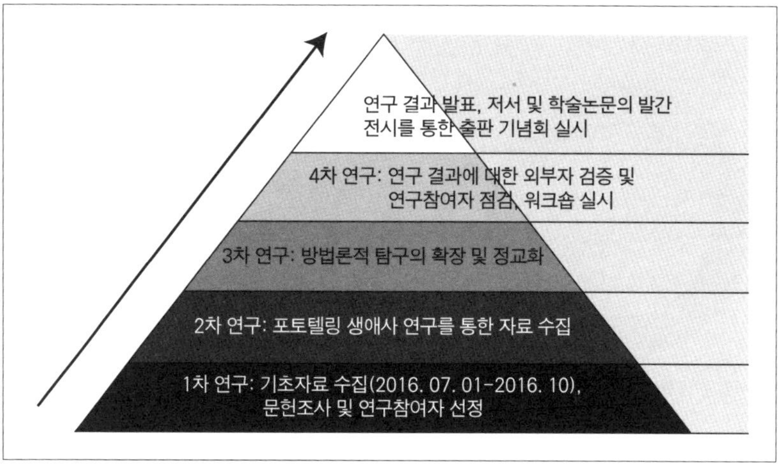

[그림 2-2] 영주귀국 사할린 한인의 생애사 연구 단계

구성하고 이미지와 텍스트를 절충하는 방식으로 스토리텔링을 실시하였다.

3차 연구는 연구자들이 워크숍을 통해 연구의 방법론적 탐구를 확장하고 정교화하였다.

4차 연구는 연구 결과에 대한 외부자 검증 및 연구참여자 점검, 학술논문 발표와 워크숍을 하였다.

연구 결과 단계에서는 영주귀국 사할린 한인 생애에 대한 저술 출판 기념회와 그동안 연구에서 수집한 자료를 전시하여 사할린 한인의 삶을 교육자료로 활용할 수 있도록 하였다.

심층 면담은 연구참여자의 연령을 고려하여 연구참여자가 가장 편하게 생각하는 연구참여자의 자택이나 남동사할린센터에서 이루어졌다. 심층 면담은 1회에 약 90분에서 120분 소요되었다. 그러나 2단계 자료 수집 과정에서 연구 참여 중단을 선언한 연구참여자가 10인 있었다. 참여 중단의 이유는 시간이 없고 한국어가 서툴다는 것과 개인의 사정을 다 밝힐 수 없다는 이유였다. 참여 중단을 선언한 10인을 제외하고는 연구참여자들의 협조로 비교적 잘 이루어졌다. 그런데 영주귀국 사할린 한인들은 무더운 여름에는 사할린 자녀 곁에서 보내시는 분이 많았다. 그래

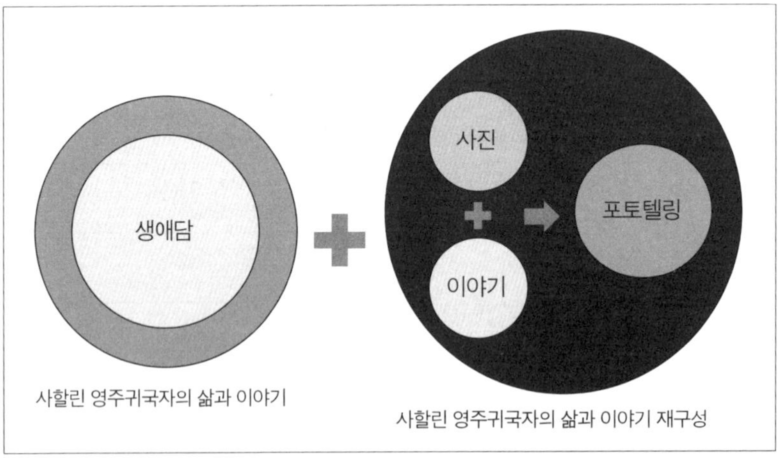

[그림 2-3] 포토텔링

서 2차 인터뷰와 3차 인터뷰가 순조롭게 이루어지지 않았다. 게다가 사할린에 다녀 온 연구참여자들이 연구에 참여할 수 없다고 밝혀 13명이 되었다. 저술 작업의 마지막 단계인 연구참여자 확인 작업 즉, 방법론적 탐구의 확장 및 정교화 작업을 하는 과정에서 한 명이 또 포기해서 최종 12명이 되었다. 그래도 연구자들은 생애사 집필에 전념하면서 뜨거운 여름을 보냈다.

우리는 영주귀국 사할린 한인 생애사 연구를 통해 그들이 지내 온 모진 생활과 굴곡진 삶을 이해할 수 있는 시각을 갖추게 되었으며, 이를 통해 그들 역시 역사적 상흔을 치유할 수 있을 거라는 기대감을 갖는다. 뿐만 아니라 생애사는 인간관계에서 겪는 숱한 사랑과 미움의 감정들을 순화시킬 수 있는 매개체가 되어 자신들의 존재를 확인하는 메커니즘으로 작용할 것으로 기대한다.

II

문화적응과
정체성 협상의 이야기

2부에서는 사할린 한인들이 척박한 사할린 땅에서 어떻게 문화적응을 해왔으며, 조선인으로서의 삶을 어떤 방식으로 유지하고, 생존하기 위해 자신의 정체성을 타협했는가에 관한 정체성 협상의 이야기를 기술하였다.

3장은 우정구 어르신의 이야기이다. 연구참여자 우정구는 1934년 10살 때 사할린으로 이주하여 평생을 수학교사로 일하다가 정년퇴임 후 주사할린한인회 회장을 역임하였다. 2007년에 영주귀국한 '뼛속까지 나는 한국인'이라고 하는 한인의 정체성을 지키고 있음을 통해 이 책을 위한 연구참여자가 되었다. 그가 가지고 있는 사진을 통해 우정구의 삶은 과거와 현재가 맞닿아 있음을 노래하였다.

4장은 사할린 돌린스크에서 태어난 1941년생 박영자 어르신의 삶에 관한 이야기이다. 박영자는 무역학을 전공한 후 한 회사에서 30년 동안 근무하다가 남편의 설득으로 2007년 인천 논현동으로 영주귀국한 분이다. 자신의 전공을 살려 사할린 경로당에서 회계 일을 맡아 봉사하고 있다. 박영자의 삶을 통해 사할린에서 한국으로의 여정을 살펴 볼 수 있다.

5장에서는 자녀의 이름은 물론 손자 이름까지 모두 한국 이름으로 지었다는 '장정기의 삶과 이야기'를 풀어냈다. 장정기의 이야기에는 농업을 공부한 후 대규모 농업회사에 들어가 사장으로 40년을 근무한 이야기와 2007년 영주귀국 후 부인과 알콩달콩 살아가는 이야기를 기술하였다. 틈나면 가까운 명소로 나들이를 가거나 마을회관에 가서 사할린 동포와 주민들과 어울리면서 하루하루를 즐겁게 지내고 있는 그를 이 책을 통해 만날 수 있다.

3장
뼛속까지 나는 한국인: 우정구의 이야기

우정구는 1934년 경북 의성에서 태어났다. 그의 아버지는 외아들인 그를 학교를 보낼 수 없게 되자 아들을 교육시키기 위해 사할린 광부 모집을 보고 사할린으로 이주하였다. 사할린으로 이주한 그는 해방 전에는 일본학교를 다니다가 해방 후에는 조선학교를 다녔다. 소학교를 졸업하고는 러시아학교에 입학하였으나 러시아어 부족으로 졸업하기까지 힘든 일이 많았다. 그러나 그는 이를 잘 극복하고 사범대학까지 무사히 졸업하였다. 사범대학에서 수학을 전공한 그는 정년 때까지 조선학교에서 수학교사로 일했다. 수학교사를 하던 중 같은 한인마을에서 함께 컸던 후배를 아내로 맞아 결혼을 하고 아들 둘과 딸 하나를 얻었다. 그는 아버지가 돌아가실 때까지 아들의 교육을 위해 고향을 떠나 타국에 오신 부모님을 항상 존경하고 극진히 모셨다.

러시아에서 사할린 한인들을 무국적자로 취급하였기 때문에 사할린에서 그들의 삶은 항상 이방인이었고 많은 제재를 받으며 살았다. 고단한 삶을 살고 정체성에 혼란을 느끼는 사할린 한인들을 위해 그는 정년퇴직을 한 후 사할린 한인회장을 하며 봉사하였다. 한국인으로서의 정체성을 잃지 않고 한국인의 우수성을 알리고 싶어 다양한 노력을 하였다. 자식들을 모두 결혼시키고 그는 아버지가 그리워하던 한국으로 영주귀국하였다. 한국에 들어왔을 때 가장 먼저 그가 열 살까지 살았던 고향을 둘러보고 사촌들도 만났으나 그렇게 오고 싶어 했던 아버지가 안 계셔서 너무나 안타까웠다.

한국 생활은 편안하지만은 않았다. 그가 사할린에서 잘한다고 생각했던 한국어는 한국 생활에 조금 도움이 될 뿐 소통에 여러 가지 어려움이 있었다. 그는 매일같이 아침이면 일어나 83세임에도 불구하고 컴퓨터를 배우고 한국어를 배우러 다닌다. 이렇게 열심히 사는 그에게 남은 소망이 있다. 가장 먼저 사할린에 남아 있는 한인 3~4세에 대한 대책마련이다. 자신은 물론 많은 사할린 영주귀국자들이 자식들과 함께 한국에서 살지 못하기 때문에 발생하는 문제들이 너무 많기 때문이다. 그 또한 나이가 들어갈수록 자식들과 함께 살고 싶은 마음이 커져만 간다.

사할린 한인에 대한 정책이 변하여 자식과 함께 살고 싶은 우정구의 간절한 소망이 이루어지길 빌어본다.

1. 사할린으로 이주

우정구는 1934년 경북 의성에서 태어났다. 그의 아버지는 의성 산골에서 농사를 지으셨고 어머니는 아버지를 도와 농사일을 거들며 살았다. 그는 가난한 농부의 아들이지만 어린 시절 그의 가정은 안정되고 행복했다. 그의 아버지가 늦은 나이에 결혼했기 때문에 부모님에게 아들은 기쁨이고 희망이었다. 그는 항상 아버지의 지게를 타고 농사를 짓는 데 따라다녔고 그의 어머니는 없는 살림에도 아들이 먹고 싶은 것은 언제든지 정성껏 만들어 주셨다. 그가 한국을 떠날 때까지 동생이 없어 그는 외아들로 귀여움을 독차지하였다. 10살이 되도록 형제가 없이 외동인 그를 위해 부모님은 많은 것을 아낌없이 지원하였다. 그의 아버지와 어머니는 13살 나이 차이가 있었으나 부부 금슬은 좋았다.

어머니는 어린 아들을 학교 보내기 위해서는 이른 아침부터 서둘러야 했다. 지금과 다르게 교통이 발달하지 않은 그 옛날 학교를 가려면 50리씩 걸어가야 했다. 어린 아들이 학교를 가려면 해가 뜨기 전에 집에서 출발해야 했고 이를 지켜보는 어머니는 어린 아들이 안쓰러웠다. 보다 못한 부모님들은 8살 아들을 학교 보내는 것을 포기하였다. 그 후 우정구가 성장하여 10살이 되었을 때 학교 보내기 위해 아버지가 학교를 찾아갔으나 학교에서는 받아주지 않았다. 그 이유는 8살인 학생들이 학교에 너무 많이 들어와서 10살까지 받아 줄 자리가 없다는 것이었다. 그러면서 선생님들은 제 나이에 학교를 보내지 않은 것은 부모의 책임이라고 하였다. 그러자 그의 아버지는 없는 돈을 구해 손을 써서라도 우정구를 학교에 보내려 하였지만 번번이 거절당했다. 그때부터 그의 아버지는 고민을 하게 되었다. 하나밖에 없는 아들을 학교에 보내야겠는데 방법을 찾을 수가 없었기 때문이다.

"저는 경북 의성에서 태어났습니다. 내가 태어난 곳은 워낙 산골이라 학교까지 가려면 오십 리를 걸어가야 했습니다. 우리 아버지는 늦게 결혼해서 나를 얻어 아버지에겐 귀한 아들이었습니다. 그래 내 말고 아들도 딸도 하나도 없으니 어머니는 나를 학교에 보내기 위해 아침 어두울 때 보내야 했습니다. 이렇게 어린 아들이 아침 일찍 오십 리 길을 걸어 학교 가는 것이 안쓰러운 부모님들은 학교를 보내지 않았습니다. 10살이 되니 제가 몸도 크고 이제 학교를 보내야겠다고 생각해 아버지가 학교를 찾아갔을 때에는 학교에서 저를 받아주지 않았습니다. 학교 교장은 8살 아이들도 다 못 받는데 10살 아이를 어떻게 받겠느냐고 못 받는다고 하였습니다. 아버지가 없는 돈을 내면서 받아달라고 해도 안 받아주었다고 했다고 합니다."

이렇게 초등학교 보내기가 어려워지자 그의 아버지는 백방으로 아들을 교육시키기 위해 알아보았다. 그러던 중 일본에서 탄광 광부를 모집하는 광고를 그의 아버지가 보게 되었다. 그 당시 일본은 미국과의 제2차 세계대전에서 밀리기 시작하면서 사할린에 있는 젊은 사람들은 모두 군대로 끌려갔다. 그러다 보니 자연스럽게 탄광이나 벌목현장에서 일할 사람이 필요했다. 이를 해결하기 위해 한국에서 탄광이나 벌목현장에서 일할 젊은 사람들을 모집하였다. 이 광고를 본 그의 아버지는 어차피 한국에서 아이를 교육시킬 수 없다면 일본으로 들어가 아이 교육도 시키고 돈도 벌어야겠다고 생각하고 결심을 하였다.

> "아버지가 일본에 가게 된 개인적인 이유는 없습니다. 순전히 나 때문에 사할린에 들어갔습니다. 그때 당시 일본은 미국과 제2차 세계대전에서 지기 시작하고 젊은 사람들을 다 전쟁터로 데려가서 탄광에 일할 사람이 없었습니다. 그래서 한국에 젊은 사람들을 모집해서 갔습니다. 거기에 지원하는 사람들은 18~20세가 가장 많았는데 그때 아버지 나이는 40살이었고 가정을 가져 아이까지 있었던 사람이었습니다. 그러니까 아버지는 내 때문에 순전한 내 때문에 사할린에 가신 것입니다. 아버지가 1903년도 생이니까 43년도니까 아버지 40세이고 엄마와는 13살 차이가 났습니다. 그래 아버지는 엄마와 나를 데리고 사할린으로 가서 일본학교에 보냈습니다."

이렇게 자식의 교육 때문에 고민하던 우정구의 아버지는 일본으로 들어가기로 마음먹고 의성에 있는 모든 농지와 집을 정리하였다. 사할린에는 젊은 사람들이 군대로 모두 끌려갔기 때문에 한국에서 젊은 사람들을 데리고 가 탄광에서 캔 석탄이나 벌목현장의 나무를 일본으로 실어 날랐다. 이때 한국에서 사할린으로 들어간 사람들은 보통 20살 전후의 결혼 안 한 젊은 남자들이었다. 그렇지만 우정구의 아버지는 그때 나이가 40살이 넘었고 가정을 가진 사람이어서 다른 사람보다 더 고생이 심했다. 그해가 1943년이고 그의 나이는 10살이었다. 우정구는 어렴풋이 아버지와 어머니의 손에 이끌려 한국에서 배를 타고 일본으로 건너가던 기억이 난다. 제일 먼저 일본의 규슈로 건너간 그의 가족은 다시 기차를 타고 홋카이도로, 다시 배를 타고 한 5일에서 6일 정도 걸려 사할린에 도착하였다. 이렇게 우정구의 아버지는 아들의 교육을 위해 자신의 모든 것을 버리고 사할린으로 건너가게 되었고 나이 어린 그는 아무것도 모른 채 아버지와 어머니의 손에 이끌려 사할린으로 갔다.

2. 힘들었던 어린 시절

사할린에 도착한 우정구의 부모님들은 그를 학교에 보내고 아버지는 탄광에서 일했다. 그들은 일본말로 '나가야'라는 집 1층의 단칸방에 살았다. 나가야라는 집은 일본식 주택을 칭하는 말로 길게 나란히 지어 여러 집이 같이 사는 가옥구조이다. 우정구 가족이 자리잡은 동네는 조선 사람들만 살았다. 대부분 모집광고를 통하여 탄광으로 일하러 온 사람들이었다. 그러나 해방이 된 후에는 일본이 패망하면서 러시아 사람들과 함께 섞여 살았다. 그가 처음 일본에 건너갔을 때는 일본학교를 다녔고 해방 후에는 조선학교를 그 다음은 러시아 학교를 다니는 등 각 국가들이 운영하는 다양한 학교를 다녔다.

제2차 세계대전이 끝난 후 사할린에서는 일본 사람에 대한 인식이 매우 안 좋았다. 처음 사할린에 건너가 일본학교를 다닐 때는 별로 고생을 하지 않았다. 그가 처음 사할린에 건너간 1943년부터 일본학교에서 1학년과 2학년을 다니고 해방이 되었다. 해방 후에도 일본학교는 운영하였으며 그는 3학년 과정까지 마칠 수 있었다.

우정구는 3학년 때까지 조선학교가 없어 일본학교를 다녔으나 차츰 조선 사람

[사진 3-1] 소학교 시절의 우정구(13세)

맨 뒷줄 오른쪽에서 두 번째가 우정구이다.

[사진 3-2] 우정구의 소학교 시절

이 왜 일본학교를 다녀야 하는지에 대한 의문점이 생기면서 학교를 가지 않고 집에서 쉬었다. 그때 어린 마음에 왜 그랬는지 그도 잘 모른다고 하였다. 그때까지 사할린에는 조선학교가 설립되지 않았다.

"1학년 때 해방이 돼 가지고 일본학교에서 2년까지 공부했습니다. 해방 후에도 일본학교는 운영되었습니다. 저는 3학년으로 다시 공부하러 갔으나 친구들과 같이 우리 다 같은 조선 사람인데 왜 일본학교 다녀야 하느냐 하는 생각에 모두 일본학교 다니는 것을 포기하고 그때 조선학교는 없어서 집에서 놀았습니다. 그저 놀다가 조선학교가 47년도 설립되니까 그때부터 다시 조선학교 다니기 시작했습니다. 나는 한국어가 서툴러서 선생님들이 2학년으로 보냈습니다. 일본학교 처음 갔을 때는 영 일본말 몰랐지만 1년 지난 다음에는 한국말을 다 잊었습니다. 해방 후 조선학교에서 다시 한국말을 배웠습니다. 처음부터 다시 배웠습니다. 일본말 배우고 한국말 배우고 제일 고생했습니다."

우정구가 일본학교를 그만두고 집에서 놀다보니 1947년 조선학교가 설립되었다. 그래서 그는 다시 조선학교를 다니게 되었고 이전에 일본학교를 다녀 한국말이 서툰 그를 학교에서는 2학년으로 배정하였다. 그가 처음 일본학교에 들어갔을 때 일본어에만 치중하다보니 한국어를 거의 다 잊어버린 상태라 조선학교에서 처음부터 다시 한국어를 배우기 시작하였다. 그때 일본어 배우고 한국어 배우는 것이 무척 힘들었다. 그 후 러시아 사람들이 정권을 유지하면서 3학년 때부터 러시아어도 배우게 되었다. 어린 나이에 다양한 언어를 배우는 것이 매우 힘들었다. 그러나 그가 어른이 되어 생각하니 세 가지 언어를 다 구사할 수 있다는 것이 그에게 큰 장점이며 큰 재산이라는 것을 알게 되었다. 다시 다니게 된 조선학교에서 우정구는 매우 적극적이고 열성적으로 학업에 임했다. 그는 어려서부터 공부에 대한 열정이 아주 많았다. 그런 열정이 어디서 나왔는지 생각해보면 부모에게서 영향을 받은 것 같았다. 그의 부모님은 공부를 하라고 강요하지 않았지만 부모가 자식 교육을 위해 고생하고 있다는 것을 어린 나이에도 어렴풋이 깨달을 수 있었다. 지금이나 예전이나 한국의 부모들은 자신들이 공부를 많이 못했기 때문에 자식들에게 많이 공부를 시키고 싶어 하는 것 같다. 그 결과 그의 성적은 조선학교에서 전 과목 100점 만점을 받아 1등으로 졸업하였다.

"저는 공부는 잘하는 것도 아니고 못하는 축도 아니었습니다. 그러나 조선학교 7학년까지 전체 100점 만점으로 졸업했습니다. 조선학교에서 만점을 받은 그 점수를 보고 러시아 중학교 교장이 저를 바로 8학년으로 받아주었습니다. 보통 러시아 학교에서는 학년을 낮추어 받습니다. 그런데 저는 제 학년으로 받아 주셨습니다."

조선학교에서 열심히 공부한 결과 우정구는 러시아 중학교에 무난히 입학할 수 있었다. 러시아 중학교 교장선생님은 그의 우수한 성적을 보고 바로 8학년으로 받아주었다. 그 당시 러시아학교에서는 한국학생들이 러시아 학업과정을 잘 못 따라가는 경우가 많아 학생들을 받을 때 한 학년씩 낮추어 입학을 시키곤 하였다. 그가 굳이 러시아 중학교에 입학하게 된 것은 사할린에 조선 중학교가 없었기 때문이다.

그렇게 우수한 성적으로 졸업하였음에도 불구하고 러시아 중학교 학교생활은 쉽지 않았다. 조선학교에서 조금씩 배웠던 러시아어로는 러시아 정규 학교 수업을 따라갈 수가 없었기 때문이다. 모든 수업이 러시아어로 진행되다 보니 러시아 말을 잘 못 알아듣는 경우가 많았다. 러시아어 수학과목은 그나마 따라 갈 수 있었으나 문학과목은 러시아어로 시험조차 볼수 없었다. 그런 그를 역사 선생님이 도와주셨다. 역사 선생님은 어려운 아이들을 위해 야학교를 운영하고 있었으며 학교수업을 잘 따라가지 못하여 통과 못했던 과목은 야학교 고학년에 가서 다시 수업을 듣는 등 열심히 공부하였다. 낮에는 러시아학교에서 수업을 받고 밤에는 야학교에 가서 부족한 과목을 다시 공부하였다. 그렇게 열심히 하여 부족했던 과목 모두 통과하였고 다시 주간학교에서 공부하게 되었다. 그런데 주간학교의 문학 선생님과 로어(러시아어) 선생님은 우정구가 러시아어가 부족하여 학습을 진행할 수 없다고 상급반에 받아 주지 않았다. 어린 그였지만 학교의 처사가 부당하다고 생각하여 그는 학교를 담당하는 구역의 교육청에 가서 항의했다. 교육청은 우정구가 사는 마을과 멀리 떨어져 있음에도 불구하고 멀리까지 찾아가 학교의 부당함을 알리고 공부를 계속해서 할 수 있게 해달라고 하였다.

"야간학교에서 모두 3점을 받아 고학년을 진입하는데 법적으로 문제없이 졸업해서 다시 낮 학교에 돌아왔습니다. 그러나 낮 학교 문학 선생님과 로어 선생님이 저를 안 받기로 했습니다. 내가 지금 생각하니까 아버지는 아무 말도 하지 않았는데 내 자신이 멀리 있는 구역까지 가서 '보십쇼. 고학년을 야학교 졸업했는데 낮 학교에서 나를 받지 않습니다'라고 항의했습니다. 그랬더니 거기 관계자가 우리들이 대답할 테니 집에 가서 기다리라고 하였습니다. 멀리 있는 어떤 구역에 가서 거기가 교육청 같은데 그 교육청 같은 곳은 탄광에는 없었습니다. 조금 있으니까 교육청에서 편지가 와서 학교에 가보라는 대답이 왔습니다. 그길로 학교를 가니까 참말로 나를 받아들이라는 지시가 왔다고 했습니다. 그때부터 저는 낮 학교 고학년을 다시 다녔고 학교 부교장이 저에게 러시아어를 수업이 끝나면 보충적으로 가르쳤습니다."

그렇게 항의한 결과 교육청 관계자가 학교로 알아보았고 며칠이 지난 후 학교에서 통보가 왔고 우정구는 다시 주간학교 상급반에 다닐 수 있었다. 러시아어가 부족한 그를 학교의 부교장이 방과 후 개인적으로 남아 가르쳤다. 사회주의 국가인 러시아는 학생들이 공부를 잘 못 하면 선생님들이 불이익을 당하기 때문에 할 수 없이 그를 보충해서 가르쳤던 것이다. 방과 후 보충 학습을 한 덕분에 그는 러시아어를 능통하게 구사할 수 있게 되었다. 지금도 그때 학교생활을 회상하면 수학은 얼마든지 따라갈 수 있었지만 러시아어가 너무 어려웠다. 이렇게 그는 이런 우여곡절을 겪으면서 러시아 10학년을 졸업하고 사범대학에 들어갔다. 지금 러시아 교육과정은 11학년까지 있지만, 그 당시에는 고등학교가 없어 중학교 10학년을 졸업하면 바로 대학교에 들어갈 수 있었다. 그는 사범대학에서 수학과를 선택하였다. 사실 그는 문학과 철학을 더 좋아했지만 러시아어가 약점이라서 결국 수학을 선택할 수밖에 없었다.

[사진 3-3] 대학 시절의 우정구와 친구들

"그때 당시에, 고등학교 졸업할 때, 내가 좋아하는 것은 문학, 철학, 그런 것을 좋아했지만 그때 제가 러시아 말이 약했거든요. 그때 오십삼 년도인데 러시아 말이 약한데 그래도 수학도 괜찮게 했으니까 수학과로 들어갔습니다. 그래서 내 전문이 수학이 되었지만 사실 저는 좋아하는 것은 문학하고 철학입니다. 가끔 아버지가 학교에 찾아오실 때가 있었습니다. 아버지가 오시면 저는 식당에 모시고 가서 러시아 음식을 사드리곤 했습니다. 아버지는 음식을 다 드시고 마지막에 빵으로 접시의 수프까지 깨끗이 드셨으며 조금이라도 남기면 아깝다고 마저 드셨습니다. 이런 아버지 때문에 저도 밥 한 톨도 남기지 않는 버릇이 생겼습니다. 남들이 보면 배가 너무 고픈가보다 생각할지 모르겠지만 그때 아버지께 배운 밥 먹는 버릇이랍니다. 가끔 손자손녀들이 저보고 놀릴 때도 있습니다."

그가 들어간 사범대학은 유즈노사할린스크에 있어 지금까지 살던 탄광마을에서 멀어 부모님과 떨어져 살아야 했다. 러시아의 대학은 5년제로 부모님과 떨어져 대학 내내 기숙사에 살았고 졸업할 때까지 열심히 공부하여 교사자격증을 받았다. 러시아 대학에서는 그가 가장 잘하는 수학과 물리를 전공했다. 그는 자신을 가르치기 위해 항상 고생하시는 부모님을 생각하며 공부 외에 다른 데는 신경을 쓰지 않았다. 가끔 아버지는 탄광마을에서 그의 대학을 찾아오셨고 아버지가 오시면 그는 항상 학생식당으로 모시고 가 러시아 음식을 대접했다. 러시아 음식을 별미라고 맛있게 드시던 아버지의 모습이 지금도 그는 눈에 선하다고 한다.

그렇게 그는 사범대학을 졸업하고 수학교사가 되었다. 그는 러시아학교에서 학생들에게 수학을 가르쳤고 물리에도 관심이 많아 수학이나 물리를 좋아하는 학생들을 잘 지도하였다. 이처럼 정년 때까지 최선을 다해 학생들을 지도하였으며 지금 한국으로 영주귀국하여 들어와 있는 사람들 중에는 제자들도 많이 포함되어 있

[사진 3-4] 우정구의 아내와 사범학교 친구들

다고 한다.

3. 탄광마을을 떠남

우정구의 아버지는 사할린으로 이주하여 최선을 다해 열심히 살았다. 처음 탄광의 광부로 이주한 아버지는 일을 하면서 죽을 고비를 몇 번이나 넘겼다. 일본 사람들이 조선 사람을 많이 데려오긴 했으나 이들의 안전문제에는 그다지 고민을 하지 않았다. 몇 번의 죽을 고비를 넘기면서도 그의 아버지는 탄광마을을 떠나지도 직업을 바꾸려고도 하지 않고 처음 정착한 탄광마을에서 그가 대학을 졸업할 때까지 살았다. 그러면서 동생을 세 명이나 더 낳았다. 한국에서 사할린으로 이주할 때는 외동이었던 그에게 부모님은 큰 여동생, 둘째 여동생, 그리고 막내 남동생을 낳아 주었다. 큰 여동생은 그와 15살 차이가 나고 막내 남동생은 무려 23살 차이가 났다. 이렇게 늦게 낳은 동생들을 키우고 가르치느라 그의 아버지는 하루도 쉬지 않고 탄광 일을 하였다.

그렇게 일을 하던 아버지가 그가 대학을 졸업하고 다시 고향으로 돌아왔을 때 집의 살림을 모두 싸놓고 그를 기다리고 있었다. 그때는 사범대학이 그렇게 많지 않아서 사범대학을 졸업한 사람이 많지 않았다. 그의 아버지는 겉으로는 표현하지 않았으나 속으로는 그가 대학을 졸업한 것을 매우 좋아했고 대견스러워 했다. 그 당시 자식이 학교를 졸업하면 부모는 어디든 자식을 따라 가는 풍습이 있었다. 그래서 우정구의 아버지 역시 자식이 학교를 졸업했기 때문에 자식이 어딜 가든지 따라가야 한다고 생각하고 짐을 싸놓고 기다린 것이다. 그런 아버지를 보고 그는 머리에서 진땀이 났다. 그때를 회상하면 지금도 땀이 난다고 하였다.

"내가 대학교를 졸업해 가지고 집에 오니까 아버지가 벌써 짐을 싸놨습니다. 조선 사람 풍습으로 자식이 학교 졸업하면 자식이 어딜 가든지 자식을 따라 가야 합니다. 그때 정말 머리에서 땀이 났습니다. 나의 동생들은 모두 사할린에서 낳았거든요. 동생 둘 하고 아버지 어머니 나 혼자만 믿고 짐을 쌌으니 책임감을 처음 느꼈습니다."

우정구는 아버지가 짐을 싸놓고 기다린 것을 보고 처음으로 동생들과 부모님에 대한 책임감을 느꼈다. 그렇게 그가 대학을 졸업한 후 그들은 오랫동안 살았던 탄광마을을 내려와 새로운 집으로 이사를 했다. 처음 사할린에 이주하여 지금까지 살았던 탄광마을을 떠나 농사를 지을 수 있는 곳으로 이사를 하였다. 그는 대학에서 수학과를 전공하였기 때문에 곧바로 우글레고르스크 수학교사로 일하게 되었다. 낮에는 고등학교에서 수학을 가르쳤고 퇴근 후에는 부모님과 같이 농사를 지었다. 지금은 조금 나아지긴 했으나 그때 교원 월급은 너무도 적었다. 교원 월급으로 많은 가족들의 생계를 이어가기는 힘들었기 때문이다. 그렇게 열심히 살았는데도 불구하고 가정 살림은 계속 어려워져 그의 아버지는 다시 삼판으로 일하러 가서 주로 나무를 베고 옮기는 일을 하였다. 삼판은 살림집과 너무 멀어 아버지는 삼판에서 먹고 자면서 가끔 한 번씩만 내려오셨다.

그는 교직생활을 하던 29살 쯤 안기부에 끌려가 조사를 받은 적이 있다. 안기부에서는 아마도 그를 일본의 스파이라고 여겼던 모양이다. 러시아도 한국과 같이 남자들에게 국방의 의무가 있다. 러시아 친구들도 군대를 가고 조선 친구들도 군대를 갔으나 그는 군대를 가지 않았다. 그 이유는 그가 러시아의 안기부에 잘못 보여서이다. 그 당시는 러시아도 대학생들의 신분에 대해 치밀하게 조사하였던 시기였다.

"러시아도 군대를 갑니다. 그러나 저는 안 갔습니다. 그때 당시에 내가 안기부한테 잘못 보여서… 친구들은 사범학교 들어가서 다 군대 가 가지고 특무부대에서 있었는데 나는 한국말도 일본말도 하니까 스파이라고 생각해서인지 나는 지역 군대에도 못 갔습니다. 나를 믿지 못해서, 러시아를 반대하는 운동도 없고 지금 생각하면 민족주의자도 아닌데. 러시아는 민족주의는 나쁘게 봐요. 나는 아버지 영향을

[사진 3-5] 우글레고르스크 조선 7년제 수학교사 시절의 우정구

받아서 반대하고 투쟁은 안 했는데 지금 생각해보니까 믿지 못해 가지고… 그 후에 어떤 러시아 경찰이 조선 사람을 권총을 쏴 죽였습니다. 폭동이 일어날까봐 안기부 일꾼들이 나를 데리고 왔습니다. 이 사람이 폭동을 일으킬까봐, 그러나 폭동은 안 일어났습니다."

그 당시 러시아 경찰이 조선 사람을 권총으로 쏴 죽인 사건이 있었다. 그 사건 이후 러시아 안기부에서는 우정구를 의심하고 조사하였다. 그가 생각하기에 자신은 러시아를 반대한 운동도 한 적 없고 조선의 민족주의자도 아니었는데 러시아 안기부에서는 그가 한국말도 하고 일본말도 하니까 그를 스파이로 오인한 것 같다고 하였다. 러시아에서는 지구상에서 제일 우수한 사람이 소련 사람이고 항상 소련을 먼저 생각해야 하는데 조선 사람인 그는 러시아를 반대하고 투쟁할 거라고 생각한 것이다.

4. 아버지를 설득하여 좋아하는 사람과 결혼

우정구는 소학교부터 잘 알고 지내던 여자친구와 결혼을 하였다. 그의 아내는 그가 일본학교가 없어지고 조선학교가 생겼을 때 조선학교에 가서 처음 만난 후배이다. 그가 2학년 때 그의 아내는 1학년이었으며 그녀는 아버지의 의형제 딸이어서 어려서부터 오빠 동생 하는 사이었다. 그의 아내는 어려서부터 우정구가 러시아 학교에 열심히 다니는 것도 보고 특히 수학을 잘하는 것도 알았다. 그가 수학뿐만 아니라 공부를 잘한다는 것을 온 동네 사람들이 모두 알았다. 그러다 보니 그에게 수학을 배우러 오는 사람들이 많았다. 그의 아내 역시 친구들과 수학을 배우러 오던 후배 중의 하나였다. 그렇게 알던 그녀를 그가 사범대학교에 가서 다시 만났다. 그의 아내도 탄광마을에 살았기 때문에 방학 때 집에 오면 가끔 만나곤 했다. 차츰 서로에게 좋은 감정을 가지고 만나면서 그는 그녀와 결혼해야겠다는 생각을 하였다. 그의 아내는 조선 사범학교를 졸업했다. 그 학교를 졸업하면 조선학교 교사가 될 수 있었기 때문에 그녀는 소학교에서 학생들을 가르쳤다. 그가 아내와 결혼하겠다고 마음먹고 그의 부모님에게 말하였을 때 사귀는 사람이 의형제의 딸이라는 것을 알고 아버지가 반대하였다. 탄광으로 처음 들어간 조선 사람들은 한동네에 같이 살면서 의형제를 맺고 서로 의지하면서 살았다. 성도 다르고 출신지도 다르지만 그들은 의형제를 맺어 서로 기쁨과 슬픔을 함께 나누었다. 그는 어려서부터 그녀의 아버지인 장인 될 사람을 작은아버지라고 불렀고 그의 아내 역시 우정구의 아버지를 큰아버지라고 불렀다. 삼촌의 자식이랑 결혼할 수 없다는 것이 아버지의 반대 의견이었다. 그럼에도 불구하고 그가 계속 결혼하겠다고 우기니 그의 아버지가 의동생들을 모아 회의를 하였다.

"그 동생 노릇하는 사람들이 모두 모여서 어디 그런 법이 있는가? 사촌끼리 혼인신고 한다는 것이 말이 되냐고 했어요. 지금 생각하면 아버지가 훌륭합니다. 그 사범대 졸업하고 다른 데로 이사 갔다고 했잖아요. 아버지가 동생들 집에 다니면

[사진 3-6] 우정구의 결혼사진(1958)

[사진 3-7] 결혼식에서 양가 동생들과 함께한 우정구 부부

서 당신의 딸하고 내 아들이 혼인신고 한다는데 어떻겠는가? 했더니 그 동생들이 모두 반대했죠. 아버지는 의형제 9명 집에 다 돌아다니고 오셔서 나는 내 할 일을 다 했다. 장가보내기 위해서 거까지 갔는데 모두 안 된다 하길래 돌아왔다고 하셨어요."

아버지가 의형제들과 함께 회의를 한 결과 의형제인 모든 동생들이 반대하였다. 아버지는 할 수 없이 그를 불러 너를 위해 할 일을 다 했으나 잘 안 되었다고 하였다. 그렇게 그들의 결혼은 쉽게 진행되지 않았다.

그 후 1년이 지난 다음 아버지의 의형제들이 많이 흩어지고 없어지면서 그는 이전에 살던 마을로 장인어른을 설득하러 갔다. 장인의 의견을 들으니 장인은 반대할 의사가 별로 없었으나 형제들이 너무 완강하게 반대를 하니 승낙하지 못했다고 한다. 그런 장인어른을 설득한 후 집으로 돌아와 아버지를 설득하였고 결국 결혼을 승낙 받아 한국의 전통 풍습에 따라 결혼식을 올렸다.

"일 년 후에 내가 내려갔지요. 그때 당시는 벌써 아버지의 의형제, 동생들이 많

[사진 3-8] 우정구의 둘째 아들 출산 기념사진

이 흩어지고 없어 가지고 그때 가서 내 잘 설득하고 장인 또한 그때 당시 사범대학교 졸업했으니까 지금 생각해 보니 반대도 하기 싫었는데 모든 형제들이 반대했으니까 반대했겠죠? 그러니 집에 돌아와서 내가 아버님을 설득했습니다. 그리고 잔치했습니다. 잔치는 여자 집에서 먼저 하죠. 한국 풍습대로 여자 집에서 하고 그다음 남자 집에서 또 잔치합니다."

그의 결혼식은 먼저 아내의 집으로 가서 잔치를 치렀다. 다음날 자신의 집으로 신부를 데리고 와 다시 잔치를 한 후 부모님과 함께 살았다. 그때 함께 한 가족의 수는 모두 10명이었다. 아내는 결혼하기 전에는 다른 도시에서 초등학교 교사를 하다가 결혼을 한 후 조선학교에서 교사로 일했다. 그러나 아내가 다니던 조선학교가 폐교하면서 그다음 식품회사에 들어가 회계원으로 일하였다. 그녀는 일하면서 살림도 하고 자식도 키우고 바쁘게 살았다. 또한 나이 차이가 많이 나는 시동생을 키우기도 하고 나중엔 결혼까지 시켜 분가시키는 등 맏며느리의 역할을 하느라 많이 힘들었다. 그들 부부는 첫 자식을 잃어 마음이 많이 상하였으나 큰아들을 1961년에 다시 낳아 또 잃을까 공들여 아이를 키웠다. 그 후 아들 1명과 딸 1명을 더 낳았다.

5. 고국이 항상 그리웠던 아버지

우정구가 아버지에게 들은 할머니와 할아버지의 기억은 많지는 않다. 아버지는 자신들이 한국의 양반 자손이라는 것을 항상 강조하셨다. 아버지에게 들은 바로 할머니는 그의 아버지와 큰아버지를 낳고 할아버지가 일찍 돌아가셔 다시 결혼을 했다. 할머니는 자식이 딸린 과부이기 때문에 생계를 유지하기 위해 아버지와 큰아버지를 데리고 상놈과 재혼을 하셨다. 그 당시 큰아버지와 아버지는 어려서 어머니를 따라 계부한테 가서 살았지만 큰아버지 열세 살에 그의 아버지를 데리고 나와 둘이 힘들게 살았다. 그의 큰아버지는 다른 집에서 머슴을 살지언정 양반인 자신들이 상놈의 집안에서 클 수 없다고 생각하였다. 그렇게 그의 아버지는 큰아버지가 동생인 자신을 키우셨다고 생각하기 때문에 평생 큰아버지를 은혜자라고 여기고 살았다. 그렇지만 아버지는 돌아가시기 전까지 큰아버지를 한 번도 보지 못하고 돌아가셨다. 이런 사실을 너무 잘 알고 있었기에 우정구가 한국에 나와서 가장 먼저 찾아간 곳이 큰아버지의 산소였다. 아버지가 큰아버지를 항상 은혜자로 생각하듯이 자신은 아버지를 은혜자로 여기고 평생 살았다.

그가 가정을 이루고 그의 아버지 어머니와 19년을 같이 살았다. 그의 아버지는 한국에서 서당을 다녀 한글과 한문을 모두 깨우쳐 항상 책을 즐겨 읽으셨다. 그러나

[사진 3-9] 탄광에서 일하시던 우정구의 아버지

[사진 3-10] 우정구의 아버지 환갑

어머니는 교육을 받지 못해 한국말은 할 줄 알지만 글은 쓰지 못했다. 그가 아버지의 삶을 생각해보면 자신을 위하기보다 오직 자식인 우정구를 위해 사할린으로 건너오셨고 온갖 고생을 하셨다는 생각이 든다. 이런 아버지가 그는 항상 고맙고 존경스러웠으며 은혜자로 여기고 살아왔다.

"아버지가 희생하셔 가지고. 참말로 희생입니다. 순전한 희생입니다. 한국에 그렇게 온다니까 그때 한국이 자본주의 국가로… 세상이 어쩜 어쩌다. 자본주의 국가라 하던다. 아버지 뭐 자본주의 국가가 뭐시고, 민주주의가 뭔가 압니까. 다만 죽어 가지고 뼈를 자기 아버지 곁에 묻겠다는 그게 뿐이죠. 그게 저 한국을 고향 고향하다 돌아가시구. 거기서 돌아가시구."

그의 아버지는 살아 생전 항상 한국을 그리워했다. 그러나 그렇게 그리워하던 한국은 한 번도 다녀가시지 못하고 돌아가셨다. 그의 아버지는 한국을 가고 싶어도 자본주의 국가라 쉽게 못가셨다. 그의 기억에 아버지는 자본주의가 뭔지, 민주주의가 뭔지도 모르고 그저 한국이 고국이라서 그리워했으며 죽어서라도 한국에 묻히고 싶어 했다. 그가 생각하는 아버지는 평생을 한국, 한국만 생각하시다 돌아가셨다.

아버지는 그의 큰아들이 건축학과를 다니고 둘째 아들이 의과대학교를 다닐 때 돌아가셨다. 그들이 함께 사는 동안 부지런한 아버지 덕분에 경제적으로는 그렇게 힘들지 않았다. 다른 조선 사람들이 그렇게 살았듯이 그들도 집에 하우스를 지어서 야채를 기르고 이를 시장에 내다 팔며 경제적으로 충당하였다. 조선 사람들은 다른 나라 사람들보다 근면하다 보니 큰 부자는 없었지만 러시아의 서민들보다 경제적으로 힘들게 살지는 않았다. 경제적으로나 학력으로나 조선 사람들이 우수하였음에도 불구하고 그 당시 사할린에서는 조선 사람에게 높은 자리를 내어주지 않았다.

"이 얘긴 길지만은… 나의 할머니가 말입니다. 할아버지 빨리 돌아가시구 할머니 혼자 아들 둘을 끼고 어떻게 먹여 살립니까. 그래서 다시 결혼하셨어요. 근데 누가 총각이 그런 여자한테 장가오겠습니까. 옛날에 양반이란 말 들었죠. 그래, 상놈 집안의 총각 따라서 갔죠. (중략) 지금도 생각하면 아버지는 큰아버지가 자신의 은혜자라고 하셨고, 난 아버지가 저의 은혜자입니다. 순전히 나 때문에 사할린에 오셨고 먼 이국땅에서 고생 많이 하셨습니다. 아버지를 생각하면 고맙고 가슴이 벅찹니다. 제가 사할린에 일 년에 한두 번은 꼭 갑니다. 사할린을 가는 이유는 아버지 산소를 찾아가기 위해서입니다. 아버지 산소가 동생이나 아들이 사는 곳에서 3시간을 가야 하지만 저는 아버지 산소를 먼저 찾아간 후에 다른 일정을 봅니다. 아들이 이젠 자신이 한다고 가지 말라고 하는데 저는 아버지 산소를 먼저 안 가면 마음이 안 좋습니다. 아버지를 보러 가는데 왜 힘듭니까? 하나도 안 힘들어요."

그의 아버지는 평소에 고향에 묻히고 싶어 했지만 아버지의 묘지는 사할린에 있다. 그는 아버지의 묘지를 어디에 쓰면 좋을지에 대해 고민하고 동생들과 상의도 하였다. 동생들은 자신들이 사할린에 살고 있으니 사할린에 아버지 묘지를 쓰길 원하였다. 그는 한국을 너무 그리워한 아버지를 생각하면 당연 유골을 화장하여 한국으로 가야 하지만 동생들을 생각하면 아버지의 묘소를 사할린에 놔두는 것이 옳다고 생각하였다. 고민에 고민을 거듭한 끝에 그냥 사할린에 아버지의 묘소를 두기로 하였다. 그가 한국에 와서 살고 있지만 동생들의 반대에 대한 의견도 받아들인 것이다. 지금도 그는 한 해에 한두 번은 꼭 사할린에 간다. 그가 사할린에 가면 가장 먼저 하는 것이 아버지 묘소를 찾아가는 것이다. 동생들도 그렇고 그의 자녀도 나이가 많이 든 그가 이제는 그렇게 안 해도 자신들이 잘하겠다고 하는데 그는 아버지 묘소에 가는 것이 힘들지 않다. 아버지를 찾아가는 것이 너무 기쁘다. 지금도 그는 항상 아버지가 보고 싶어 꿈을 꾸곤 한다.

6. 국적으로 인한 한인의 설움

그가 교사생활을 하던 중 잠깐 교직을 쉬는 일이 발생했다. 러시아에서는 사할린 한인들에게 러시아 국적을 주지 않았다. 그래서 사할린 한인들은 자유롭게 타 지역을 이동하거나 여행을 할 자유가 없었다. 심지어는 이 마을에서 저 마을로 이동할 때도 여행증명서를 받아야 했다. 한 예로 딸이 결혼할 때 여행증명서가 나오지 않아 참석하지 못하는 사례도 있었고 아들이 죽었는데도 부모가 찾아가지 못하는 사례들도 있었다. 그는 사할린 한인들의 삶은 많은 제약과 함께 어려움이 있었다는 것을 다음과 같이 말했다.

> "사할린 한인들은 참으로 불쌍했습니다. 러시아 사람들은 우리에게 국적을 주지 않았습니다. 국적이 없다 보니 옆 마을을 가더라도 허락이 없으면 갈 수가 없었습니다. 심지어는 이런 일이 있었습니다. 사할린 한인 한 사람이 다른 지역에서 딸을 시집보냈는데 여행증명서를 받지 못해 부모가 딸 결혼식에 참석 못했습니다. 그 지역에 사는 먼 친척이 겨우 한 명 참석해 딸도 부모들도 많이 울었습니다. 또 이런 일도 있었습니다. 멀리 우크라이나에 여행 간 아들이 갑자기 죽었습니다. 아들이 죽었다는 소식을 듣고도 허락이 떨어지지 않아 아들 시신을 수습해오지 못했습니다. 나중에 들은 소식으로는 이모가 대표로 갔다 왔다고 들었습니다. 우리는 이렇게 불쌍하게 살았습니다. 저에게는 이런 일도 있었습니다. 제가 러시아학교에서 1년 동안 교사생활을 하지 못했던 적이 있습니다. 무국적자이기 때문에 학교에서 추방당했습니다. 그러자 여기저기서 고려인들의 억울한 상황에 대해 민원이 들어가고 하니까 1년 뒤에 다시 학교에 돌아오라고 하였습니다. 그래서 정년까지 아이들에게 수학을 가르쳤습니다."

우정구는 사할린 한인들의 삶을 생각하면 가슴이 많이 아프다. 국적을 내주지 않아 받았던 설움도 많았고 한인이기 때문에 받았던 설움도 많다. 그는 한인이라는 이유로 교사생활을 잠시 쉰 적도 있었다. 아무런 이유도 없이 학교를 나오지 말라고 하여 1년을 집에서 쉬기도 했다. 또 이동의 자유가 없다 보니 자식이 결혼을 해도 자식이 죽었어도 허가가 떨어지지 않아 가지 못하는 경우도 다반사였다. 이렇게 아픈 기억들은 우정구 자신이 한인이라는 정체성을 더욱 확고히 하게 된 계기가 되기도 하였다.

7. 마음대로 안 되는 자녀의 결혼

아이들은 어느덧 커서 짝을 찾아 떠나기 시작했다. 큰아들은 건축학과를 나와 건축과 관련된 사업을 하며 한인과 결혼하였다. 둘째 아들은 의과대학을 나와 사할린에서 산부인과 의사로 일한다. 우정구는 항상 자식들 보고 한인과 결혼하여야 한다는 것을 강조하였다. 절대로 러시아 며느리는 보고 싶지 않다고 하였다. 그래서인지 큰아들은 한인과 결혼하겠다고 하여 친척들이 모두 모여 축복 속에 결혼식을 하였다. 그런데 둘째 아들이 의과대학을 다니면서 결혼하겠다고 러시아 여자를 데리고 왔다. 그는 아들에게 우리 집안에는 러시아 사람과 결혼은 있을 수 없다고 하며 러시아 여자와 결혼을 하면 아들을 자식으로 생각하지 않겠다고 강하게 말하였다. 만약 아들이 결혼하면 절대 안 볼 테니 집에도 오지 말라고 했다. 아들은 그런 아버지를 이해는 하지만 자신의 삶이기 때문에 자신이 선택해야 한다고 생각하였다. 우정구는 말은 그렇게 하였지만 아들의 학업은 끝마치게 해주고 싶어 학비와

[사진 3-11] 우정구의 둘째 아들 결혼식

생활비는 꼬박꼬박 보냈다. 하지만 아들은 학비를 받지 않고 다시 보내왔다.

> "저는 참말로 뼛속까지 조선 사람인 것 같습니다. 큰아들은 자기가 좋아하는 조선 사람과 결혼한다고 하여 쉽게 결혼을 시켰습니다. 그런데 의과대학에 다니는 둘째 아들이 같은 의과대학을 다니는 러시아 여자와 결혼한다고 했습니다. 저는 아이들이 러시아사람을 데려올 거라고는 생각도 안 했습니다. 아이들이 저의 마음을 말하지 않아도 알 거라 생각했습니다. 그런데 너무 놀라서 아들에게 화를 내고 절대로 집에도 오지 말고 러시아 여자랑 결혼하면 아들로 인정도 안 하겠다고 했습니다. 그래도 아버지인 저는 자식인데 학교는 마쳐야 된다고 생각하여 학비를 보내주어야 하잖습니까. 그래서 보냈더니 학비가 돌아왔습니다. 그리고 아들이 하는 말이 제가 아버지 아들이 아닌데 왜 아버지가 주는 학비를 받느냐고 했습니다. 그런 말은 자기는 아버지 말을 어기고 그 여자랑 결혼하겠다는 말이지요. 그래서 작은아들 결혼은 우리 부부가 가지 못했습니다. 자기 친구들끼리 했겠지요. 세월이 흘러 지금 보면 그때 왜 그렇게 반대를 했는지 후회가 됩니다."

그런데 어느 날 그가 보낸 학비가 반송되어 왔다. 놀란 그는 아들을 찾아갔더니 아들이 하는 말이 아버지가 자신을 자식으로 생각하지 않기 때문에 아버지의 도움을 받을 수 없다고 하였다. 아버지가 자신을 아들로 인정하지 않는 것에 대한 반발 같은 것이었다. 결국 아들은 러시아 여자와 부모님 없이 결혼을 하고 자식을 낳고 살았다. 그렇게 작은아들과는 왕래도 안 해 손자를 낳았는데도 가보지 못했다.

[사진 3-12] 우정구의 며느리와 손자

세월이 지나고 부모의 마음도 정리되고 아들도 며느리도 의사가 되어 자식을 낳고 살면서 그는 아들을 용서하게 되었다. 현재 그는 둘째 며느리가 자신은 물론 아내에게 아주 잘한다고 자랑을 하였다. 특히 둘째 아들 손자가 할아버지 할머니는 물론 한국문화에 대해 관심이 많아 연세대 한국어학당에 와서 한국어를 배우기도 하고 할아버지, 할머니와 한국말로 이야기하려고 노력한다. 손자는 한국에 있는 그를 보러 왔을 때는 큰절을 하고 큰증조부 묘소를 같이 가는 등 극진한 손자가 우정구는 기특하기만 하다.

8. 퇴직 후 한인을 위한 봉사활동

그는 정년인 환갑이 될 때까지 교직생활을 하였다. 소련이 무너지고 민주화가 되어 한국인 협회가 형성되었다. 많은 사람들이 그에게 한국협회 회장을 권하였다. 러시아 사람들보다 한인들은 여러 가지 면에서 어려움을 겪고 있기 때문에 한인들을 위해 봉사하기로 결심하였다. 한인들이 모여 운동장을 빌려 운동회를 하거나 명절에 함께 모여 축제를 하기도 하고 한국에서 쌀이 나오면 모두가 똑같이 나누어 먹기도 하고 다양한 행사를 주관하기도 하였다. 그는 한인들이 러시아인들보다 못하지 않게 살게 해 주고 싶었다.

또한 러시아 정부에서 한인 회장이 되면 러시아 사람들에게 아부도 해야 하고 시협의위원도 해야 했다. 그래서 그는 한국인들을 위해 시협의위원도 하였다. 그가 한국인 협회 회장이 되니 정말로 바빴다. 그는 일할 때보다 더 바쁘게 움직였다. 위원이 되니 사할린의 모든 문제를 협의할 때 꼭 참여해야 했다. 그가 시위원이 되면서 한국인 문제를 토의할 수 있는 한인협회가 형성되었다. 그는 사할린의 시협회도 가고, 한인협회도 가고 바쁘게 한인들을 위해 노력했다.

"내가 퇴직하니까 주위 사람들이 한인협회장을 자꾸 하라고 했어요. 내가 교사였었고 퇴직도 했으니까 한인들을 위해 일하는 것이 어떻겠느냐고 했습니다. 그래서 한인협회장도 하고 시협의위원도 하고 굉장히 바빴습니다. 한인협회장들은 사할린 한인들이 운동장 빌려 행사를 합니다. 그때는 한국 사람의 명절과 매한가지라고 생각하면 됩니다. 그네를 뛰기도 하고 한국문화행사도 하면 사할린 사람들은 한국 사람이라는 생각을 다시 하기도 하고 자부심이 다시 생기기도 했습니다. 그다음 한국에서 쌀 같은 것이 들어오면 똑같이 나눠주고 지금 생각하면 교사할 때보다 백배는 더 바빴던 것 같습니다.

그렇게 바쁘게 한인협회장을 할 때 한국으로 사할린 사람들이 영주귀국하기 시작하였다. 사할린의 한인들이 한국으로 귀국하게 된 것은 사할린 한인문제가 일본에서 부각되기 시작하면서이다. 일본의 깨어 있는 대의원들이 사할린의 한인들에 대해 논의하기 시작하였다. 일본 대의원들의 주장은 1953년까지 사할린에 있던 한인들도 일본인이었다는 것이다. 사할린에 있던 한인들이 일본 국민을 위해 일한 것이기 때문에 이들에 대한 보상이 필요하다고 주장하였다. 사할린 한인들은 일본 정부도 나서서 자신들을 위해 논의하는데 한국 정부가 사할린 한인들에 대해 관심도 없는 것에 대해 몹시 실망하였다. 그래서인지 많은 사할린 한인들은 한국 정부에 대해 좋은 감정을 가지고 있지 않았다. 특히 젊은 사람들은 사회교육을 받아서 자본주의 국가인 한국으로 갈 필요가 있는지 의문을 가질 정도였다. 이들은 한국 정부가 자신들을 버렸다는 생각을 가졌다. 그런 생각은 지금도 변함없다.

"한인들이 러시아인들보다 못하지 않게 살기 위해서 이런저런 문제를 세웠죠. 근데 이것 알아두십쇼. 사할린에서 한인문제를 한국 정부에서 세우지 않았습니다. 일본 대의원들이 국회 대의원들이 53년도까지는 우리 한인들이 일본 국민이었거든요. 국적으로 그러니까 국회에서 일본 국회에서 왜 우리 국민인데 왜 일본 사람만 데려오고 한인들을 버렸는가, 그래서 사할린의 사람들은 한국 정부를 올바르게 안 봤습니다. 그리고 또 젊은 사람들이 그때 사회적인 교육을 받아서 그런지 몰라도 자본주의 국가 한국에 갈 필요가 있는가, 또한 일본 대의원들이 그렇게 활동하는 걸 환영도 하지 않았습니다. 근데 늙은이들은 환영했습니다. 한국 정부는 우리

던질 뻔했는데 이렇게 우리를 살리게 해준다고 지금도 젊은 사람들은 한국 정부를 별로 좋게 생각 안 합니다.

그 당시 사할린에 살았던 사람들은 한국 사람보다 더 잘살았다. 일본에서 주던 배상금이 해마다 올라가 사할린 사람들은 한국 사람들보다 풍족하였다. 가끔 한국에서 쌀이나 옷 같은 구호품을 보내주었는데 사할린 사람들은 그것을 좋게 생각하지 않았다. 사할린에는 그것보다 더 좋은 것들을 입거나 먹었다. 젊은 사람들은 일본도 한국도 환영하지 않았다. 젊은 사람들은 한국정부가 자신들을 버렸지만 일본의 올바른 대의원 때문에 보상 받을 수 있었다고 생각하였다. 그러나 나이가 든 사람들은 처음에 한국정부가 시도하지는 않았지만 한국이 잘 살게 되면 자신들을 버리지 않았을 것이라고 믿고 있었다. 우정구 역시 그러했다.

"근데 나는 가만히 생각하니 그때 당시 물질적으로 사할린에 사는 사람들은 한국 사람보다 더 잘살았습니다. 그때 배상금 받고 배상금 덕택으로 점점 해마다 월급이 올라가고 하니까 잘살았죠. 한국에 있는 사람들보단 그게 사회주의 경제가 아니라 배상이라든가 그러한 문제로 더 잘살았죠. 더 잘살 수 있는데 러시아 정부는 국방에 돈을 많이 썼죠. 그렇기 때문에 젊은이들은 별로 일본 대의원들을 환영하지 않았습니다. 근데 늙은이들은 한국 정부는 우릴 던졌지만 일본은 정직한 올바른 의원들이 있어서 우린 살아남았다, 한국에 오기 위해서 그 사람들은 한국이 일본 대의원들 때문에 한국이 나왔다 생각합니다. 한국은 결국 잘살게 된 다음에 결국 던지지 않고 우리를 찾았을 겁니다. 근데 둘째로 제일 큰 문제는 사할린에 남은 사람들이 2만 5천 명 되거든요."

9. 그리운 한국으로 이주

자식을 이기는 부모는 없다고 한다. 우정구 역시 그렇게 그리던 한국에 나올 기회가 일찍 찾아왔지만 자식들을 놓고 쉽게 한국으로 나올 수가 없었다. 그는 한국에 오기 전까지 자녀들과 함께 살고 있었으며 딸도 공부가 아직 끝나지 않은 상태였다. 자식들 교육을 끝내 결혼시켜 자리 잡게 하고 한국으로 나오려니 쉽지 않았다.

그가 한국으로 나오던 2007년 큰아들은 결혼하여 블라디보스토크에서 살았고, 작은아들은 결혼하여 의사가 되었다. 그리고 막내딸은 러시아에 들어온 한국인 남자와 연애 끝에 결혼을 하였다. 이렇게 두 부부만 남게 되자 그들은 서둘러 한국으로 이주신청을 하여 들어오게 되었다. 한국으로 돌아와서의 삶은 홀가분하기도 하지만 여러 가지 면에서 어려움이 있었다.

> "우리들은 뿌리를 찾아서 고향을 버리고 이까지 왔잖습니까. 한국에 오기 전에는 이러저러한 도움이 많았어요. 그러나 정작 한국에 와 가지고 정착되기 위한 도움이 하나도 없어요. 우리들을 정착시킨다고 기초 생활수급자로 올리라고 하는 것은 조금 무리라 생각도 합니다. 왜 그런가 하면은 기초생활수급은 우리뿐만 아니라 다른 사람도 있고 또 우리가 나라를 위해서 무엇을 한 게 있습니까? 아무것도 한 것이 없죠. 그러므로 그러한 물질적 지원을 요구하지 않습니다. 다만 우리가 정착하기 위한 지원은, 예를 들어서 우리들이 사람들하고 소통이 잘 안 되잖아요. 사고방식도 다르고 말도 모르니까 한국말 가르치는 교실이 필요하고, 무엇보다 한국 사람들하고 잘 어울려 지낼 수 있는 그런 지원이 필요하지요. 여기에 와서도 이웃하고 인사도 안 하고 지내요. 이게 사람 사는 뎁니까?"

그는 살던 고향을 버리고 마음의 고향을 찾아 돌아왔지만 사는 것은 쉽지만은 않았다. 그는 소통이 가장 큰 문제였다. 한국 사람들이 하는 말은 알아듣지 못하는 말이 너무 많았다. 그가 배운 한국말은 표준어가 아니어서 그런지 그저 대화하는 말도 잘 이해가 가지 않았고 TV에서 나오는 경제, 정치, 과학에 대한 용어들을 잘 이해할 수 없었다. 특히 한국어가 한문으로 되어 있어 한문으로 된 말에 대해서는 더욱 약하다는 생각을 했다. 옛날 아버지나 어머니께 구어체로 한국어를 배워 정확한 표준어에 대해 모르는 것이 많았다. 복지관을 다녀도 한국 사람들이 하는 말을 못 알아들을 때가 많았다. 또 길가에 써 있는 글자나 광고에도 모르는 것이 많고, 특히 영어로 써 있는 것은 더 몰라 가끔 서글프다는 생각이 들기도 했다. 그는 지금도 한국 사람들이 말하는 것을 70% 정도밖에 못 알아듣는 것 같다고 한다. 그래서 그는 이러한 문제를 해결할 수 있도록 노인들을 위한, 사할린 동포들을 위한 한국어 교실을 마련해주고 이웃과 다정하게 인사라도 나누면서 역시 고향에 오길 잘했다는 마음을 가질 수 있길 바랄뿐이다.

10. 마지막 바람

그가 가장 바라는 것은 아프지 않고 사는 것이다. 모든 나이 든 사람들이 아프지 않고 건강하게 사는 것을 바라는 것은 당연한 일이다. 그리고 두 번째 바람은 자식들을 곁에 두고 싶다는 것이다. 모든 사람이 늙어가면서 곁에 자식을 두고 손주들의 재롱을 보면서 늙는 것이 인지상정인데 그렇지 못하기 때문에 항상 쓸쓸하다. 한국에서 영주귀국자의 조건을 45년도 이전에 출생한 사람만 1세로 지정했는데 그의 큰아들은 61년생이어서 한국으로 들어올 수 없기 때문이다. 만약에 아들들이 한국에 나오려면 국적을 모두 버리고 나와야 한다. 자식들이 러시아 국적을 버리고 한국으로 나오면 연금을 받을 수 없기 때문에 그런 자식을 한국으로 나오라고 종용할 수 없다. 그의 자식 중 하나는 의사이다. 그럼에도 불구하고 한국에 들어오면 의사라는 직업을 가질 수 없기 때문에 그는 아들의 삶을 위해 러시아에 남겨놓을 수밖에 없어서 더욱 안타깝다고 한다.

그래서 그는 사할린 영주귀국자에 대한 정책이 바뀌어 사할린 3~4세 자녀들에게 이중 국적을 허용하면 좋겠다고 한다. 이중 국적이 허용되지 않으면 자녀들은 러시아에서 연금을 받을 수 없기 때문이다.

> "근데 제일 큰 문제는 사할린에 남은 한인들이 2만 5천 명 되거든요. 대륙으로 간 사람들을 포함하면 한 3만 명 정도 되죠. 우리 노인들에게는 옆에 아들딸들을 옆에 두고 싶지만 그 사람들이 우리 뿌리라고 할 수 있잖아요. 그들은 우리 뿌리를 찾을 수 있잖아요. 그런데 그 많은 사람들이 뿌리도 안 찾고 여기저기 러시아로 떠다니는 것은 참 유감이죠. 영주귀국은 일본 사람들이 결정했거든요. 한국 정부가 왜 일본 사람들한테 끌려 다녀야 합니까? 43년도 이전에만 한국으로 나간다. 그 후에 태어난 사람은 못 나간다. 일본 사람들이 결정했습니다. 나는 한국 사람들이 여기 나오면 물질적으로 더 잘산다는 그런 것이 아니라 뿌리를 못 찾게 영 던지는 것이 난 참말로 유감입니다. 그러므로 나는 사할린에 있는 젊은 사람들을 대한민국 정부가 다 데려와야 한다고 생각합니다."

그는 지금도 사할린에 남아 있는 한인 2만 5천 명을 걱정한다. 이들을 한국 정부가 해결해 주어야 하는데 일본 정부가 1945년생 이전만 한국으로 나갈 수 있다는 결정을 내렸기 때문에 자녀들과 함께 올 수 없었다. 그것도 한국 정부가 아닌 일본 정부가 내린 결정을 따라가는 한국 정부의 태도가 이해가 되지 않으며 이로 인해 한국에 들어온 사람들은 자식과 떨어져 산다는 것이 가장 안타깝다. 사할린 한인들은 처음 이산가족으로 한국을 방문하였다. 아버지가 그리워하던 한국에 와서 사촌들도 만나고 한국의 명소들을 구경하고 갔다. 이산가족을 만나기 위해 한국으로 왔다 갔던 그들이 이젠 자식들과 이산가족이 되어 살고 있다.

현재 한국 정부는 사할린 한인들의 1~2세대뿐만 아니라 그들의 자녀인 3~4세대에 대한 지원과 정책이 필요한 실정이다. 사할린 한인들이 자식들과 한국에서 같이 살려면 경제적인 문제가 따른다. 현재의 한국은 이중 국적이 인정되지 않기 때문에 자식들이 한국에 들어오면 러시아 국적을 포기해야 한다. 사회주의 국가인 러시아는 만 55세가 되면 연금이 나온다. 연금이 나올 수 있는 조건은 러시아 국적이 있고 러시아에서 10년 이상 나라를 위해 근무한 경력이 있어야 한다. 사할린 동포들의 3세대 자녀들은 대부분 55세가 넘어 연금을 받는 나이가 되었다. 그러다보니 러시아 국적을 포기하고 한국으로 오면 연금을 받지 못하기 때문에 많은 자녀들은 사할린을 떠나지 못하고 부모님과 떨어져 지낸다. 우정구는 이러한 상황이 너무 안타깝고 새로운 이산가족을 만들고 있는 한국 정부에 정책의 변화가 있길 지금도 기대한다.

> "지금은 새로운 문제가 또 있습니다. 현재 한국에 온 사할린 사람들은 모두 75세가 넘습니다. 그러다 보니 고령의 사람들이 아프기도 하고 돌아가시기도 하지요. 사할린에 있는 자녀들은 부모님이 아프면 일단 사할린으로 모시고 갑니다. 그러나 부모님의 병이 오래가면 자식들이 돈을 벌고 먹고살아야 하니까 다시 부모님을 모시고 한국으로 옵니다. 한국에 와서는 요양원에 보냅니다. 요양원에 부모가 있으면 자식 된 도리로 한국을 일 년에 3~4번은 왔다 갑니다. 그러다 보니 자식들은 돈도 들어가고 부모님을 가까이서 볼 수 없어 안타깝기도 하고 이게 지금 가장 큰 문제입니다. 그러기 때문에 전문가들이 이러한 문제를 국회나 정책기관에 꼭 말씀해주시면 좋겠습니다."

지금 영주귀국 사할린 한인에게 새롭게 떠오르는 문제가 간병문제이다. 한국에 영주귀국한 대부분의 사람들이 고령의 나이라 많은 사람이 아프기도 하고 돌아가시기도 한다. 이들이 아프면 자식들은 가까이서 간병을 할 수 없으니까 일단 사할린으로 모시고 간다. 사할린에서 간병을 하지만 생계를 유지해야 하니까 부모님의 병환이 길어지면 다시 한국으로 부모님을 모시고 와 한국의 요양원에 보낸다. 일단 요양원에 모시면 많은 병원비가 들지 않고 자식들도 사할린에서 일을 할 수 있기 때문이다. 그렇지만 한국에서 아픈 부모님을 모른 척할 수 없는 자녀들은 1년에 서너 번씩 한국으로 부모님을 만나러 와야 하는 부담도 크다. 또한 부모님 중 한 사람만 한국에서 살고 있는 사람들은 부모님이 돌아가셨을 때 장례에 대해서도 많은 고민을 한다. 이렇게 자식들과 떨어져 살아야 하는 사할린 한인들은 어려서 이방인으로

[사진 3-13] 우정구 아내의 팔순잔치를 축하하기 위해 사할린에서 온 자녀들과 형제들

사할린에서 살아야 했고 현재는 한국에서 자녀들과 떨어져 한국의 이방인으로 살고 있다.

이러한 기본적인 문제들이 해결될 수 있도록 한국 정부가 새로운 정책을 내놓길 우정구는 기대한다. 그것이 전 사할린 한인 회장으로서 사할린 한인들을 위해 마지막으로 자신이 노력해야 하는 일이라고 하였고 그 역시 한국에서 자식들과 함께 살고픈 것이 죽기 전 가장 큰 바람이라고 하였다.

4장
사할린에서 한국으로의 여로: 박영자의 이야기

박영자는 1941년생으로 사할린 돌린스크에서 태어났다. 아버지는 사할린에 모집으로 와 삼판에서 일하시며 외동딸인 그녀를 많이도 사랑해주셨다. 형제가 없는 것이 항상 외로웠지만 다른 집들보다는 덜 어렵게 자랐다. 15살이 되던 어느 날 그녀는 부모가 친부모가 아니라는 사실을 다른 사람을 통해 알게 되었다. 그 사실을 알았을 때는 믿기지 않았지만 부모님께 말할 수 없었고 부모님도 자신이 결혼할 때까지 한 번도 그 사실을 입 밖에 내지 않았다. 그런 부모가 그녀는 너무 고마웠다. 그 후 그녀는 3년 동안 사귀던 남자친구와 연애결혼을 하였다. 연애결혼이 흔하지 않던 시절, 그녀는 남편만 믿고 결혼을 하였다. 남편은 9남매의 장남으로 시댁 가족들은 온순하였다. 특히 시아버지가 그녀를 많이 사랑해주셨으며 외동딸만 키운 그녀의 친정 부모와 함께 살 수 있도록 배려해주었다. 그런 시부모들이 그녀는 많이 고마웠다. 그 후 그녀는 친정 부모와 같이 살았고, 아이들도 친정 어머니가 봐주시면서 그녀는 무역전문학교를 다녔다. 무역전문학교를 나와 그녀는 백화점 같은 커다란 매장에서 매니저를 하면서 한 회사에서 30년 동안 근무하였다. 회사를 다니면서도 그녀는 아이들 교육에도 항상 신경 썼다. 아이들과 함께 공부하고 지지해 준 결과 그녀의 아이들은 모두 좋은 대학을 가서 전문적인 직업을 가지고 있다. 그러나 모스크바대학을 간 큰아들이 러시아 여자와 결혼을 하였다. 장남인 아들이 러시아 여자와 결혼한 후 아이가 태어나 클 때까지 그녀의 집에 올 수 없었을 정도로 모든 집안사람들이 그에게 실망하였다.

그녀의 가족은 3번이나 모국 방문을 다녀갔다. 2005년 모국 방문을 다녀간 후 남편이 한국으로 영주귀국을 하고 싶어 했다. 자녀들이 모두 한국으로 영주귀국할 수 없기 때문에 영주귀국에 관심이 없었던 그녀는 남편의 설득으로 2007년 인천 논현동으로 영주귀국하였다. 지금 그녀는 한국 생활에 만족한다. 새로운 것들을 경험하고 배우기 좋아하는 그녀는 교회에서 하는 성서대학에서 많은 것을 배우며 산다. 또한 그녀의 직업경험을 통하여 사할린경로당에서 회계 일을 맡아 봉사한다. 항상 긍정적이고 밝은 성격을 가진 그녀는 많은 사람들을 즐겁게 한다. 그녀에게 소원이 있다면 가족 모두 건강하고 하나님 안에서 축복받고 행복하게 사는 것이다.

1. 친부모인 줄 알았던 양부모

박영자는 41년생으로 사할린 돌린스크에서 태어났다. 그들이 태어나던 시절은 일본이 한참 전쟁을 하고 있었고 한국은 해방이 되기 이전이라 일본 사람들의 횡포는 매우 심했다. 사할린에서도 일본 사람의 힘은 매우 커 그 시절 아이를 낳은 부모들의 삶은 힘들었다. 그래서 그녀의 모든 증명서는 물론 패스포트까지도 40년생으로 되어 있다. 이런 것을 미루어 보면 그 당시 출생증명도 할 수 없었던 열악한 상황에서 그녀는 태어났음을 알 수 있다. 그래서 그녀는 자신조차도 정확한 나이를 모른다.

그녀의 아버지는 38년도 강제모집으로 사할린에 왔고 그녀의 어머니를 사할린에서 만났다. 어머니와 아버지는 가족이 함께 이주를 하였으며 혼기에 주위의 소개로 사할린 돌린스크에서 만나 결혼을 하였다. 그녀의 아버지는 어려서부터 심장이 약해 탄광에서 일하지 못하고 주로 나무를 벌목하는 삼판에서 일했다. 그 당시만 해도 일본 사람들은 사할린에 많은 나무들을 모두 벌목하여 일본으로 실어 날랐다. 그 벌목현장을 '삼판'이라고 하였고 그녀의 아버지는 그 현장에서 일했다.

> "나는 40년생이라고 증명서도 되어 있는데 어머니가 언제나 저보고 뱀띠라고 하니까 41년생인데 내는 패스포트고 뭐고 다 40년생으로 되어 있어요. 뱀띠라고 하면 41년생인데 우리들은 전쟁 전 일본시대에 살아서 아무도 몰라요. 출생증이 없잖아요. 일본 사람들 있는 데서 낳았는데 일본 사람들에게 무슨 일이 있었겠죠. 아버지는 38년도인가 와 가지고 아버지는 탄광에 안 가고 나무 벌목하는 그런 데로 갔어요. 그래 심장은 약하고 그렇게 하고 그런데 장가는 안 가고 있다가 사할린에서 장가를 갔어요. 어머니도 똑같이 모집으로 왔다고 하던데 그래 만나 가지고 살았어요."

그녀는 외동딸로 부모님의 사랑을 많이 받았다. 그 당시만 해도 대부분의 집에는 형제들이 많았다. 그러나 그녀의 부모는 그녀 하나만 키우셨고 풍족하지는 않지만 어렵지 않게 컸다. 그러나 나중에 안 사실이지만 그녀의 부모는 친부모가 아니었다. 그녀의 부모는 무슨 이유인지 그녀가 태어난 지 서너 달 만에 돌아가셨다. 그녀에게는 언니와 오빠도 있었는데 언니와 오빠는 외삼촌이 데리고 가고 어린 그녀는 남에게 맡긴 것 같다. 그래서인지 그녀는 자신의 이름도 성도 모른다고 하였다.

현재 그녀가 사용하고 있는 '박영자'라는 이름은 한국에 들어오면서 새롭게 만든 이름이다. 사할린에서 그녀의 이름은 양영자였다. 아무도 그녀에게 성을 가르쳐 주지 않았고 그녀는 새로운 부모님의 성을 따라 양영자라고 하고 일본 이름으로 '아시야마 요코'라고 불렀다. 한국에 영주귀국하여 들어오면서 남편의 성인 '박'을 따랐고 이름은 그대로 영자를 쓰게 되었다. 그녀가 친딸이 아니라는 사실은 그녀가 어느 정도 성장해서야 알게 되었다. 부모님은 딸 하나인 그녀를 친부모보다 더 잘 보살펴주셨고 사랑해주셨기 때문에 친부모가 아니라고 한 번도 생각해 본 적도 없었다.

"그런데 우리 부모들이 지금 부모라 하지만 친부모는 아니에요. 내가 다른 가정에서 태어났는데 석 달인가 넉 달인가 되었을 때 집에 일이 있어서 아버지가 돌아가시고 어머니도 돌아가셔서 내 큰누이랑 오빠는 삼촌이 데리고 가고 나는 못 데리고 가니까 지금 아버지가 데려다가 키웠대요. 친아버지는 아니에요. 내는 성도 모르고 아무것도 모르고 또 어떤 사람이 한국 성을 말해주지 안 했잖아요. 내 부모는 나를 '아시야마 요코' 그렇게 말했죠. 아버지는 양복점을 하여 동네에서는 '양복쟁이'라고 했어요. 내한테 우리 어머니 아버지 살아계실 때 내가 친 아이가 아니라는 것을 말한 적이 없고 의심도 못했어요. 나도 15살 돼서 알았어요. 친딸이 아니라고 들었을 때는 섭섭하고 생각했지만은 그 사람들한테는 내를 친자녀 같이 키우고 내한테는 친자식이라 하고 절대로 내 시집갈 때도 말 안 했어요."

박영자를 키워주던 부모가 친부모가 아니라는 사실을 알게 된 것은 15살이 되어서였다. 양부모들은 결혼을 하였으나 자식이 없어 그녀를 데려다 자식같이 길러주셨다. 이런 사실을 전해준 사람은 부모님이 아닌 동네 사람이었다. 그 당시 한인들이 한곳에 모여 살았기 때문에 그 사실은 어린 그녀만 몰랐지 많은 동네 어른들이 알고 있어 자연스럽게 그녀의 귀에까지 알려졌다.

처음 그 사실을 알았을 때 전혀 예상하지 못해서 놀랍기도 하고 섭섭한 마음도 들었다. 그녀가 다른 사람을 통해 이 사실을 알게 되었지만 부모님은 항상 자신을 친자식같이 키우셨고 그녀가 시집갈 때까지도 그 일에 대해 절대 입 밖으로 말하지 않았다. 그녀는 친자식도 아닌 자신을 친자식보다 더 귀하고 예쁘게 키워주시고 외동딸 하나인 그녀에게 많을 것을 해주신 부모님이 항상 고맙고 감사했다. 지금도 생각하면 그 어려운 상황에서 그렇게 못했을 것 같다고 한다. 꼭 그런 이유는 아니지만 그녀 역시 시집가서부터 부모님이 돌아가실 때까지 부모님과 함께 했다. 그녀의 어린 시절은 형제가 없어서 항상 외로웠다. 그 당시는 모든 사람들이 어렵게 살던 시절이라 먹는 것이 가장 큰 어려움이었다. 그럼에도 불구하고 그녀는 다른 집 아이들보다는 유복하게 자랐다.

> "외롭기는 지금도 외롭지만 형제가 없이 커서 그런지 외로울 때가 많아요. 내가 모르지만 내 학교 다니고 우리는 내가 아이 하나밖에 없으니까 그래도 다른 집보다는 내가 혼자니까 우리 집은 밥 요렇게 하고 서이서 하루 먹는데 다른 집은 먹는 것도 많이 어려웠죠. 내는 아이들이 많고 형제간들이 왔다 갔다 하는 동무들이 언제나 부러웠어요. 그래서 나는 옆에 동무들 집에 많이 가기도 했지요."

그녀의 아버지는 1950년부터 삼판에서의 일을 접고 제지공장에서 일하셨다. 종이 만드는 공장에서 일했기 때문에 그녀의 집은 먹고 사는 것이 어렵진 않았다. 그러나 어린 박영자는 형제 많은 집이 항상 부러웠다. 그녀는 형제들이 없어 외로움을 많이 탔고 형제가 많은 친구들 집에 가서 자주 놀았다.

2. 유복했지만 외로웠던 어린 시절

박영자의 어린 시절은 일본이 패망하기 전이라 많은 사람들이 일본어를 일상생활에서 사용했다. 그녀가 학교 들어갈 무렵 7년제 조선학교가 1946년에 설립되어 그녀는 1948년에 학교에 들어갔다. 전쟁이 끝난 지 얼마 안 돼 학교시설이 많이 부족하여 제 나이에 학교를 들어가지 못하는 사람이 많았다. 특히 시골에서 공부를 안 하고 집에 있거나 직장을 바로 다니는 사람들이 많아 정부차원에서 모든 학생들에게 공부를 꼭 시키라는 명령이 내려왔다. 그러다 보니 늦은 나이에 공부하는 사람들이 많았다. 그녀는 8살에 학교에 들어갔지만 10살인 사람도 있고 7살인 사람도 있었다. 그녀가 학교에 들어갈 때만 해도 학생 수가 그리 많지 않았다.

"우린 학교 들어갈 때는 전쟁 끝났으니까 그때 인제 조선학교 7년제 학교였어요. 우리 동네에서 내 학교 갈 때는 46년인가에 우리 학교 생겼는데 나는 48년도에 학교에 들어갔어요. 학교에서 우리 또래가 참 적었어요. 우리 또래가 우리 동네에서도 제일 적었어요. 그때만 해도 여러 촌에서 제때 공부 못하고 학교 안 다니는 아이들이 많이 있잖아요. 그니까 나는 8살인데 어떤 사람 10살 된 사람도 있고 9살 된 사람도 있고 또 7살 된 사람도 있고 이렇게 다 모였어요. 지금처럼 7살이면 학교 가야 되고 5살이면 유치원 가야 되고 그때는 그런 게 없었어요. 촌에서 이제 공부 안 하던 아이들 데려다가 꼭 공부시켜야 된다고 정부에서 그런 명령이 내려와서 공부 안 하는 아이가 하나도 없도록 하는 것이 있었어요. 우리들은 이북 말을 많이 배웠어요. 선생님도 이북 선생님이고. 그래서 조선말 공부하고, 조선말을 어머니하고 있을 때는 썼는데 어머니들 돌아가시고 나서 거의 안 썼어요."

학교에서는 조선말을 가르쳤는데 선생님도 대부분 이북 사람이었기 때문에 주로 이북 말을 배웠다. 많은 조선 학생들은 학교에서 이북 말을 배웠지만 그래도 집에 와서 어머니와 조선말로 주로 대화했다. 일본이 패망하고 러시아가 정권을 잡으면서 모든 학교에서는 러시아어를 가르쳤다. 어린 시절 일본어를 많이 구사했기 때문에 주위 사람들과 일본말을 많이 섞어 썼는데 러시아 정권이 들어선 이후부터는 학교에서 일본말을 사용하지 못하게 하였고 조선학교도 설립하였다. 러시아어는 그녀가 3학년 때부터 배우기 시작하였다.

"그때만 해도 많은 사람들이 일본말을 썼어요. 그러니까 우리는 학교 갔다가 집에 와서 놀면서 일본말 쓰잖아요. 옆에 일본 사람도 만나고, 러시아 사람도 만나고. 정권이 바뀐 뒤로는 학교에서 일본말 하면 맞았어요. 종아리 같은 데요. 그때는 그랬어요. 우리 러시아어를 3학년 때부터 배우기 시작했어요. 조선학교는 선생들이 질이 낮았어요. 그 사람들은 원래 선생이 아니라 갑자기 조선학교를 연다 하니까, 그때는 무슨 한 2년 동안 무슨 선생 연수를 받고 사할린 나와서 우리한테 공부를 시켜주니까."

러시아는 갑자기 조선학교를 설립하면서 제대로 대학을 나온 교사들을 모집한 것이 아니라 2년제 사범대학을 나오거나 교사 연수를 받은 선생님들을 모집하여 구성하였다. 그러다 보니 러시아 다른 학교 교사들보다 교사수준이 낮은 편이었다. 조선학교에서는 모든 수업을 한국어로 진행하였기 때문에 조선인들은 매우 좋았다. 박영자의 학교생활은 공부도 잘하지만 모든 영역에서 모범적이었다.

그 당시 레닌의 사상이 팽배했던 시절이라 모든 학교에서는 그의 사상에 따라 학교를 운영하였다. 학생들은 교복을 입고 목에는 빨간 마후라(머플러)를 두르고 학교에 다녔다. 또한 학생들의 장을 표시하기 위해 팔에는 계급장 같은 완장을 차고 다녔다.

"우리가 학교에서 공부를 북조선에서 나오면 최고로 좋다고 했어요. 조선교육 그것이 북조선에서 나온 거라, 학교에서는 공부 좀 잘하면 빨간 줄 한 개씩 줬어요. 빨간 것은 이북에 있잖아요. 빨간 거 공부할 때 차는 것, 그 다음에 공부 잘하면 그렇게 학생들이 반장 같은 것을 뽑잖아요. 그때 하나 주고. 잘하면 또 주고, 3개까지 줘요. 상장도 줘요. 표창도 주고 그 사람이 최고로 관리 잘해야 하고 학생들한테도 잘해야 하고 음악 같은 것 잘하는 사람을 뽑아요. 그것이 반장보다 더 높아요. 3줄이면, 그런데 나는 3개나 받았어요. 하하하."

[사진 4-1] 소풍 가서 즐거운 시간을 보내고 있는 조선소학교 시절 박영자

[사진 4-2] 박영자와 친구들

둘째 줄 왼쪽 네 번째가 박영자이다.

빨간 완장에는 줄이 그어져 있었다. 줄 1개는 분단장, 줄 2개는 반장, 3개는 전체 회장을 의미하였다. 빨간 완장은 학생들의 투표로 결정하였다. 주로 공부를 잘하거나 상장을 많이 받는 아이들이 뽑혔다. 그녀는 3개의 줄을 받았으며, 이는 성적은 물론 교우관계도 매우 좋았던 모범적이고 우수한 학생이었음을 증명한다.

그러나 조선학교에서 7학년을 마치고 러시아 중학교 8학년으로 올라가는 것이 정상인데 러시아학교에서는 이들의 러시아 실력이 좋지 않다는 이유로 7학년으로 입학시켰다. 그녀가 조선학교 졸업할 당시는 조선중학교가 없었기 때문에 부득이 러시아 중학교로 학교를 진학해야만 했다.

“우리 7년제가 끝나서 전문학교는 못 들어가죠. 나는 사범전문학교 간다고 해놓고는 사범학교는 볼 게 아무것도 없었어요. 그래서 우리는 러시아 중학교를 들어갔죠. 가보니까 햇수로 따지면 8학년으로 가야 맞는데 러시아어가 그럴 수준이 안 되었어요. 우리가 3학년부터 7학년까지 러시아어 했지만 우리 수준이 7학년 끝나고 8학년 못 들어가요. 그래서 도로 우리가 러시아학교 7학년으로 갔죠. 그때는 우리가 조선중학교가 없었어요. 그래서 8학년 가야 하지만 우리 러시아 말이 작다 보니까 저학년에서 새로 시작했어요. 그리고 러시아학교에서 우리 반에는 35명이었어요. 우리 7학년 공부할 때는 13명밖에 없었어요. 그리고 큰 땅 학교 가니까 선생님 말하는데 35명 앉아있고 시끄럽고 하니까 말을 잘 못하니까 선생님을 말한 걸 쓰지도 못해요. 받아쓰기 같은 것도 못 들어서 못 썼어요."

조선학교에서 러시아어를 초등학교 3학년부터 7학년까지 배웠지만 그녀의 러시아어는 매우 부족했다. 돌린스크에 있는 러시아중학교에서 러시아어로 수업을 들었다. 조선학교에서는 모두 한국어로 수업을 하지만 러시아학교는 모든 것을 러시아어로 수업을 받아야 하니 학교생활은 쉽지 않았다.

러시아학교는 조선학교와는 분위기도 달랐다. 규모도 크고 학생 수도 조선학교보다 훨씬 많았다. 조선학교에서는 13명이 공부를 하였다면 러시아학교에선 한 반에 35명이 공부를 하였다. 또한 러시아학교가 학생 수도 많고 크다 보니 교실은 항상 시끄러웠고 이런 환경에 러시아 말을 잘 못 하는 그녀는 선생님의 수업을 잘 따라가지 못했다.

"아이고 무슨 선생님이 국어시간에 읽으면 우리가 받아써야 되는데 듣지를 못 하니까 받아쓰지도 못했어요. 근데 조선학교 공부할 때는 최우등생 한 번 하고 그때는 우등생 최우등생으로 했잖아요. 지금처럼 몇 점 몇 점으로 하지 않고. 정말 잘 했는데 그니까 5점에서 3점으로 내려갔어요."

그녀는 특히 국어시간을 기억하고 있었다. 국어시간에 러시아어를 잘 받아쓰지 못하고 어떨 땐 잘 듣지도 못하니까 받아쓰기에서 좋은 점수를 받지 못할 때가 많았다. 조선학교에서 최우등생을 놓치지 않았던 그녀는 러시아학교에서 5점에서 3점까지 떨어졌다. 그러다 보니 그녀는 자신감이 떨어지기도 하였고 그로 인해 자존감까지 많이 낮아졌다. 어렵게 러시아학교 10학년을 마치고 그녀는 대학을 가기 위해 여러 대학을 알아보았다. 그러나 조선인들은 무국적자로 취급받아 쉽게 대학을 가기가 어려웠다.

"그때는 의사 공부를 갈려면 어디를 멀리로 가야 한단 말이에요. 그러면 우리 어머니 아부지 놔두고 가는 것보다 돈 문제가 있어서. 우리 아버지도 그때는 연금, 그거 조금 받고. 어머니도 집에서 계시고, 내 만약에 공부를 하려면 차비뿐만 아니라 가서 공부하려면 살아야 되잖아요. 기숙사비도 내고."

또한 박영자의 꿈은 의사였다. 사할린에서는 의사공부를 하려면 대륙의 큰 땅까지 나가야했다. 그 당시 북한 사람들이 사할린으로 와서 우수한 학생들을 북한에 있는 대학으로 데려가려고 홍보가 한창이었다. 그녀가 자신의 꿈을 이루기 위해서는 러시아 대륙으로 가든지 북한에 있는 대학에 가야만 했다. 그러나 외동딸인 자신이 부모님을 두고 멀리 가서 혼자 살아야 한다는 것이 그녀를 힘들게 했다. 아버지는 연금을 타고 계셨고 어머니는 집에서 계시니까 다시 공부를 하려면 여러 가지 경제적인 문제 등이 발생하여 차마 부모님께 대학을 보내 달라고 하지 못했다. 그래서 그녀는 의학 공부를 포기하였다.

3. 연애결혼

그녀가 10학년을 졸업하였을 때 남자친구를 사귀게 되었다. 그녀의 남자친구는 조선학교를 다닐 때 처음 만났다. 그가 지금의 남편이다. 남자친구는 조선학교에서 5~6학년을 같이 다닌 친구였다. 그때만 해도 자유롭게 연애를 할 수 있는 시대가 아님에도 불구하고 오랫동안 만났던 남자친구가 있었다. 그들은 처음에는 친구로 만나다가 그녀가 중학교를 가면서도 지속적으로 만나면서 서로의 감정을 쌓아 나갔다.

"남편은 학교 공부하면서 만났어요. 조선학교 한 개밖에 없었잖아요. 조선학교

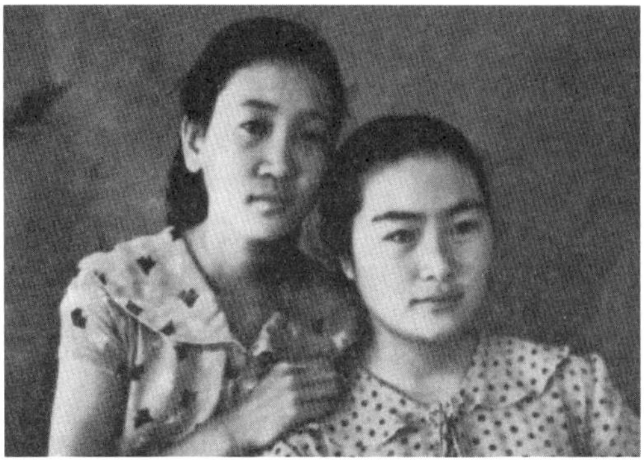

[사진 4-3] 박영자와 절친한 친구

[사진 4-4] 박영자와 남편의 연애 시절 모습

를 졸업하고 나는 러시아학교로 가고 그 사람은 조선학교에 그냥 있었어요. 그 사람은 내보다 나이가 많아도 일본학교 1년 다니고 촌에 있다가 와서 내보다 늦게 끝났어요. 그 사람 끝나고 하는데 우리 조선학교가 마카오에 생겼어요. 마카오에 가서 공부 좀 하다가 그 먼 데를 가 있어야 하니까, 또 어머니도 그렇고 동네도 그렇고 하니까 돌아왔죠. 우리 어무이랑 그때는 이렇게 젊은 사람들을 중신해 가지고 가는 거지만 이렇게 서로 사귀는 거는 그때는 처음이죠. 그때 우리 동무들이랑 두 살 많은 사람들하고 연애하니까 말도 많았잖아요. 말도 많고 하니까 그냥 놔두면 안 되니까 빨리 잔치해 가지고 머 해결해야지. 남자하고 여자하고 댕기면 안 돼. 동네에서 그래 가지고 잔치를 했죠. 그니까 중학교 10년제 끝나고 그해 12월에 시집갔죠. 59년도에 시집갔어요."

남자친구는 그녀보다 나이가 많음에도 불구하고 시골에서 자라 그녀보다 학교를 늦게 들어왔으며 7년제 졸업도 늦었다. 그녀가 중학교에 가고 남자친구가 졸업할 때에는 마카오에 조선 중학교가 생겼다. 남자친구는 마카오에서 조선 중학교를 다니면서 더욱 자주 만남을 가졌다. 마카오에 가 있던 남자친구는 혼자 의식주를 해결해야 하고, 시골에 있는 부모가 큰아들을 자꾸 찾는 등 여러 가지 상황에 몰리면서 학교를 그만두고 돌린스크로 돌아왔다. 학업을 끝내지 못한 남자친구는 돌린스크에서 야간학교를 다녀 10년제를 졸업하였다. 그는 야간학교를 다니면서 낮에는

[사진 4-5] 박영자의 결혼사진

[사진 4-6] 시댁에서 올린 박영자의 결혼식

건축하는 데서 막일을 하며 큰아들의 역할을 하기 위해 돈을 벌었다.

동네에서는 그들이 연애를 한다고 소문이 돌았다. 그 당시만 해도 젊은 사람들이 중신을 하고 결혼하는 시대라 두 사람이 연애한다는 것에 대해 동네에서 말이 많았다. 그녀의 어머니는 동네에 말도 많고 그냥 놔두면 안 될 것 같아서 빨리 결혼을 시키기로 마음먹었다. 그 당시에는 남자와 여자가 같이 다니는 것을 좋은 시선으로 봐주지 않았기 때문이다. 어머니의 걱정 때문에 그녀는 10학년을 마치고 온 그해 결혼하였다. 그때는 1959년 12월이고 그녀 나이 19세였다.

그녀가 결혼할 때 부모님이 반대를 많이 하였다. 막상 결혼시키기로 마음먹었지만 부모의 눈에는 그녀가 어리기만 하였다. 그 어리고 고운 딸을 큰아들에 동생도 많고 가난한 집에 보낸다는 것이 부모님에게 가슴 아픈 일이었다.

"그때만 해도 부모들이 많이 반대했어요. 내 시집가던 날 우리 아버지 얼마나 울고 하셨는지 어떻게 어린 것이 큰며느리로 가냐고, 어떻게 그 집으로 가서 살겠는가. 큰아들에 동생도 많고, 아이도 많고, 가난하게 살고… 부모 마음이 그렇잖아요."

그렇게 박영자는 두 살 아래인 남편과 4년 정도 연애를 하고 결혼식을 올렸다. 그녀의 결혼식은 한국의 전통혼례식으로 하였다. 집에서 전통혼례식을 올렸으나 한국의 전통혼례식과 다르게 신랑은 양복을 입고 신부는 한복에 머리에는 면사포를 쓰고 결혼식을 하였다. 상에 차려진 음식들은 우리나라의 잔칫상에서 보이는 음식들이 많이 고여 있었다.

4. 자상한 시아버지와 따뜻한 시어머니

그녀의 시부모는 마음이 좋은 사람들이었다. 어린 며느리가 시집와서 고생하는 것을 항상 안쓰럽게 생각하였다. 시부모는 시동생이나 시누이가 무슨 말을 하면 항상 그녀 편을 들어주고 항상 아껴주었다. 특히 시아버지가 항상 그녀를 살펴주고 그녀의 편을 들어주었다. 이러면서 시부님들은 며느리가 잘 들어와서 집안이 핀다고 항상 칭찬을 아끼지 않았다. 그녀의 남편도 자식보다 며느리를 더 챙기고 예뻐하는 자신의 부모들이 이상하다고 생각할 정도였다. 그녀 역시 착하게 시집살이를 잘 하였다.

> "우리 시부모님들하고 우리 아범이 제일 독하게 제사상도 배우고 할 줄 모르니까 그런 줄 알고 나중에 아무 말 하지 말라니까 그런 때가 있었습니다. 그래도 우리 시부모님들이 잘해줬어요. 아껴주고, 그러니까 내가 큰 시집살이 안 했어요. 시아버지가 뭘 못해도 내한테 먼저 물어보고, 먹고 싶은 것이 무엇인지 물어보고, 언제나 말하는 것 들어주고 언제나 내 편 들어주고, 우리 시어머니 시아버지는 언제나 말했어요. 내가 들어온 다음부터 집안이 폈다고. 그니까 우리 남편이 지금도 말하잖수. 다른 사람들은 아들, 아들 하는데 우리 아버지는 며느리, 며느리 하신다고. 하하하."

[사진 4-7] 박영자 부부와 큰딸

그녀가 시집오니 시부모들은 며느리도 얻었고 어린 자식들이 많아서인지 뻬찌르이찌(Петеречье)라는 곳으로 이사를 갔다. 거기는 한국 사람들이 주로 오이 농사를 많이 지었다. 사할린은 따듯한 여름 기후가 짧으니까 봄에 일찍이 오이 싹을 키우는 방식으로 오이 농사를 지었다. 남편이 9남매의 장남인 탓에 시댁에는 나이 어린 시동생과 시누이들이 많았다. 시부모들이 농사를 지으러 촌으로 가면 그녀는 어린 시누이들을 돌보고 키워야 했다. 어린 시동생과 시누이들은 갓 시집온 그녀를 무어라 부를지 몰라 했고, 그녀 역시 동생이 없이 컸기 때문에 시동생이나 시누이를 친동생 같이 대했다.

시동생에게는 도련님, 시누이에게는 아가씨라고 하지 않고 편하게 말하는 자신을 보고 그녀의 어머니는 항상 걱정이 많으셨다. 혼자 큰 그녀가 혹시나 예의 없거나 시댁 식구에게 잘못해서 욕이라도 먹지 않을까 항상 노심초사하면서 그녀에게 더욱 잘해야 함을 강조하였다. 친정 부모님들은 그녀에게 시동생이나 시누이가 아무리 나이가 어려도 존댓말을 써야 하고 예우를 해야 한다고 당부하였다.

> "학교 공부하고 있으니까 촌에 농사하고 키워주고 하니까 그러니까 시누이들은 언니 언니 해요. 지금도 내보고 언니, 언니 하죠. 내가 시집가서부터는 시동생한테

'도련님'이라 하지 않고 '시동생'이라 하고 '아가씨'라고 하지 않고 '시누'라고 말하고 하니까 우리 어머니가 말했어요. 혼자 커 가지고 시집가 가지고 너가 잘해야 된다. 암만 그래도 너가 잘해야 된다. 아무리 어리다 해도 시동생들이고 시누들이니까 말할 때도 조심해라."

2년 동안 시댁에서 시동생과 시누이와 함께 살던 그녀는 남편과 자녀들을 데리고 분가를 하였다. 그녀의 남편은 결혼하고 바로 공장에 들어가 기술자가 되었다. 전혀 기술이 없던 그녀의 남편은 공장의 기술자들에게 기술을 배웠고 그 후 공장에서 기술자로 40년을 일하였다.

그녀의 첫아들은 시댁에서 함께 살면서 낳았다. 시동생과 시누이가 같이 살다 보니 아들은 어린 시누이들이 많이 돌봐주었다. 그렇게 살다가 시누이들도 시집보내고 그녀는 두 번째 아이를 출산했다.

세 아이를 낳았을 때 친정집에 불이 났다. 불이 난 원인은 잘 모르지만 불이 난 후 친정 부모는 오갈 데가 없어 힘들어하였다. 이를 보고 시아버지가 친정 부모님을 모시고 살기를 권유하였다. 시아버지는 딸자식도 자식인데 친정 부모를 모시고 사는 것은 당연한 일이라고 하면서 자녀들도 다 자라 손이 많이 필요하지 않으니 친정 부모를 모시라고 그녀를 설득하였다. 그래서 그녀는 친정 부모를 자신의 집으로 모셔와 돌아가실 때까지 모시고 살았다.

"시간이 지나 큰 시누이는 시집가고 따로 살고 있었죠. 그런데 우리 친정에 불이 나 가지고 친정 부모님이 오갈 데가 없어졌어요. 그래서 나는 친정어머니 아버지하고 살았어요. 그니까 내가 뭐래요. 시아버지가 그렇게 말했어요. 나는 자식들이 많고 해서 괜찮으니까 너는 어머니 아버지하고 같이 살으라고, 너는 딸 하나밖에 없으니까 그렇게 해야 한다고 하셔서 같이 살았어요. 아이도 둘도 있고 하니까 친정어머니 아버지가 우리 집에 와서 살면서 우리 아이들을 키워줬어요."

친정집에 불이 나 오갈 데가 없어진 친정 부모들은 그녀의 집으로 와서 함께 살게 되었다. 이러한 그녀와 사위를 친정 부모는 항상 고마워했다. 친정 부모만 고마워한 것이 아니라 박영자 자신도 남편이 많이 고마웠다. 옛말에 겉보리 서 말만 있어도 처가살이 안 한다고 한다는데 남편이 자신의 입장을 이해해 주고 함께해 주는 것이 무엇보다 고마웠다. 그래서 그녀는 시부모에게도 남편에게도 항상 고맙고 감사한 마음으로 살았다. 그러다 보니 그들 부부는 금슬이 좋았다. 그녀와 남편은 시댁에서도 또 친정 부모와 함께 살면서도 부부싸움을 한 번도 해본 적이 없다. 그녀의 남편이 친정 부모까지 모시는 것을 보고 친정 부모는 물론 동네 사람까지도 괜찮은 사위를 칭찬하며 부러워하였다.

"남편은 처가살이를 했어요. 우리 친정어무니 아버지한테 남편이 잘해드렸어요. 그러니까 어떤 사람은 시집에서도 자기들끼리 부모들 때문에 싸움하고 그러는데 우리는 그런 거 싸움이라고 그런 거는 없었어요. 그러니까 동네에서도 말했어요. 저 사위 참 괜찮다. 어머니 아버지 저렇게 모시는 거 보면 자기 부모하고 형제간도 그렇게 못하는데 정말 잘해준다고, 정말 잘해주었어요. 그래서 내 남편한테는 정말 고맙고 내 시집에도 언제나 고맙지요."

[사진 4-8] 박영자의 남편과 세 자녀들

그렇게 그녀는 남편과 함께 친정 부모님을 모시고 살면서 한 명의 자녀를 더 출산하였다. 그녀는 시집가면서 직장에서 일하지 않고 아이만 키웠으나 친정 부모와 함께 살면서 그녀는 일을 하러 나가게 되었다. 아이들을 친정어머니가 봐 주시기 때문에 직장 일을 할 수 있다고 생각하였다. 그때 셋째 아이는 태어난 지 10달 되었을 때 그녀는 직장을 잡기 위해 노력하였다.

"그니까 내 시집가서 5년 동안은 일 안 하고 아이들 서이 낳았어요. 5년 살고 아무것도 안 했는데 어머니 아버지 집이 불나서 우리 집에서 같이 산 다음에 일 나가기 시작했어요. 우리 아이 셋째 아이 10달 되었는데 광고 보니까 판매원, 그때만 해도 옛날에 공부도 못한 그런 늙은 사람들이 졸업장도 없이 일했는데 이제는 그런 시대는 지나가고 새로 상점도 짓고 이렇게 하니까 그런 판매원들이 요구된다고 학원처럼 열었어요. 학원에서 6개월 공부하고 상점에 들어갔어요."

일할 곳을 찾던 그녀의 눈에 들어온 것은 백화점같은 대형 상점이 늘어나서 판매원들의 수요가 많아지고 있으며 그런 판매원들을 교육시킨다는 광고였다. 판매원을 교육시키는 일종의 무역전문학교였다.

"거기서 회계하는 거 물건 달고, 옷 같은 거 파는 거는 다른 매장이고 내는 옷 같은 거 팔고 아이들 교복 같은 거 팔고 끝났어요. 중학교 졸업장 있다 보니까 6개월 공부하고 그다음에는 일하기 시작했어요. 마침 또 아이들 옷만 파는 상점이 열었어요. 우리 동네 도시에서. 그래 가지고 우리는 6개월 공부하고 파견받았어요. 거기서부터 일하기 시작했죠. 근데 그때는 옷이 남으면 명절 같은 때 나가서 판매하고 또 다른 거 팔고 가서 사람들이 놀면 예전에 있는 거 팔고, 또 명절에는 러시아 사람들은 물리는 게 있어요. 밀가루 같은 거 꿉는 거 그때 우리들도 입고 가서 판매하고. 매장은 주로 명절날에 공사하는 거죠.

무역전문학교에서는 매장의 회계를 보는 것이나 물건 파는 것, 옷 파는 것에 대한 방법이나 기술을 가르쳐 주었다. 그녀는 중학교 졸업장이 있기 때문에 학원에서는 6개월만 공부하고 바로 현장에서 일하기 시작했다. 그녀가 처음 판매원으로 일한 곳은 아동복이나 교복을 비롯하여 주로 학생들이 필요한 모든 물건을 파는 곳이었다.

그 일을 시작으로 판매원으로 일을 지속적으로 하였다. 한국과 똑같이 명절을 중시하는 사할린문화에서 명절에 일이 더 많았으며 매장을 수리하는 일이 생기면 매장 밖에서 물건을 팔기도 하였다. 명절이 다가오면 잘 팔릴 것 같은 옷을 입고 거

[사진 4-9] 판매원으로 일하는 박영자

리에 나가 홍보하기도 했다. 가장 기억이 남는 일은 명절에 매장에서 파는 옷을 입고 부침개를 부쳤던 일이다. 그녀는 백화점같이 큰 매장의 수익을 높이기 위해 노력하였다. 그녀가 한 판매원 일은 우리가 생각하는 판매원 개념이 아니라 매니저와 같은 역할이다. 물건이 없으면 주문하고 수익이 높은 물건을 배치하고 재정부터 기획까지를 담당하는 전문직이었다. 이렇게 그녀는 30년이 넘게 정년이 되도록 판매원으로 일을 하였다.

5. 아이들 교육이 우선

박영자는 직장 일을 하면서도 아이들의 교육에 소홀히 하지 않았다. 그녀는 자신이 중학교만 나오고 대학을 못 갔기 때문에 항상 아이들한테는 대학을 가야 한다고, 좋은 대학을 가야 한다고 강조하며 키웠다. 그녀가 학교에 가고 싶어 할 때 친구들은 여권을 받기 위해 북한으로 대학을 많이 갔다. 사할린에 있는 한인들은 러시아 국적을 받지 못해 무국적자로 살아왔기 때문에 자식들 교육에 집중하였다.

아이들이 공부할 때 러시아어를 못한다고 해서 저녁마다 자녀들에게 러시아 소설책을 읽어주었다. 그녀는 항상 자신이 먼저 읽어주고 자녀들이 따라 읽게 하면서 발음을 고쳐주기도 하는 등 자녀들이 잘할 때까지 공부를 시켰다. 그래서 그녀의 자식들은 집에서 공부를 많이 했다. 또한 그녀는 자녀들이 필요한 책을 요구하면 어떤 수를 써서든지 구해다 주었다. 그녀의 집은 도서관에서 멀리 살았기 때문에 시동생이 도서관까지 가서 구해다 주는 등 아이들의 공부에 신경을 많이 썼다.

[사진 4-10] 학부모들과 함께한 박영자

오른쪽 첫 번째가 박영자이다.

[사진 4-11] 박영자와 딸의 친구들

"우리 아이들 공부할 때 러시아어 영 못한다고 해서 나는 저녁마다 앉아서 소설책이든지 아이들 책 가지고 와서 읽어주고. 내가 한 줄 읽으면 걔들이 읽고, 잘할 때까지 그렇게 했어요. 그러니까 우리 아이들은 집에서 많이 공부했어요. 무슨 책이든 애들 공부하는 데 요구된다 하면은 구해다 주고. 걔들이 도서관에 가려면 시간도 걸리고 우리 좀 멀게 살았어요. 학교에 시동생이 다녀 그것을 잘 구해다 주었어요. 그때 그 동생이 고생했어요. 먼 데서 살긴 하니까 나는 집에서 아이들 공부시켰어요. 그래서인지 우리 아이들 공부할 때도 좋은 말 많이 듣고 공부 잘하고 잘하니까 참 착하고 언제나 깨끗하게 다니고 반에서도 반장을 하고, 신문 만드는 것도 언제나 했어요."

그녀가 자식 교육에 신경을 써서인지 그녀의 자녀들은 모두 다 반장이나 신문 만드는 일을 학교에서 했다. 항상 선생님들은 그녀의 자식들을 반듯하고 공부도 잘하고 착하다고 칭찬을 아끼지 않았다. 그러다 보니 2남 2녀인 그녀의 자식들은 모두 좋은 대학을 나와 전문적인 일들을 하고 있다.

6. 엄마 품을 떠나는 자녀들

이렇게 성장한 그녀의 자녀들은 하바롭스크와 사할린, 모스크바에서 대학을 다녔다. 하바롭스크에 있는 대학에서는 큰딸이 경제학을 전공하였으며, 둘째 딸은 하바롭스크에 있는 사범대학에서 공부했다. 대학을 다니던 둘째 딸이 3학년 때 갑자기 결혼한다고 사윗감을 데리고 와 그녀는 아이들 중에 첫 결혼을 시켰다. 딸과 사위는 같은 학교 학생으로 결혼하여 그녀의 집에서 딸과 함께 결혼생활을 시작하였다.

그녀는 지금도 그 시절이 가장 힘들었던 시기라고 한다. 큰딸도 작은딸도, 사위도, 그리고 아들 둘까지 모두 학교를 다니고 있어 경제적으로 많은 부담이 되는 시기였기 때문이다. 결혼한 작은딸이 아이까지 낳아 대가족이 함께 지내야 했고, 멀리 있는 자녀들에게는 학비와 생활비 보내기 바빴다.

그녀가 특히 사랑하고 자랑하는 큰아들이 모스크바 대학을 갔을 때, 그녀는 너무 기뻤다. 그래서 아들이 모스크바 대학에 입학할 때 남편과 멀리까지 축하하러 갔다.

> "큰아들 모스크바 대학에 갔을 때 대학 갔다니까 축하하러 찾아갔지요. 대학 갈 때 혼자 갔는데 입학했으니까. 지금 큰아들은 그거 끝나 가지고 얘기하라 하면 그거 집 같은 거 팔고, 땅 같은 거 팔고, 현재 그런 일을 하고 있어요. 큰딸은 건축대학이 끝나고 세무사 같은 것을 해요. 둘째 딸은 교장이고요.

큰아들이 손꼽히는 모스크바 대학을 나왔다는 이유만으로 좋은 것은 아니었다. 그녀의 아들은 키도 크고 잘생겨서 많은 사람들이 탐내고 있었다. 그러던 중 그녀에게 청천벽력 같은 소식을 시동생이 가져다주었다. 그렇게 자랑하던 큰아들이 러시아 여자를 만나 임신을 한 것 같다는 소식을 전했다. 그녀의 둘째 시동생은 똑똑한 그녀의 아들을 사할린에서 10학년 끝났을 때 모스크바로 공부하러 데리고 갔

[사진 4-12] 박영자의 시동생 결혼식

[사진 4-13] 박영자의 큰아들 모스크바 대학 입학 기념사진

기 때문에 큰아들과 시동생인 작은아버지는 자주 만나곤 하였다.

그 소식을 들은 그녀의 가족들은 놀라움과 충격을 감출 수 없었다. 주위에서 많은 사람들이 아들 잘 챙기라는 이야기를 할 때마다 그녀는 아들에게 사귀는 사람이 있는지 물었으나 그때마다 아들은 무슨 일이 있으면 어머니인 그녀에게 가장 먼저 말하겠다고 해 왔기 때문에 그녀는 그것이 믿기지 않았다. 아들한테 배신을 당했다는 생각에 하늘이 무너지는 것 같았다.

"아들의 소식에 우리 집은 초상집이 되었고 우리 동네가 다 알고 친척은 말할 거도 없고 충격적이었어요. 우리가 어떻게 알게 되었냐면 우리 둘째 시동생이 아들 10학년 끝나고 공부하러 모스크바로 갈 때 아들을 데려다 줬단 말이에요. 그래서 조카하고 친했는데, 조카가 색시 하나 같이 왔는데 배부른 거를 보니 임신한 거 같다고. 그래서 우리 남편은 쓰러졌어요. 그래서 내가 시동생한테 아니겠죠. 그럴 리가 없는데요. 왜냐면 걔가 나한테 우리한테 말했단 말이에요. 어머니 걱정하지 마요. 내가 꼭 어머니한테 먼저 말할게요. 그랬는데 그렇다니까 내가 괘씸해서 말도 못했어요."

큰아들이 러시아 여자와 사귀고 아이까지 임신했다는 소식에 그녀는 마음이 많이 상했다. 그녀뿐만 아니라 남편은 충격에 쓰러지기까지 했다. 몇 번이고 시동생에게 다시 확인하였고 사실이라는 것을 안 이후에는 큰아들을 사할린에 오지 못하게 했다. 가끔 아들의 증명서가 필요하였음에도 불구하고 필요한 서류들은 다른 아이들을 시켜 보내고 그녀 부부는 큰아들을 오랫동안 보지 않았다. 아들과 불편한 시간이 길어질수록 그녀의 마음도 편치 않았다. 시간이 흘러 큰아들은 아기를 낳고 모스크바에서 결혼생활을 하였다. 아들을 보지도 않고 사할린 집에도 못 오게 했으니 그들 부부는 항상 마음이 무거웠다. 그래서 그녀는 자식을 위해 마음을 고쳐먹고 남편을 설득하기 시작했다.

"내가 아들한테 사할린에 오지 말라고 했으니까 집에는 못 오지요. 그런데 아들이 공부할 동안은 구청에 가서 서류 받아야 돼요. 사할린에 부모가 있다 보니 아들이 서류를 받으러 왔다 갔다 해야 하는데 그거를 우리 애들이 다 보냈어요. 아들은 우리 집에 못 들어온다 해서 사할린은 못 왔죠. 자기들끼리 혼인 잔치도 하고, 아이 놓고. 아버지가 보기도 싫다니까 못 오잖아요. 그래 가지고 아이 낳은 지 일 년 지내고 내가 말했어요. 암만 그랬지만 자기 자식을 어떻게 싫다고 그러겠느냐고 자식을 낳고 사는데 어떻게 어머니 아버지도 못 보게 하겠느냐. 그래 가지고는 아들이 사할린 왔어요. 손자를 안고 왔어요. 손자가 할아버지를 처음 봤는데 희한하게 바로 할아버지 목을 안고 입맞춤을 하니까 할아버지가 그만 녹아버렸어요. 조선 사람을 한 번도 보지 못했을 텐데 피는 못 속이나 보지요. 그래 가지고 데리고 들어왔어요."

그녀는 남편에게 부모는 자식을 버릴 수 없다고 강조하면서 큰아들 부부를 용서해주라고 설득했다. 자식을 이기는 부모가 없듯이 그녀의 남편도 고집을 꺾고 큰아들 부부를 사할린으로 오게 했다. 그때가 큰아들이 아이를 낳은 지 거의 두 살이 다 되어서였다. 큰아들은 아내와 자식을 데리고 부모님을 뵈러 사할린에 왔다. 그런데 신기하게도 처음 할아버지를 만난 손자는 할아버지를 안고 좋아서 입맞춤을 하였다. 마음이 착한 그녀의 남편은 손자의 입맞춤에 얼음같이 차가웠던 마음이 녹아버렸다. 그 뒤로 그녀 부부는 큰아들을 용서하고 다시 만났으며 지금은 많이도 의지하고 살아가고 있다. 지금도 촉촉한 그녀의 눈빛은 아들에 대한 미련이 많이 남아 있는 것 같았다.

7. 배우자의 환갑

어느덧 아이들은 다 장성하고 그녀의 남편이 환갑을 맞이했다. 그 당시 사할린 사람들은 환갑을 매우 중요시 여겼으며 많은 사람들이 환갑상을 크게 차려 온 동네 잔치가 되곤 했다. 그녀 역시 남편의 환갑을 크게 해주고 싶었고 자식들도 아버지의 환갑에 대해 신경을 많이 쓰고 있었다. 남편의 환갑을 잘 차려주기 위해 많은 음식을 하고 많은 사람들을 초대했다. 물론 자녀들은 멀리서 아버지의 환갑을 축하하러 모였고 동네 사람들 모두 함께했다. 사람들과 관계가 좋았던 그녀 부부는 많은 사람들의 축하를 받았다. 그해는 동네 사람들이 한국 안산으로 영주귀국을 간다고 기다리고 있었던 상태라 동네 사람들도 사할린을 떠나기 전 마지막으로 그녀 집 잔치에 모여 많이 웃고 많이 놀았다. 이들에게는 언제 다시 사할린에서 이런 잔치를 할 수 있을까 하는 생각도 일부 있었다. 특히 남편의 환갑잔치에 시어머니가 좋아하셨다.

"남편 환갑은 차려줘야 된다 하고 아이들도 다 차려줘야 된다고 해서 정말로 잘 차렸어요. 그 해 동네아주머니들이 안산으로 영주귀국 간다고 준비하고 있었는데 영주귀국하면 이렇게 못 논다고 마지막으로 우리 잔치에 와서 참 잘 놀다가 갔어

[사진 4-14] 박영자 남편의 환갑에 함께한 친척들

[사진 4-15] 박영자 손자의 돌

요. 시어머니도 아들이랑 춤추고 막하고 했어요. 그것이 정말 기억에 남았어요. 시어머니는 그 다음해에 돌아가셨어요. 내 환갑은 집에서 친척들이랑 모여서 했지만 도 남편 환갑은 크게 했죠. 대신 한국에 와서 내 칠순을 크게 해줬어요. 모스크바와 사할린에 있는 모든 자식이 한국으로 오고 사할린 영주귀국 사람들이 모두 와서 축하해주고 참 좋았어요."

그녀의 시아버지는 일찍 병으로 돌아가셨다. 그렇기 때문에 시어머니는 남은 자식들을 교육시키고 양육하기 위해 많이 고생을 하였다. 특히 큰아들인 그녀의 남편을 많이 의지하고 살아왔다. 그녀의 시어머니는 아들 환갑잔치에 기분이 좋아 아들과 춤도 추고 노래도 많이 하였다. 그녀는 남편의 환갑잔치가 지금껏 살아오면서 가장 기억에 많이 남는 한 장면이라고 하였다. 시어머니가 그렇게 좋아하시는 것을 처음 보았으며 남편은 물론 자식들도 많이 행복해하였다. 그렇게 아들 환갑잔치에 좋아하시던 시어머니는 남편의 환갑잔치를 한 지 1년 후에 돌아가셨다. 시어머니가 돌아가셨을 때 남편의 환갑잔치에서 좋아하시던 시어머니가 많이 생각났고 자신도 남편 환갑을 잘 차려준 것이 너무 다행이라고 생각했다. 그러나 그녀의 환갑은 가족들만 모여서 조촐하게 이루어졌다. 그녀와 같은 시대 사람들은 남편 환갑은 크게 하나 아내들의 환갑은 거의 가족끼리 하는 경향이 있었다. 그런 현상에 대해 그녀는 물론 다른 여자들은 섭섭하단 생각도 하지 않았다. 그녀는 그때의 기억을 떠올리면 아직도 기분이 좋다.

그 후 그녀의 칠순은 한국에 와서 남편과 자식들이 크게 잔치를 해주었다. 모스크바와 사할린에 있는 모든 자식들이 참여하고 사할린 영주귀국자들이 함께하는 잔치였다. 그녀는 칠순 잔치를 하면서 자식들과 남편에게 많이 고마웠다.

8. 한국 모국 방문

큰아들을 기점으로 다른 아이들도 대학을 졸업하고 결혼을 시켰다. 그렇게 살아가던 어느 날 많은 한인들이 한국으로 초청받아 들어갈 기회가 왔다. 그녀는 북한만 알았지 한국에 대해 아무것도 알지 못했다. 그녀는 88올림픽을 통해서 한국에 대해 처음 접하였다. 그녀는 한국이라고 들은 지도 오래 되지 않았지만 '한국'이라고 부르는 것도 이상했다. 사할린에서는 '조선학교', '조선 사람들', '조선인'이라고 부르며 살았기 때문에 처음 '한국인'이라는 말을 할 때도 많이 어색했다. 그녀는 모국을 방문 왔을 때 통솔하는 사람들 말을 잘 못 알아들었다. 그녀는 자신들이 쓰던 한국어하고 많이 다르다는 것을 느꼈다.

"한국에 대해 아무것도 모르죠. 몰랐어요. 내가 한국을 알게 된 것은 88년 올림픽 지나고 난 다음이에요. 그전에는 한국은 시골에서 어떻게 산다. 그런 거만 알지. 우리는 '한국'이라고, '한국인'이라고 들은 지 몇 년 안 돼요. 우리는 언제나 '조선학교', '조선 사람들', '조선인' 이렇게 말하고 했죠."

그녀는 1994년에 처음으로 한국을 다녀갔다. 그 후 1997년, 2005년 두 차례 더 이산가족 방문으로 한국을 다녀갔다. 2005년에 모국 방문할 때는 1세대 한 사람 당자녀를 한 명씩 데려올 수 있었기 때문에 남편과 그녀는 딸 하나씩을 데리고 시어머니와 함께 일주일간 모국 방문을 다녀갔다. 모국 방문을 오면 한국의 여러 곳을 정부에서 일주일간 구경시켜 준다. 그들이 이산가족인 것은 시어머니가 형제들 중에 장녀로 한국에는 남동생 2명, 여동생 3명이 살고 있었기 때문이다. 그들 부부는 한국에 있는 외가 식구들을 만나게 되어 너무도 반가웠다. 한국을 몇 번 다녀온 그녀의 남편은 한국으로 영주귀국하는 것에 관심을 가지기 시작했다. 한국으로 영주귀국하고 싶은 남편은 한국으로 들어가지 않으려는 그녀와 시어머니를 지속적으로 설득하기 시작하였다. 그러나 그녀와 시어머니는 한국으로 영주귀국하고 싶지 않았다.

> "우리 아이들도 2005년도 우리 이산가족 몇 번 방문하러 왔어요. 할아버지는 영주귀국하겠다고 하고, 나는 안 간다고 하고. 아이들 놔두고 안 가겠다고 생각하고 있었어요. 아이들 하나씩 데리고 올 수 있으니까 내도 데리고 오고 할아버지도 데리고 와서 딸 둘을 데리고 왔어요. 와서 정말 구경하고 일주일 동안 재밌게 지냈어요. 고향 방문 갔다 온 다음에 아이들이 아버지도 가시는데 어머니도 가셔라 그땐 말했어요."

시어머니가 한국을 다녀간 후 한국에 있는 외삼촌, 이모 등 동생들이 사할린을 방문하였다. 시어머니는 형제들 중에 가장 큰딸이다. 동생들은 시어머니가 한국으로 들어와 함께 살기를 원하였다. 그녀의 시어머니는 큰아들도 한국에 가고 싶어 하고 동생들도 한국으로 들어오라고 하니 고민을 하였다. 한국 정부의 정책에 따르면 1945년 이전에 출생한 사람만 한국의 영주귀국자가 될 수 있기 때문에 시어머니는 한국 가는 것을 포기하였다. 그 이유는 9남매 자식 중 한국으로 들어갈 수 있는 자식은 몇 안 되기 때문이다. 즉 자식들이 모두 한국으로 건너가는 것이 아니라 일부가 한국으로 가고 나머지는 사할린에 두고 간다는 것이 시어머니 입장에서 결정할 수 없는 가장 큰 이유였다. 또 자신이 동생들과 같이 자식들과 이산가족이 되어 살아야

[사진 4-16] 사할린에 방문한 박영자의 외가 식구들

[사진 4-17] 시어머니 산소를 찾은 박영자와 가족들

하는 것을 시어머니는 용납할 수 없었다. 시어머니의 이런 이유와 같이 그녀 역시 자녀를 두고 자신만 한국으로 영주귀국 간다고 결정할 수 없었다.

"모국 방문을 갔다 온 다음 우리 할아버지가 한국으로 가고 싶다 했어요. 할아버지는 한국에 외가가 있어요. 처음 우리가 모국 방문 왔을 때는 외숙모도 살았고 외삼촌 둘, 그리고 이모가 서이나 있었어요. 우리 시어머니는 오셨을 때 우리 시어머니가 제일 큰딸이라 동생들은 시어머니 보고 그랬어요. 한국에 와서 같이 살자고요. 그래 우리 시어머니를 동생들이 한국으로 데리고 올라 했는데 우리 시어머니는 자신과 갈 수 있는 아들과 갈 수 없는 아들 때문에 고민했어요. 우리 집의 시집에 9남매요. 그러니까 우리 바로 밑에까지만 한국으로 갈 수 있어요. 45년도 8월 15일 전에 난 사람들만 갈 수 있잖아요. 시어머니는 자식들 놔두고 못가겠다. 저도 아이들과 떨어져 살아야 하니까 안 간다고 했지요. 우리 아이들도 이렇게 얘기했어요. 아버지도 가시는데 가셔라 그땐 말했어요. 한국에서 5년 동안 기한 해 가지고 살다가 만일 맘에 안 들고 살기 바쁘고 하면 돌아오셔라."

한국으로 영주귀국하려고 마음먹은 남편은 잊을만 하면 한국으로 가자고 시어머니와 그녀를 설득하였다. 남편의 지속적인 설득에도 불구하고 시어머니와 그녀는 자신의 의지를 굽히지 않았다. 결국 남편만 한국으로 영주귀국하기로 결정했다.

이런 아버지의 결정을 보고 자녀들은 아버지만 한국에 혼자 보낸다는 것이 걱정도 되고 안쓰러웠는지 어느 날 자식들이 모두 모여 그녀에게 아버지와 같이 한국 갈 것을 권유하였다. 자식들은 어머니가 아버지와 같이 한국에 가서 편하게 살았으면 좋겠다고 하였다. 아무리 설득해도 뜻을 바꾸지 않는 그녀에게 자식들은 한국 가서 5년만 살다가 도저히 못 살 것 같으면 다시 사할린으로 돌아오라고 말했다. 그녀는 자식들의 이런 설득에 못 이겨 남편을 따라 한국으로 들어와 지금까지 잘살고 있다.

9. 선택하길 잘한 한국 생활

그녀는 지금의 한국 생활에 만족한다. 그녀는 늙어가면서 한국에 나온 것이 잘한 일 중에 하나라고 생각한다. 나이가 들어가면서 한국 생활은 더 좋았다. 그녀가 처음 걱정했던 부분들은 자녀들이 나이가 들면서 자동적으로 해결되었다. 남편은 동생들도 한국에 와서 같이 살고 외가 사촌들이 있다 보니 외롭다는 생각을 하지 않는다. 그녀 역시 증손자들까지 수시로 연락하고 이 자식이 왔다 가면 또 다른 자식이 그다음에 왔다가고 그래서인지 외롭다고 생각할 시간도 없다. 오히려 사할린에서 지낼 때보다 더 자주 만나고, 오랜만에 만나면 더 반갑다.

[사진 4-18] 증손자 탄생을 기뻐하는 박영자와 가족들

특히 그녀의 손자나 아이들이 자신과 남편의 생일에는 꼭 왔다 가고 평상시는 바삐 살다 보니 그립다고 생각할 시간조차 없다. 그러다 보니 경제적으로 잘 사는 지금 한국 생활에 그녀는 만족한다.

"지금은 사는 게 그전하고 비교하면 그래도 한국에 나온 것이 아무래도 잘했다는 생각이 들어요. 잘한 것 같아요. 남편은 동생들도 있고 하니까 좋지요. 우리가 계속 그렇게 외롭다고 생각 안 하는 것은 우리가 전화도 하고 말도 하고 그리고 우리 아이들이 자주 와요. 내한테 아이들 너이나 있잖아요. 딸 둘, 아들 둘, 손자들이 증손자들이 서이고 그러니 많잖아요. 하나 왔다 가면 다른 아 또 왔다 가고, 그렇게 자주 왔다 가요. 그니 걔들도 다 일하면서 자랑할 만한 것은 아들들 다 대학 끝나고 딸들도 다 그렇게 끝나서 높은 데서 있고, 손자들도 다 대학 끝났어요. 손자들 손녀들 다 대학 끝나고 하고 하다 보니까 걔들이 일하고 있잖아요. 사업하고 있고 일하다 보니까 휴가 받으면 오고, 할머니 할아버지 생일날이면 꼭 애들이 왔다 갔다 해요."

그녀의 일상은 매우 바쁘다. 그녀는 사할린 영주귀국자들이 모이는 사할린경로당에서 회계와 관련된 일을 도와준다. 그녀가 사할린 회사에서 30년이 넘게 회계는 물론 매니저 역할을 한 것을 아는 회장님과 이사님들이 그녀에게 금전 출납을 맡기고 있다. 항상 긍정적인 생각을 가지고 사는 그녀는 이렇게 자신을 인정해주는 사람들이 고맙고, 자신도 봉사한다는 생각으로 사할린경로당에서 활동한다. 그녀는 긍정적인 성격 탓에 사람들이 자신을 보고 고맙다고 하면 저절로 기분이 좋다. 그녀는 하루하루 모든 것이 하나님의 보살핌 덕분이라고 생각하며 산다.

"사할린에서도 교회를 다녔기 때문에 한국에 와서도 교회를 다녀요. 교회에서 하는 성서대학도 했어요. 성서대학도 졸업하고 교회에서 봉사도 많이 하죠. 매달 한 번씩 교회에서 식사 당번 같은 거 하고, 어머니기도 예배도 다니고, 구역예배도 드리고, 또 평상시에는 경로당 사무국에서도 봉사해요. 내가 사할린에서 돈 만지는 일을 오래 하고 해서 회장님과 이사님들이 저를 추천했대요. 경로당도 돈과 관련된 서류 처리하지요. 할 일이 많아요."

이런 긍정적인 성격에 밝고 예쁜 그녀는 기독교 신자이다. 사할린에서 살 때부

[사진 4-19] 박영자와 친구들

터 그녀는 교회를 다녔기 때문에 한국으로 영주귀국해서도 지속적으로 교회에 다닌다. 그녀의 하루 일과는 기도로 시작한다. 무엇이든 배우는 것을 좋아하는 그녀는 교회에서 운영하는 성서대학을 마치는 등 열정이 많다. 지금도 그녀는 교회 예배는 물론 구역예배, 전도회 등 모든 예배에 참석하고 교회에서 많은 봉사를 하는 신실한 신자이다. 그녀는 항상 가족을 위한 기도를 하며 가족들이 건강하고, 가정에서 서로 사랑하고 행복하게 살기 바라는 기도를 올린다. 이처럼 그녀의 기도가 항상 이루어지길 빌어본다.

5장
인생역전 드라마의 주인공: 장정기의 이야기

장정기는 1941년 제주도에서 둘째로 태어났다. 1943년, 3살 때 아버지, 어머니, 누나를 따라 사할린으로 이주하였다. 그는 6살 때 소학교에 입학하여 4학년을 마치고 마카로프에 있는 10년제 학교에 갔다. 그런데 10살 때 어머니는 막냇동생을 낳은 지 두 달 후 세상을 떠나셨다. 어머니가 돌아가신 후 장정기는 동생들을 돌보며 가사 등 고생을 하면서 청소년기를 보냈다. 아버지는 어머니가 돌아가신지 7년 후 재혼을 하여 새어머니와 같이 살았다. 그는 이복동생이 두 명 있다. 아버지는 새어머니와 2000년도에 한국으로 영주귀국하였는데 2달 만에 돌아가셨다. 하지만 장정기를 길러주신 새어머니는 지금도 안산에서 혼자 살고 계신다.

장정기는 러시아학교 7학년을 마치고 대학에 갈 수 없어 집안일을 하다가 20살 때 러시아 국적을 받으면서 군에 입대하였다. 1964년 제대 후 동네 초등학교로 부임해 온 같은 연배의 여교사를 만나 결혼을 하여 슬하에 1남 2녀를 두었다. 그는 자동차 회사에서 운전기사를 하면서 1966년에 통신대학에 진학하여 농업을 전공하였다. 1970년 농업대학을 졸업하고 대규모 농업회사에 들어가 사장으로 40년을 근무하였다. 소련의 붕괴로 장정기는 근무하던 회사에서 나와야 했다. 회사에서 퇴직하기 직전 직장과 사회에 이바지한 공이 인정되어 러시아 정부가 수여하는 최고 권위의 훈장을 받았다. 그는 1995년 정년퇴임을 하여 연금을 받으며 살다가 2007년에 영주귀국하였다.

그는 영주귀국 후 한인이라는 것에 자부심을 느끼며 살고 있다. 다만 조금 아쉬움이 있다면 이웃과 서로 인사하며 정답게 지내기를 바라지만 그것이 뜻대로 되질 않아 혹시 사할린에서 와서 홀대하는 것이 아닌가 하는 생각이 든다고 한다. 하지만 훌륭하게 자라주는 손자, 손녀들을 보면서 그런 생각을 잊으려고 애쓰고 있다. 2014년도에 뇌경색이 와서 큰 수술을 받으면서 더욱 건강에 신경 쓰고 있지만 의료비가 걱정되니 큰 수술은 정부에서 보조해주었으면 하는 소망을 말했다.

그는 현재 78세로, 틈나면 가까운 명소로 나들이를 가거나 마을회관에 가서 사할린 동포와 주민들과 어울리면서 하루하루를 즐겁게 그리고 감사하는 마음으로 지내고 있다.

1. 귓전에 맴도는 어머니의 유언, 공부해라!

"나는 고향에 대한 기억은 없어요. 하지만 아버지한테 들어서 알지요. 나는 제주도에서 1941년에 태어났어요. 그런데 1943년에 아버지가 사할린으로 가게 된 거예요. 그때는 다 강제징용이지요. 그때 어머니, 누나와 같이 아버지를 따라 사할린으로 갔어요. 이 사진은 사할린으로 가기 전에 어머니와 누이와 같이 찍은 사진이에요."

장정기는 1941년도 제주도에서 태어났다. 위의 사진은 1943년 장정기가 사할린으로 가기 전에 어머니와 누나와 같이 찍은 것이다. 그의 아버지는 일본에 의해

[사진 5-1] 사할린으로 떠나기 전 제주에서 장정기와 어머니 그리고 누이(1943)

강제징용으로 사할린에 가게 되었다. 그리하여 1943년, 그는 3살 때 아버지, 어머니, 누나를 따라 사할린으로 이주하였다.

"나는 6살 때 조선소학교에 입학했어요. 당시에는 1학년에서 4학년까지는 소학교였어요. 그리고 5학년부터 10학년까지는 지금으로 말하면 중학교예요. 내가 소학교에 갔을 때 고려인 선생님이었어요. 그래서 나도 저 선생님처럼 공부 열심히 해서 훌륭한 사람이 되어야겠다고 다짐을 했어요. 어머니가 돌아가시기 전에 병원에서 두 달 입원하시다가 돌아가셨는데 어머니는 너무 아파서 숟갈질을 못 했습니다. 그래서 내가 낮에는 학교에서 공부하고, 공부가 끝나면 병원으로 밥을 멕여 주러 병원에 매일 갔어요. 어머니께서는 항상 나에게 "정기, 공부 잘하래이, 잘하래이, 공부해야 큰 사람이 된다"라고 항상 말씀하셨어요."

장정기는 6살 때 누이를 따라 소학교에 입학했다. 1945년 해방이 되어 일본 사람들이 귀환하자 일본학교가 모두 조선학교로 바뀌었다. 소학교는 1학년부터 4학년까지가 소학교이다. 장정기는 학교에 다니면서 어머니를 도와 동생들도 돌봐야 했다. 어려운 환경에서도 대륙에서 온 선생님을 보면서 어른이 되면 저 선생님처럼 훌륭한 선생님이 되어야겠다는 꿈을 키웠다.

[사진 5-2] 조선인민 소학교 3학년 시절 장정기
가운데 줄 왼쪽에서 6번째, 선생님 뒤에 있는 학생이 장정기이다.

"내가 소학교 4학년을 마치고 공부를 계속해야 하는데 당시 우리 마을에는 말하자면 중학교가 없었어요. 그래서 나는 마카로프에 있는 10년제 학교에 갔어요. 러시아 말을 못하니까 5학년으로 못 가고 2학년으로 갔습니다. 그런데 내가 러시아 학교로 간 지 3달 만에 우리 어머니께서 영 가버렸어요. 하늘이 무너지는 느낌이었어요. 어머니 장례를 치르고 다시 러시아 학교에 가서 공부를 했습니다. 지금도 잊지 않는 것은 예예. 지금도 딱 한 가지 오늘까지 기억되는 거는 "아이고 공부 잘해라, 공부해야 큰 사람이 된다"예요.

장정기는 어머니가 돌아가신 날을 지금도 잊지 못한다고 하며 눈시울을 붉혔다. 장정기는 1948년에 소학교에 입학하였다. 소학교 4학년 때 어머니는 막냇동생을 낳고 두 달 후 산후 조리가 안 되어 그만 돌아가셨다. 어머니가 돌아가시기 전까지 장정기는 학교를 마치면 병원에 가서 어머니를 간병했다. 어머니는 돌아가시면서 "우리가 살 길은 공부를 하는 것이다" 하면서 공부 잘하라는 부탁의 말씀을 여러 번 하셨다. 그래서 장정기는 공부를 열심히 했고 졸업을 할 때는 최우등상을 받았다.

2. 어머니의 유언대로 최우등생으로 졸업

"내가 러시아어를 못하니까 2학년으로 들어갔지요. 그래도 공부를 열심히 해서 성적은 뒤지지 않았어요. 우리는 소풍이라고 안 하고 원족이라고 하는데 벤또 싸가지고 아침에 경치 좋은 곳에 가서 저녁에 오고 그런 일은 있었어요. 사할린은 섬이다 보니까 주변이 이제 다 해변이요. 애들하고 바다에 들어가서 다리도 적시고, 뭐도 잡는다고 하고, 그때는 그게 제일 재미있었지요. 친구들하고 벤또 먹는 재미가 좋지요. 어렸을 때는 뭐 그랬지요."

장정기는 10년제 러시아 학교를 다니면서 가장 즐거웠던 일을 꼽으라고 하면 원족을 가서 친구들과 재미있게 논 것을 꼽는다. 사할린은 지형적으로 4면이 바다이다. 그래서 학교에서는 봄과 가을에 바다로 원족을 가서 하루를 즐기고 오곤 하였다. 원족을 가는 날이면 도시락을 싸야 했는데 당시 도시락이라고 하면 꽁보리밥에 노란 무가 다였다. 하지만 그때 원족을 가서 먹은 도시락은 지금의 그 무엇과도 비교할 수 없을 만큼 맛있었다.

"나는 10년제 학교를 최우등으로 졸업을 했어요. 하지만 대학에 갈 수 없었고, 특별한 직업도 없었어요. 국적이 없었기 때문이에요. 당시 부모들은 고향에 가겠다는 일념으로 국적도 받지 않아 무국적으로 살았어요. 그리고 자식들한테 고생을 안 시키려고 악착같이 일만 했어요. 저도 일 많이 해봤습니다. 열일곱 살 먹고 탄광에 들어가서 거기서도 일 시작해 가지고. 그때 하도 기어 다녀서 지금도 팔꿈치가 새까매요. 그때는 뭐 지식이 없었지, 배

[사진 5-3] 장정기의 형제들

장정기의 누이와 장정기, 남동생, 여동생이 함께 찍은 사진이다.

운 거 없었지, 뭐 힘도 없었지. 어쩔 수 없이 막노동을 해야 했어요."

장정기는 러시아 학교에 들어갔을 때 러시아 말을 못해서 2학년으로 들어갔지만 열심히 공부하여 금방 학교에 적응했다. 다른 아이들보다 공부도 열심히 하여 졸업할 때는 최우등상을 받았다. 하지만 대학에 갈 수 없었다. 대부분의 조선 사람이 그랬듯이 그의 부모님도 고향에 가기 위해 국적을 받지 않았기 때문이다. 당시 사할린에서 태어난 2세들은 성공을 향해 악착같이 달렸다. 부모가 국적이 없어서 받는 진학과 취업의 불이익도 이들을 막지는 못했다. 부모는 오로지 자식만을 위해 희생했다. 당시 국적 취득을 하지 않으면 군대나 대학에 들어갈 수가 없었다. 그래서 장정기는 러시아 국적을 취득하기로 작정을 하고 러시아 국적이 나오자마자 군대에 갔다.

3. 운명을 바꿔 놓은 군 생활과 공산당 가입

국적이 없어 고등교육을 받을 수 없고, 취직도 안 되던 장정기는 러시아 국적을 받고 군에 입대를 한다. 러시아 국적을 받은 것과 군에서 가입한 당원은 그의 운명을 바꾸어 놓았다.

> "1956년도에 북한 영사관에서 나와 가지고 북한 국적을 받으면 평양에 있는 김일성 대학에 무상으로 다닐 수 있다고 대대적으로 선전을 했어요. 그래서 그때 북한 국적을 받은 친구들이 많았어요. 그런데 북한 국적을 받은 사람들은 소련 국적을 받지 못하니까 군대도 못 가잖아요. 그리고 군대 가기 싫어서 소련 국적을 안 받는 사람도 있었지만 나는 달랐어요. 나는 군대에 가서 훈련도 열심히 받고, 공산당에도 가입을 했어요. 그래서 내 인생이 달라지는 계기가 되었지요."

[사진 5-4] 군복무 시절 장정기

오른쪽 첫 번째가 장정기이다.

1956년도에 북한 영사관에서는 사할린 거주 무국적 한국인에게 북한 국적을 취득할 것을 권유하였다. 하지만 사할린 거주 한국인들은 북한 출신이 없었고 대부분이 경상남·북도와 전라남·북도에서 징발된 사람들이기 때문에 한국으로 귀국할 목적으로 소련 국적과 북한 국적 취득을 거부하였다. 한편 군대에 가지 않으려고 북한 국적을 취득했다가 나이가 들어 북한 국적을 취소하고 군대를 면한 사람들도 있었다.

"1960년도에 소련 정부에서 나왔어요. 소련 국적을 요구한 사람들은 해주겠다고. 근데 한인들은 고향에 가겠다는 꿈을 버리지 못해 국적을 받는 사람들이 많지 않았어요. 조선 사람 한 오만 명 되는데 그중에서 러시아 소련 국적을 받는 사람들이 얼마 안 됩니다. 하지만 나는 러시아 국적을 안 받으면 아무것도, 아무 곳도 갈 수 없다는 것을 알았기에 국적을 신청했어요. 1960년도에 러시아 국적을 받고, 1961년도에 군대를 갔어요. 그때는 조선 사람이 몇 안 되어서 다 소련 사람들이지요."

장정기는 1961년, 20살 때 러시아 국적을 받아 군대에 입대했다. 무국적자였기 때문에 대학에 갈 수 없게 되자 선택한 길이었다. 장정기는 고등교육을 받기 위해 북한 국적을 받을까 하는 생각도 했다. 북한 국적을 받으면 김일성 대학에도 다닐 수 있고, 고향에도 갈 수 있다고 했기 때문이다. 그러나 장정기는 북한 국적을 받지 않고 소련의 국적을 취득하여 군대를 갔다. 그가 어머니에게서 물려받은 근면과 성실함은 군에 가서도 나타났다. 언제나 나보다는 동료를 위해 배려했고, 성실하게 훈련을 받았다. 그리고 공산당에 가입했다. 그가 군에서 공산당 당원으로 가입한 일은 그가 농업회사의 사장이 되는 데 많은 영향을 미쳤다. 그래서 그는 언제나 군 입대가 그의 운명을 바꿔 놓았다고 생각한다.

4. 내 삶의 반쪽인 나의 반려자

장정기는 23살에 결혼하였다. 부인이 장정기가 살고 있는 마을의 초등학교로 부임하면서 알고 지내다, 군대 제대 후 바로 결혼을 하였다. 슬하에 1남 2녀를 두었다.

[사진 5-5] 장정기의 아내와 제자들

조선학교에 근무할 당시 찍은 사진이다.

"이 사진은 내 아내가 소학교 선생님으로 있을 때 최우등생들과 기념하여 찍은 사진이에요. 내 아내와는 군대 가기 전에 만났어요. 60년도에 사범학교 끝났는데 아내가 우리가 사는 촌으로 파견 왔다가 거기서 만났어요. 소학교 선생님이었어요. 아내를 보는 순간 첫눈에 반했지요."

장정기가 20살에 고등학교를 졸업하고 일정한 직업이 없어 고향에 내려가 집안일을 도와주고 있을 때였다. 그는 당시에 무국적이기 때문에 대학에 갈 수도, 군에 입대할 수도 없었기 때문이었다. 그는 러시아 국적을 신청해 놓고 산에 가서 나무도 지고 오고 많은 일을 하였다. 그리고 탄광에 들어가서 탄을 지고 엎드려 팔꿈치로 갱도를 오르내리며 일했다. 지금도 그의 팔꿈치는 새카맣다.

[사진 5-6] 장정기의 결혼식(1964)

러시아 국적이 나오자 군에 가려고 준비하던 어느 날, 지금의 아내를 만났다. 그의 부인은 소학교 교사로, 첫눈에 봐도 예쁘고 착해보였다. 그래서 장정기는 날마다 자신의 마음을 전하고 군대 가기 전에 결혼을 약속하고 군대에 갔다. 장정기 부인은 3년 동안 소학교에서 아이들을 가르치면서 장정기가 군에서 제대하기를 기다려 주었다.

> "내가 군대에 가기 전에 만났고, 그래서 아내가 3년 동안 기다려줬어요. 결혼식 사진은 이거 딱 하나밖에 없어요. 내 아내는 나랑 동갑으로 8남매 중 둘째예요. 장인의 고향은 충청북도 제천인데 장인은 1943년도에 사할린에 가셨다가 1945년도에 잠깐 나오셔서 식구들을 데리고 들어가신 뒤 한 번도 고향에 나와 보지 못하고 70세에 돌아가셨어요. 장모님은 50세에 돌아가셨고요. 우리야 다 좋은 날로 잡아서 했지요."

장정기와 나이가 같은 부인도 사할린에 오게 된 동기는 비슷하다. 친정아버지의 고향은 충청북도 제천이다. 친정아버지께서는 1943년도에 사할린에 가셨다가

1945년도에 잠깐 나오셔서 식구들을 데리고 사할린에 들어가신 뒤 한 번도 고향에 나와 보지 못하고 70세에 돌아가셨다. 어머니는 50세에 돌아가셨다. 4살 때 식구들과 배 타고 사할린에 간 기억이 새롭다.

5. 최우등으로 졸업한 자랑스러운 나의 삼 남매

장정기는 딸 둘에 아들 하나를 두었다. 다행히 삼 남매는 별 탈 없이 잘 자라 주었다. 아이들은 열심히 공부하여 대학을 졸업할 때는 모두 최우등으로 졸업하였다.

"아내가 조선학교 폐쇄 이후 교직에서 물러나 상점에서 판매원으로 일했을 때 1966년에 큰딸이 태어났어요. 애들 키우면서 좀 힘들었지만 그렇게 힘든 건 없었어요. 왜냐면 정부에서 아이들을 맡아서 키워 주는 데가 있었으니까요. 두 달 된 애를 탁아소에 갖다 놓고 12시 가서 젖을 멕이고, 3시 가서 젖을 멕이고. 만약 애기가 유치원 다니면서 어디 감기가 걸리거나 열이 올라가면 가게 문을 닫고 병원에 다녔어요. 애들을 매일 데려다 주는 게 아니라 월요일에 데려다주고 토요일에 데려

[사진 5-7] 장정기의 둘째 딸 백일

[사진 5-8] 장정기의 둘째 딸 돌

오고. 근데 우리는 매일매일 데려다줬죠. 돈도 많이 안 내요. 그런 것은 국가에서 해주니까."

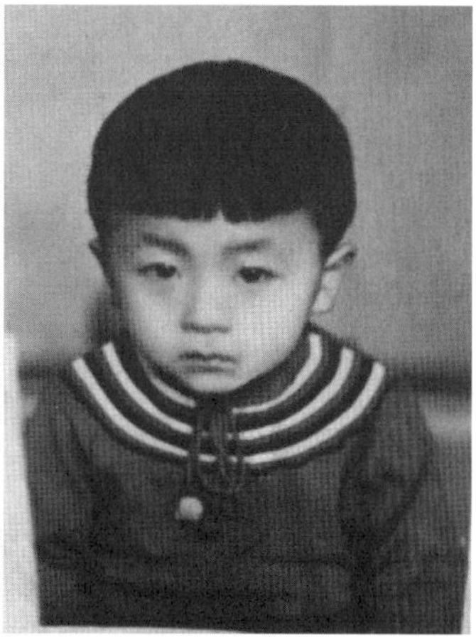
[사진 5-9] 장정기의 아들 장덕수

장정기는 육아 문제로 걱정하거나 큰 어려움을 없었던 것으로 기억한다. 직장 생활 하는 사람들한테는 국가가 많이 지원을 해주었기 때문이다. 장정기 부인은 초등학교 교사로 근무하다 1964년도에 조선학교가 폐쇄되면서 식료품 가게 판매원으로 직장을 옮겼다. 1966년 첫아이를 낳고 두 달 후 탁아소에 맡겼다. 다행히 집에서 탁아소까지 가까워서 쉬는 시간마다 탁아소에 가서 젖을 먹일 수 있었다. 그리고 아이가 아프면 직접 데리고 병원에도 갈 수 있도록 배려해주었기 때문이다. 지금 생각하면 당시 소련의 육아 정책은 잘 되어있었다. 집에 아이를 돌볼 사람이 없는 경우에는 6개월에서 3살까지의 아이를 맡길 수 있는 탁아소를 무료로 이용할 수 있어 마음 놓고 일할 수 있었다.

"이 아들이 결혼해서 이 손자를 낳았어요. 내가 애들을 나면 우리 아버지께서 이름을 지어주셨는데 모두 '장옥순', '장옥희'로 지어주셨어요. 아들을 낳았을 때도 마찬가지로 이름을 장덕수로 지어주셨어요. 너는 조선 사람이니까 조선의 이름을 가져야 한다고요. 학교에 가서 러시아 이름을 지어 주기는 했지만 서류에는 모두 '장덕수'라고 했어요. 아버지가 돌아가시고 첫 손자를 낳았는데 어머니께서 손자의 이름을 '장명학'이라고 지어주셨어요. 모두 한국식으로 지었어요."

장정기의 아버지는 손녀, 손자가 태어나면 이름을 한국식으로 지어주셨다. 여기에는 아버지의 고향으로 돌아가고 싶은 마음과 한인으로서의 정체성을 유지하고 싶은 염원이 담긴 것으로 생각된다. 아버지가 돌아가시자 어머니도 그랬고, 그 또한 손녀가 태어나면 한국식으로 이름을 지어주었다. 그래서 장정기의 자녀들과 손자,

[사진 5-10] 장정기의 손자 장명학

손녀들은 모두 한국식 이름이다. 자녀들도 한국식 이름에 불만을 갖거나 싫어하지 않고 잘 받아 주었다.

"우리 애들은 학교 다니면서 돈을 안 물고 다녔어요. 러시아는 공부만 잘하면 학비를 안 내고 다닐 수 있어요. 대학도요. 물론 공부를 못하는 애들은 학비를 다 내야 합니다. 하지만 우리 자식들은 대학까지 공부했지만 일절 한 푼도 안 물고 대학을 졸업했어요. 다른 사람들은 애들 공부시킨다고 맘고생도 많이 하고 하지만 우리는 아이들 때문에 걱정 많이 안 했어요. 다만 책은 자비로 많이 사줬어요. 물론 러시아 책이지요. 저는 언제나 어머니의 유언을 잊지 않고 공부가 살 길이라는 것을 알려 줬어요. 책을 많이 읽으라고."

자녀 셋을 키우며 교육시킬 때 다행히 자녀들이 공부를 잘해주어 학비 걱정을 하지 않았다. 장정기네 자녀들과 손자, 손녀들은 모두 공부를 잘해서 학비가 전혀 들어가지 않았다. 어머니가 돌아가시면서 하신 말씀이 교훈이자 가훈이 되어 평소 책을 많이 읽도록 권장하여 가정교육이 남달랐던 것이다.

6. 성실한 운전기사에서 회사 사장으로

"내가 1964년에 제대를 하고 바로 결혼을 했어요. 그때 내가 농업회사에서 축산의 운전기사로 일했어요. 소가 1,500마리였어요. 소를 실어 나를 때가 제일 좋았지요. 우리 회사가 제일 잘나갔으니까요. 그러다 보니 자연적으로 연해주에 있는 통신대학을 가게 됐어요. 통신대학이라고 하면 직접 거기 가서 공부한 것이 아니라

교과서 같은 책을 많이 집에다 사다 놓고 공부하고 시험만 학교에 가서 보는 거예요. 그래서 6년 만에 졸업을 했어요. 통신대학에 조선 사람은 나 혼자였어요. 그때도 열심히 해서 기사증까지 받았어요. 자랑스럽지요. 그래서 5년 만에 사장까지 할 수 있었어요."

장정기는 1964년 제대를 하자마자 곧바로 결혼을 하고, 축사회사의 운전기사로 취직을 하면서 연해주에 있는 통신대학에서 축산 농업을 전공하여 1970년에 졸업하였다. 어머니가 돌아가시면서 신신당부하던 말씀에 힘입어 장정기는 공부만이 나의 살길이다 생각하고 어려운 환경 속에서 버텼다. 낮에는 일하고 밤에는 학업에 열중한 끝에 축사 기사증까지 취득을 하였다. 조선 사람이 이렇게 사장이 되는 것은 극히 드문 일일 뿐만 아니라 당원이 아니면 못 하는데 장정기는 군에 갔을 때 당에 가입을 했기 때문에 가능했다. 게다가 성실하고 직원을 배려하는 성품 덕에 회사 사장 자리까지 오를 수 있었다.

[사진 5-11] 장정기의 통신학교 졸업장

[사진 5-12] 장정기와 동료들

"사장이 되고 제일 어려웠던 일은 1991년도에 나라가 망해 가지고 소련이 없어지고 15국가로 나눠질 때 그때가 저가 마침 그 회사를 받아 가지고 일을 시작했는데 그때 5년 동안 고생 정말 많이 했어요. 당시 그 회사에 직원들이 500명이 있었어요. 그런데 소젖 짜 가지고 그 우유를 팔 곳이 없었어요. 그래서 그걸 짜 가지고 그냥 버렸어요. 그렇다고 며칠 안 짜면 소가 못 쓰게 돼 버려요. 그리고 그때는 나라가 그렇게 되니까 뭐 법이 있는가? 뭐가 있는가? 깡패들이 나와 가지고 소를 내놔라, 기계를 내놔라, 그땐 뭐 그렇게 할 수밖에 없었어요. 소를 안 주면 내 목숨이 없어지니까 그냥 뭐 소를 주거나 했죠. 그때 생각하면 지금도 무서워요."

소련은 1991년 12월 25일 고르바초프의 소련 해체 선언 연설과 함께 붉은 광장 게양대에 소련 국기는 내려지고 러시아 삼색기가 올라가면서 공식적으로 해체되었다. 일을 하면서 월급도 받지 못하고 깡패들의 행패에 시달리던 시절, 소젖을 그냥 버려야 했던 그 시절에는 사는 것이 너무 팍팍하였고, 겨우 집 근처에 채소를 심어 먹으면서 근근이 살아야만 했었다. 그렇게 5년 동안 일을 하다 보니 남자는 55세, 여자는 50세가 되면 일을 할 수가 없어 은퇴를 해야만 했다. 회사에서 나가면 연

[사진 5-13] 장정기의 훈장 1
(레닌 100주년 기념 공로상)

[사진 5-14] 장정기의 훈장 2
(1981년 인명구조 훈장)

[사진 5-15] 장정기의 훈장 3
(1995년 우수 평가 훈장)

금을 받는다. 먹고살 만큼 연금을 받는다. 회사에서 사장으로 재임할 때는 여유 있는 생활을 해왔지만 소련이 붕괴되기 직전에는 혼란스럽던 시절이라 생애 가장 힘들었던 때였다.

> "이 훈장은 레닌 100주년 행사 때 직장에서 지대한 공로가 인정되어 받은 훈장이고, 이것은 1981년도 큰 홍수로 인해 많은 사람들이 위기에 처했을 때 사람들을 구조하여 받은 훈장이에요. 그리고 이것은 1995년도 회사에서 성과와 실적이 우수한 평가로 인정되어 받은 훈장이에요. 회사가 힘들 때 직원들 월급 주는 것도 힘들었었는데 열심히 하다 보니 이런 결과가 생겼으니 좋았지요."

위의 훈장들은 정부에서 수여한 3영역의 훈장들이다. 장정기의 삶을 대변할 수 있는 훈장이다. 이 훈장은 사회, 경제뿐 아니라 국가와 지역발전에 힘쓴 인물에게 수여되는 러시아 정부의 권위 있는 훈장이기 때문에 더욱 자랑스럽다.

7. 꿈에 그리던 고향 방문

"1992년 우리 고모부의 초청으로 난생 처음 고향에 가 봤어요. 내가 3살 때에 갔으니까 고향에 대한 기억은 없지요. 하지만 아버지, 어머니한테 많이 들어서 기억을 하고 있었어요. 그렇게 부모님한테 말로 들어서 기억하던 고향에 방문하게 되었어요. 고모부가 참 좋은 사람이었어요. 우리가 제주도에 가니까 친척들이 모두 모였어요. 정말 감사한 일이지요. 하지만 반가워하면서도 표정들이 그리 좋지는 않았어요. 그래서 그 뒤로는 내가 연락을 안 했어요. 그러다가 2007년에 인천으로 영주귀국했다고 알린 뒤로는 만나지 않아요. 글쎄요. 특별한 이유는 없습니다만 아무래도 유산 문제 때문이 아닐까 하는 생각을 하고 있어요."

장정기는 1992년도에 처음으로 고향인 제주도에 갔다. 대한적십자에서 주관하는 고향 방문단을 통해 제주도에 가서 친척들을 만났다. 그가 기억하는 고향은 태어나고 자라면서 기억한 고향이 아니라 부모님을 통해 들어서 기억하는 고향이다. 하지만 그가 막상 고향에 도착하니 부모님이 말씀해주셨던 그런 고향이 아니었다. 특히 친척들의 표정이 그리 반갑지만은 않았다. 아마도 유산 문제 때문이라는 것을

[사진 5-16] 장정기와 친척들(1992)

장정기가 처음으로 고향 제주를 방문하여 친척들과 함께 찍은 사진이다.

직감했다. 사실 아버지께서는 제주도에 땅이 좀 있는데 그것을 고모들이 가지고 있다고 말씀하셨던 것이 생각났다. 그는 그저 내 고향이니까, 그리운 내 고향이니까 가보겠다는 일념으로 왔는데 그를 맞이하는 친척들의 표정을 보니 안타깝기만 했다. 그래서 그 이후에는 연락을 하지 않았다. 2007년에 한국으로 영주귀국하면서 인천에서 살게 되었다고 알렸지만 아무런 소식이 없어 자연스럽게 연락이 끊겼지만 그렇다고 찾을 생각은 없다.

8. 올망졸망 자랑스러운 내 새끼들

장정기는 1964년도에 결혼하여 슬하에 3남매를 두었다. 1966년 맏딸을 낳고, 1968년에 둘째 딸, 그리고 1970년에 아들을 낳았다.

"에고, 우리 애들은 공부하면서 속을 썩인 적이 없었어요. 다 공부를 잘해서 최우등으로 졸업을 했어요. 큰딸이 대륙의 이루스로스 경제대학을 졸업했어요. 그런데 1990년에 딸이 러시아 사람하고 결혼을 한다고 했어요. 그래서 우리가 절대로

[사진 5-17] 장정기의 큰딸 결혼식 사진

안 된다고 했는데 죽어도 결혼을 해야 한다고 해서 우리는 결혼식에도 안 갔어요. 하늘이 무너지는 줄 알았지요. 사람이 어느 대학을 나오고, 무엇을 하는지가 중요한 게 아니라 로국 사람이라는 거 하나만으로 반대를 했어요. 2000년도에 처음으로 우리가 큰딸이 사는 곳으로 가 봤어요. 지금 생각하면 정말 미안한 일이지요. 그래서 큰 사위한테 미안하다고 정식으로 사과를 했어요."

장정기의 큰딸은 러시아에 있는 경제대학을 졸업하였다. 대학을 다닐 때 같은 과에 다니는 러시아 사람과 사귀게 되어 결혼을 하였다. 그러나 장정기는 큰딸의 결혼을 반대하고 결혼식에 참석하지 않았다. 딸의 결혼식에는 동생 부부가 참석하였다.

당시에는 사위될 사람이 무엇을 하고 어떤 사람인가가 중요한 것이 아니라 조선 사람이 아니라는 것이 부끄러워 얼굴을 들 수 없었다. 그래서 딸이 아이를 셋이나 날 때까지 딸 집에 가지 않았다. 2000년도에 정식으로 딸 집에 가서 사위한테 미안하다고 사과를 했다. 큰딸은 지금 러시아에서 사업을 하면서 행복하게 살고 있다.

"우리 둘째 딸은 1968년에 낳았는데 공부를 정말 잘했어요. 사할린에서 상업전문학교를 다녔어요. 요리사예요. 그런데 1988년에 결혼을 했어요. 조선 사람이라

[사진 5-18] 장정기의 둘째 딸 결혼사진

서 얼마나 좋았던지 큰딸 때문에 부끄러웠는데 둘째 딸이 소원을 풀어줬어요. 그래서 좋은 날로 잡아 결혼식도 크게 했어요. 지금은 요리사로 일하고, 남편은 그 기계 판매하는 비즈니스를 해요. 지금은 아들딸 낳고 잘살아요."

둘째 딸은 우수한 성적으로 고등학교를 마치고 사할린에 있는 상업대학에서 요리를 전공하였다. 둘째 딸은 같은 학교를 다니는 한인 남성을 만나 결혼을 하여 1남 1녀를 두었다. 장정기는 둘째 사위가 한인이라는 것에 매우 만족하였다. 큰딸이 러시아 사람과 결혼하였을 때 매우 부끄럽게 생각하였는데, 둘째 딸이 한인과 결혼함으로써 위신을 세워주었다고 생각했다. 둘째 딸의 딸, 즉 외손녀는 대륙에서 도시설계를 전공하고 의사를 만나 결혼하였다.

"아들은 러시아에서 의과대학을 졸업했어요. 의대에 다닐 때 같은 과의 여자친구와 결혼을 했어요. 졸업을 하지 않았는데 애가 생겨서 애 낳기 전에 결혼을 한다고 1992년에 결혼을 하고, 1993년에 아들을 낳았어요. 그런데 아들을 낳고 5일 만에 젖을 싸매고 다시 러시아 학교로 갔어요. 애는 내가 봐 줄 테니 가서 공부 마치라고 했어요. 그래서 손자를 3년이나 내가 키웠어요. 그 애가 러시아에서 의대를 나와서 지금 의사를 하고 있어요. 아들도, 며느리도, 손자도 모두 의사예요."

[사진 5-19] 장정기의 아들 결혼사진

장정기의 아들과 며느리, 손자 모두 의사이다. 장정기의 아들은 고등학교 때도 최우등으로 졸업을 하여 러시아에 있는 의과대학에 갔다. 아들은 거기에서 같은 과의 한인 여성을 만나 결혼을 하였다. 며느리는 졸업을 하지 않은 상태에서 손자를 낳았다. 장정기 부인은 평

[사진 5-20] 장정기의 손자 돌잡이

[사진 5-21] 장정기의 외손녀의 돌 사진

생 다니던 상점을 그만두고 아들 내외의 학업을 마칠 수 있게 손자를 맡았다. 장정기는 손자가 3살 때까지 키웠다.

"그럼요. 친손자는 내가 키웠으니까 백일도 돌잔치도 다 해줬어요. 어머니가 계셨으니까 더 한국식으로 했지요. 한복 입히고 백설기 해서 놓고, 팥떡도 하고요. 돌잡이도 했어요. 우리 애가 뭐 잡았더라? 연필 잡았지. 맞아 연필 잡았어요. 그래서 공부를 잘하는가? 하하하."

장정기는 손자에 대한 사랑이 남다르다. 3살 때까지 손수 키웠기 때문에 키운 정이 깊어서이다. 손자의 돌에는 어머니께서 하시던 대로 백설기 떡을 하고 미역국을 끓여서 나누어 먹었다. 돌잡이에서는 연필을 잡았다. 지금 그 손자도 의과대학을 졸업하고 부모와 같이 의사의 길을 걷고 있다. 그는 손자가 돌잡이에서 연필을 잡아서 공부를 잘한 것 같다면서 겸손의 미소를 짓는다. 그러던 손자가 어느덧 러시아에 있는 아모르 의과대를 졸업하고 의사가 되었다.

"우리 애들이 커서 결혼하여 가족이 이렇게 많아졌어요. 큰딸도 손자 하나, 손녀 하나, 둘째 딸도 손자 하나, 손녀 하나, 아들은 아들만 둘이요. 나는 손자, 손녀들에

[사진 5-22] 사할린에서 장정기와 가족들(1996)

게 한국식 이름을 지어주었어요. 물론 러시아 이름도 있어요. 하지만 출생 신고도 모든 서류에는 한국 이름이에요. 내가 1943년에 사할린으로 갔을 때 먹을 것이 없어서 고생한 것을 생각하면 내 애들한테는 그런 슬픔과 고통을 주지 않기 위해서 죽을힘을 다해 일했어요. 그리고 어머니의 유언을 받들기 위해 애들한테도 공부 공부했어요. 내가 욕심이 많아 우리 아이들은 남 아이들보다 더 우수해야 한다고 정말 엄하게 키웠어요. 지금 생각하면 내가 너무 심했다 싶어 후회할 때도 있어요. 이것들을 보고 있으면 안 먹어도 배가 부르지요. 말하면 뭐 해요. 이렇게 올망졸망 내 새끼들이 다 모이니까 이보다 더 행복할 수는 없지요."

장정기는 올망졸망 모여 있는 자녀들을 보면서 고생한 과거가 그리 싫지만은 않다. 그리고 항상 돌아가신 부모님을 생각한다. 장정기는 1943년에 처음 사할린에 갔을 때 탄광에서 힘들게 일하시던 아버지와 언 감자를 주워다가 죽을 끓여 주시던 어머니를 생각하며 온갖 어려운 일을 마다하지 않고 돈을 벌어 자녀들을 키웠다. 그는 '우리가 이 가난을 벗어나려면 배워야 한다. 공부만이 우리가 살길'이라고 하시던 어머니의 교훈을 잊지 않고 자녀들에게도 엄하게 가르쳤다. 그에게는 자녀들이 힘들다고 말하는 응석도 받아줄 여유가 없었다. 다행히도 자녀들은 그의 뜻에 따라 열심히 공부해주었고 모두 제 역할을 훌륭히 해냈다.

[사진 5-23] 장정기와 자녀들(2010, 인천)

[사진 5-24] 장정기의 손자 장명학
(아모르 의학대학 졸업)

[사진 5-25] 장정기의 손녀
(상트페테르부르크 경제대학 졸업)

[사진 5-26] 외손자 신정철
(사할린국립대 원유가스전공)

"사실 내 새끼들 키울 때는 먹고살기 바빠서 제대로 못 해주었는데 애들 크는 것을 보면 정말 행복해요. 오물조물 하던 애들이 이렇게 커서 훌륭하게 됐어요. 글쎄 누구를 닮아서 그런지 애들이 학교에서 공부를 잘해서 졸업할 때는 다 빨간색의 졸업장을 받았어요. 이 빨간 졸업장은 아무나 받을 수 없어요. 러시아는 만점이 5점이에요. 모든 과목에서 5점을 받아야만 이 빨강색 졸업장을 받아요. 그래서 졸업하자마자 다 좋은 직장에서 일해요. 언제나 자랑스럽지요. 얼마나 대견해요."

장정기의 자녀들은 책을 많이 읽고 학업에 열중하여 모두 최우등생으로 대학을 졸업하고 배우자들도 모두 훌륭한 사람들을 만났다. 뿐만 아니라 손자, 손녀들까지 모두 최우등으로 졸업하여 빨간 졸업장을 받았다. 러시아는 우리나라와는 좀 다르게 9월에 새 학기를 시작하고 졸업식은 5월 25일 전후에 한다. 초등학교부터 고등학교까지의 과정을 1학년에서 11학년으로 나누고 '쉬꼴라(школа)'라고 한다. 고등학교 졸업식은 'last ring day'라 별도로 칭하여 이후로는 성인으로 접어든다는 상징성이 있기 때문에 특별하게 여긴다. 특히 대학에서의 시험도 시험을 보는 학생마다 시험 문제가 다르다. 학생은 교실에 들어가기 전에 여러 개의 시험 문제 중에 하나를 골라 시험을 본다. 점수 표도 100점 만점이 아닌 5점 만점이다. 장정기의 자녀들도 모두 이 과정을 거쳐 최우등으로 졸업을 하였다.

첫째 딸의 딸, 즉 외손녀는 대륙 상트페테르부르크에서 상업경제대학을 나와 독일로 유학을 갔다. 그리고 외손자는 사할린국립대학에서 원유가스를 전공하고 미국회사에서 통역을 한 경험으로 졸업을 하자마자 그 회사에 취직을 했다. 큰 손자는 러시아 대륙에 있는 아모르 의과대학을 마치고 사할린 시립대병원에서 레지던트 과정을 밟고 있다.

9. 사계절이 아름다운 나의 조국, 대한민국

사할린의 여름은 몬순의 영향을 받아 약간 습윤하지만, 겨울에는 시베리아 고기압의 영향으로 강풍을 동반한 폭설이 내리며 이듬해 4월이 되어야 지역의 눈이 녹는다. 이러한 곳에서 장정기는 60여 년을 고난과 설움으로 통한의 세월을 보내고 2007년에 한국으로 영주귀국을 한 후 가슴에 와 닿은 노래가 '아~ 대한민국'이다.

> "한국에 오니 날씨가 너무 좋아요. 사할린의 기후는 전반적으로 몬순기후대에 속하는데 여름에는 오호츠크해의 저온 다습한 기온이고, 겨울에는 한랭 건조한 시베리아의 영향을 받아 무척 추워요. 그래서 겨울은 10월부터 4월까지 약 7개월인데 나머지는 짧은 봄과 가을이 있어요. 겨울에는 강풍을 동반한 폭설로 천지가 눈으로 쌓여 있어 이듬해 4월이 되어야 눈이 녹아요. 그래서 여기는 우리 같은 노인이 살기에는 적당하지요. 또 깨끗하지요. 그러니까 우리는 정말 여기가 좋아요. 옷 같은 것도 싸고, 아 옷이나 그런 게 여기가 거기보다 싸요. 싸죠. 그러니까 사할린에서 여기 오면 막 한 짐씩 사서 가지고 가지요."

장정기는 겨울이 춥고 길던 사할린에 비해 사계절이 뚜렷하고 온화한 한국의 날씨가 너무 좋다. 푸른 강물, 그리고 산 위로 흰 구름이 여유롭게 피어오르고 사라지기를 반복하는 하늘을 보며 그간 지나온 시간들을 떠올려 보곤 한다. 특히 국가가 튼튼히 있음을 절실히 느끼고, 또 실감하는 것은 사할린에 비해 물가가 싸서 좋다는 점이다. 사할린에 있는 자녀들이나 손자들이 왔다 갈 때는 옷을 많이 사 가지고 간다. 옷이 저렴하고 세련되어서 기회가 있을 때 많이 사 가지고 가는 것이 경제적으로도 도움이 되니 그럴 수밖에 없다.

> "우리 아버지는 항상 말씀하셨어요. 한국은 예의가 바르다고요. 그래서 나도 아이들을 이렇게 어렸을 때부터 사람을 보면 알든 모르든 인사는 꼭 해야 한다고 가르쳤어요. 모르는 사람들 만나도 안녕하세요? 그 한마디 하는 거 뭐 어렵지도 않고

서로 기분이 좋잖아요. 그런데 여기는 애들이 그렇지 않아 깜짝 놀랄 때가 있어요. 인사를 해도 받아 주지 않아요. 우리를 좀 무시하는 것 같아요. 그래서 서운할 때가 많아요. 그런 날은 사할린에 있는 애들이 더 보고 싶지요."

사할린에서 살 때는 옆집과 매우 친하게 지냈다. 기쁜 일, 슬픈 일도 다 같이 함께 나누며 지냈다. 그러나 인천 논현동 아파트로 이사 온 지 10년이 넘도록 옆집과는 왕래가 없다. 이사 오면서부터 함께 살아 온 이웃인데 인사를 해도 받지 않고 외면한 채 살고 있다. 사할린 가정에서는 부모가 자식에게, 학교에서는 선생님이 학생들에게, 사회에서는 어른들이 어린 청소년들에게 인사를 중요한 생활의 실천 덕목으로 중히 여기고 현장에서 가르쳐 주었다. 인사는 그냥 형식에 불과한 것이 아니라 상대방을 인정한다는 뜻이며 상대방을 존중한다는 표현이기 때문이다. 사람이 서로 마주치면서 상대방을 인정하고 존중해 주었을 때 비로소 서로에게 의미 있는 사람이 되고, 좋은 인간관계가 형성된다. 인사는 사람과 사람 사이의 의미 있는 관계 형성의 시작이다. 그런데 한국에서는 아이들이 어른을 봐도 눈을 멀뚱멀뚱 쳐다보고 지나치든지 인사를 한다고 해도 상대방을 오히려 기분 나쁘게 하는 경우를 종종 목격하게 된다. 그래서 가끔은 나를 사할린에서 온 기초생활수급자라서 깔보는 것은 아닌지 생각하게 된다. 그럴 때마다 사할린에 있는 자녀들이 보고 싶어 통화를 하거나 사진을 꺼내어 보며 마음을 다독인다.

"우리 할머니 칠순 때 찍은 사진이에요. 조촐하게 했지요. 동생들도 다 사할린에 있고 친척들도 대부분 사할린에 있으니 어쩔 수 없지요. 여기에 나오고 싶어 하는 사람도 많지만 우리 나올 때는 1세만 나왔죠. 우리 나올 때 45년 8월 15일 이전에 낳은 사람들만 나오고 그 후에는 남편이 45년 전에 낳고 그러면 부인들은 남자 따라서 나이 조금 안 맞아도 많이 나왔어요. 그래서 우리 동생도 48년생인데 남편 따라서 파주로 나왔어요. 그런데 아직도 나오고 싶어 하는 사람들이 많은데 그 영주귀국법 때문에 못 나와요. 그래서 사할린동포법이 통과되어서 남아 있는 한인들에게도 나올 수 있는 길이 열렸으면 좋겠습니다."

장정기는 부인의 칠순 사진을 놓고 말문을 열지 못했다. 조촐하게 형제끼리 찍은 사진에는 사연이 있다. 일제강점기에 강제징용으로 형제가 이산되는 아픔을 겪고, 영주귀국 또한 영주귀국할 수 있는 자격 제한으로 또 형제가 이산의 아픔을 겪는 사할린 동포들의 슬픈 역사이다. 사할린에는 아직도 고국으로 나오고 싶어 하는 사할린 한인들이 많다. 하지만 한국으로 영주귀국할 수 있는 자격 조건이 있어 나올 수 없다. 이들이 고국으로 나올 수 없다 하여도 사할린에 머무는 사할린 한인들을 위한 길이 무엇인지 재고되어야 한다. 특히 영주귀국한 사할린 한인들이 자신들의 권리를 찾기 위해서는 현재 국회에 머물고 있는 사할린동포법이 통과되어야 한다.

"생활비야 넉넉하다고 할 수는 없지만 러시아에서 연금 받는 것도 있고, 또 나라에서 도와주고, 자식들이 용돈 주니까 그럭저럭 살만 해요. 하지만 큰 수술을 할 때 보험이 있지만 수술을 하면 우리가 돈을 물어야죠. 보험 적금 빠져나가지만 작년에 저가 수술을 받았는데 500만 원 물었어요. 500만 원이면 우리한테 작은 돈이 아니에요. 그니까 그것만 조금만 해결해줬으면 걱정할 게 없는데 큰 병이 들어서 수

[사진 5-27] 장정기 아내의 칠순(2010)

술을 받으려면 돈을 내야 돼요."

장정기는 러시아에서 7년 동안 연금으로 생활하다 영주귀국하면서 연금 들어오는 통장을 러시아에 있는 아들에게 맡기고 왔다. 아들 내외도 부부가 의사여서 풍족한 생활을 하고 있어 통장으로 들어오는 연금은 장정기 내외가 러시아에 갈 때마다 찾아 쓰고 있다. 뿐만 아니라 한국에서는 정부에서 지원해주는 생활비로 모자람 없이 생활하고 나들이도 하면서 가끔 맛있는 것을 사 먹으며 행복하게 생활하고 있다.

앞으로 바람이 있다면 큰 수술을 하게 될 경우에는 나라에서 지원을 해주었으면 하는 바람이다. 장정기는 2015년도에 뇌경색으로 수술비용이 적지 않게 들었다.

그리고 지금 러시아에서 의과대학에 다니고 있는 작은 손자가 한국에 와서 의학공부를 계속 하길 바라는 것이다. 무엇보다도 지금처럼 자녀들이 잘 지내고 부인과 함께 아름다운 한국에서 생을 마감하는 것이다.

장정기를 처음 만나는 순간 서툰 한국말이지만 일제에 의해 머나먼 동토의 땅으로 건너가야만 했던 때부터 지금까지의 삶을 잔잔히 들려주는 진솔한 모습에서 아주 오래전부터 된장찌개 먹으면서 다정다감하게 사는 전형적인 한국의 노부부처럼 평안함을 느낄 수 있었다. 장정기는 자기가 이렇게 한국어를 할 수 있는 것도 모두 부인의 덕이라고 부인을 추켜세우며 잉꼬부부임을 자랑했다.

장정기의 이야기에는 첫째, 우리나라의 슬픈 역사가 펼쳐진다. 러일전쟁에서 승리한 일본은 1905년 북위 50도 남쪽의 남사할린을 점령하였다. 일본은 풍부한 지하자원과 산림자원 개발을 위해 철도, 도로, 항만, 비행장 등의 인프라 구축을 위해 많은 노동력이 필요했고 노동력의 수요를 식민지인 한반도에서 해결하고자 조선사람들을 강제동원해 사할린에 끌고 갔다. 둘째, 사할린 한인의 삶과 죽음, 이별과 아픔, 차별과 소외가 따른다. 타국 땅에서 일찍 어머니를 여의고 어머니의 간곡한 유언에 노여워하지도 않고 슬픔을 참으면서 공부를 해야만이 살길이라는 굳은 신념으로 역경을 헤쳐 왔다. 통신대학으로 진학하여 축산과를 전공하여 후일 낙농회사 사장 자리까지 오르면서 부유한 생활을 하게 되었으나 소련의 붕괴로 회사 경영의 어려움을 몸소 체험하면서 인생 최고의 고통도 겪어보았다. 셋째, 영주귀국이라는 제도 앞에서 거듭되는 이산을 경험하였다. 한국과 소련의 수교 이후 1992년부터 본격적으로 영주귀국이 실시되었다. 일본 적십자가 귀국 비용을 제공하고 한국에서 거주지와 생활비를 제공하는 형태다. '1945년 8월 15일 이전에 사할린에 이주했거나 출생한 자'로 한정되었다가 2007년부터 '장애인 자녀가 있는 경우'가 대상에 포함되었다. 장정기도 2007년도에 영주귀국을 하여 논현동에 영구임대주택을 배정받아 기초수급생활권 수혜자로 생활하고 있다. 그러나 영주귀국은 고령자만 대상으로 하기 때문에, 장애인 자녀 이외의 자녀들과는 다시 이산가족이 되는 기형적 구조를 가지고 있다. 사할린에 올 때는 고향의 부모형제와 헤어지고 늙어서는 자식들과 헤어지게 되는 구조인 것이다. 더욱이 영주귀국자들이 점차 고령화되어 몸이 아파 의료 혜택을 필요로 하는 시점이다. 장정기의 소망대로 큰 수술을 할 때는 정부에서 보조해주는 시스템이 늘어난다면 통한의 세월을 보듬을 수 있는 작은 보상은 되지 않을까 생각해본다.

다행히도 장정기 부부는 그간의 삶 속에서 겪었던 일들이 고통이 되었든, 기쁨이 되었든 모든 일들이 '인생 여행'이라며 아름다운 추억의 장으로 여기는 것 같았다. 지금 이 순간 살아있음 자체가 축복이라고 여기면서 늘 감사하며 평안한 삶을 사는 것 같은 두 분의 표정을 보며 다시 한번 머리가 숙여진다.

III

마음의 '향수'에서 '귀환'으로의 여정

3부에서는 사할린 한인들의 그리움 솟구치는 마음을 담아 마음의 '향수'에서 '귀환'으로의 여정 이야기를 담았다.

6장은 영원한 청춘예술단 단장 김부자 어르신의 이야기이다. 김부자는 1944년도에 사할린에서 태어나 일찍 부모를 여의고 옆집 더부살이로 자랐다. 1993년부터 2007년 영주귀국하기 전까지 사할린 한인노인회에서 활동하면서 '청춘' 한인청소년예술단을 만들어 한인 3, 4세들과 활동하였다. 그녀는 영주귀국 후에도 '이산의 한'을 부르며 봉사하고 있다.

7장에서는 코르사코프시 한인이산가족회의 회장을 역임한 김성수 어르신의 귀향을 위한 노력과 좌절을 이야기로 꾸몄다. 김성수는 1941년 사할린의 브이코프 탄광 근처에서 태어나 10학년을 졸업 후 막노동을 하였다. 그는 정년퇴임 후에 코르사코프시 이산가족협회의 회장을 역임하며 영주귀국을 위한 운동을 하였다. 그의 몸은 지금 여기 부모의 고향에 있지만 마음은 자녀가 있는 사할린에 가 있어 또 다른 마음의 병을 앓고 있다.

8장에서는 문정현 어르신의 고난 속에서 가족을 지켜낸 이야기를 그렸다. 문정현은 1938년 샥조르스크에서 태어나 사범대학을 졸업하고 이중징용을 가신 아버지를 찾는다. 그리고 우여곡절 끝에 24년 만에 아버지를 만난다. 그의 이야기에서는 미처 행복한 가정을 꾸리지도 못하고 저세상에 가신 아버지, 남편과 남은 인생 오순도순 살아보지도 못하고 일만 하다가 외롭게 저세상에 가신 어머니, 결혼을 6개월 앞두고 예쁘게 집 손질하다 처참하게 저세상에 가버린 둘째 아들의 이야기를 적었다.

6장
청춘예술단에 인생을 담아: 김부자의 이야기

김부자는 1944년도에 사할린에서 태어났다. 그의 부친은 충청북도에서 태어나 1941년도에 징용으로 사할린에 가서 탄광에서 일하다가 1946년도에 탄광이 무너지는 바람에 얼굴에 심한 화상을 입고 고생하시다가 돌아가셨다. 그녀가 2살 때의 일이다. 아버지가 화상을 입어 정상적인 생활을 할 수 없게 되자 어머니마저 가출했다. 졸지에 고아가 된 42년생인 오빠는 다른 집으로 입양이 되고, 김부자는 옆집에 살던 한인이 데려다 키워주어 부모가 언제 어떻게 만나서 결혼을 하였는지, 부모가 어떻게 생겼는지 기억을 못한다.

김부자를 거두어 준 옆집의 한인의 가정에는 이미 자녀가 5명 있는 데다가 데려다 키운 아이가 3명이 있었다. 김부자는 8남매 속에서 자라면서 8살 때부터 살림살이를 도맡아 하게 되고 어머니한테 귀가 떨어질 정도로 매섭게 혼나가면서 소녀시절을 보냈다. 그녀의 오빠는 1959년도 17살 나이에 북조선으로 갔다가 적응을 못해 러시아로 넘어오려다 붙잡혀서 감옥에 갇혀 몇 번 탈옥을 시도하다 실패한 뒤 감옥에서 사망하였다.

김부자는 더부살이를 하면서도 사범대학에 들어가 1960년 5월 1일에 남편 최복이를 만나 4년 동안 연애를 하였다. 남편은 김부자의 권유로 건축회사에서 용접공으로 일하며 유즈노사할린스크 조선 중학교에 입학하여 1964년 졸업과 동시에 통신대학에 진학하였다. 김부자는 사범학교를 졸업 후 발령받기 직전에 결혼 신고부터 하여 북쪽 외지로 발령받는 것을 피하고 코르사코프로 발령받아 조선학교에서 1년을 근무하였다. 그녀는 1964년 11월에 결혼하여 슬하에 아들 하나와 딸 하나를 두었다. 남편은 사할린주 우리말TV방송국의 기자로 활동하였다.

김부자는 1993년부터 유즈노사할린스크 사할린주 한인노인회에서 일하였다. 그녀는 한인노인회에서 일하면서 1997년 8월 15일에 예술단을 조직하였다. 처음에는 노인들로 구성하여 미약하였지만, 해가 거듭될수록 한마음이 되고 고향을 그리워하는 표현들이 이심전심이 되어 회원들도 많았다. 그녀는 노인들이 내 고향 가고 싶은 마음을 작사 · 작곡하여 부르면서 1999년도에 청춘예술단을 조직하였다. 청춘예술단은 젊은 청년들이 많아 해마다 3~4번씩 공연을 하였고 공연할 때는 조용필의 〈돌아와요 부산항에〉로 막을 열었다.

그녀는 사할린주 한인노인회에서 일하면서 사할린 한인을 위한 탄원서를 국회에 제출하기도 하고 일본 영사관 앞에서 시위도 하였다. 2004년 세계한민족여성네트워크 회의에 참석하고자 한국에 왔던 차, 노무현 대통령의 초청으로 9명이 청와대에 방문한 적이 있었다.

김부자는 칠십 평생을 한가하게 쉬어 본 적 없이 가사와 사업, 그리고 남을 위한 봉사로 살아오면서 노래로 이국에서의 설움과 고향의 그리움을 달래면서 한평생을 지냈다. 지금은 아들이 이혼하여 혼자 지내는 손자를 보살피는 것이 가장 마음 아픈 일이라는 김부자는 손자가 대학을 마칠 때까지는 조부모의 손길이 필요하다고 해마다 손자를 보러 사할린에 다녀온다.

〈내 고향〉

작사 · 작곡: 김부자

꿈에서나 그리던 고향
밤마다 눈물 흘리며 지내온 반평생
밤이면 밤마다 밤하늘 바라보면서
고국산천 부모형제 그리면서
살아오신 우리 부모님
살아생전에 오지 못한 고향 산천에
이제야 찾아 왔건만
나를 반기는 사람 하나도 없고
이 가슴 허전함의 내 가슴 시려오네
부모 생각 가슴 저리네

1. 모녀의 생이별

김부자는 1944년도에 사할린에서 태어났다. 그의 부친은 고향이 충청북도이고 41년도에 징용으로 사할린에 끌려갔다. 1946년도에 탄광이 무너지는 바람에 부친이 화상을 입고 고생하다가 돌아가셨다. 그녀가 두 살 때 부친이 돌아가시고, 바로 어머니마저 가출을 하여 부모가 언제 어떻게 만나서 결혼을 하였는지는 기억을 못하고 42년생인 오빠가 있다는 것만 알고 있다.

"아버지 고향이 충청북도인데요. 아버지가 41년도엔가? 끌려가셨어요. 탄광에서 일을 하시다가 거기서 어머니를 만났는지, 그러니까 오빠가 42년생이고 내가

44년생이요. 예, 1946년에 아버지가 일하던 그 탄광 무너지는 바람에 아버지가 심한 화상을 입고, 어머니는 우리 두 남매를 남겨놓고 가출을 했어요. 아버지가 고생하시다가 돌아가셨다는 얘기를 들었어요."

1946년, 김부자가 두 살 때 아버지가 일하던 탄광이 무너져 아버지의 얼굴에 심한 화상을 입었다. 아버지가 화상을 입고 얼굴이 흉측하게 변하자 어머니는 두 남매를 남겨 놓고 가출을 하였다. 어머니가 가출을 한 후 아버지는 화상으로 고생을 하다가 결국 돌아가셨다. 그러자 오빠는 다른 집으로 입양이 되었고 김부자도 옆집에 사는 한인 가정으로 입양이 되었다. 그 집에는 이미 자녀가 5명이 있었고, 김부자처럼 데려다 키운 아이가 3명이나 있었다.

"내 5살 때 나를 낳아준 어머니를 본 거 같아요. 그때 빨간색 원피스를 사 가지고 와서 나랑 같이 가자고 했는데, 나는 어머니와 산다고 안 가겠다고 울었던 것을 기억해요. 암만 생각해도 그 여자가 나를 낳아준 내 친모 같애요."

김부자는 5살 때 생모가 빨간 원피스를 사 가지고 와서 같이 가자고 하는 것을 뿌리치고 길러 준 어머니와 살겠다고 고집을 피웠던 기억이 있지만, 실제로 그 사람이 자기를 낳아준 생모인지는 정확하게 알 수 없다. 그리고 길러 준 부모와 형제가 내 부모 내 형제겠지 하고 열심히 살았다. 그녀는 8남매 속에서 살림살이를 도맡아 하게 되고, 잘못하면 어머니께 귀가 떨어질 정도로 매섭게 혼나가면서 소녀 시절을 보냈다. 12살 때 옆집 할머니가 같이 사는 어머니는 생모가 아님을 귀띔 해주었지만, 알고도 모른 척 부모를 봉양하면서 살았다. 왜냐하면 딱히 갈 곳도 없고 밥 먹을 수 있는 것만으로도 고마운 형편이었기 때문이다.

"그니까 그 동네에서 내만 아니고 또 두 집이 그런 아이들 키우는 집이 있었는데 갸는 자식 없는 집에서 사니까 참 곱게 컸어요. 저는 뭐, 그 집 식구만 해도 많고 하니까 그 집에서 살림을 다 내가 한 거예요. 한 7살, 학교 가기 전부터 밥하고 뭐 청소하고 막 빨래 빨고, 그 허드렛일은 내가 맡아 가지고 다 하고. 키워준 아버지가 무슨 일 하셨는가 하믄 그때만 해도 소련 군대들 이륙시키는 일 하시더라고요, 보니까. 여기로 말하믄 통장이나 반장이나 이렇게 된 거 같아요. 낮이면 사람들 데리고 와서 점심 식사 하는데 그 점심 식사도 내가 어머니랑 같이 요리 만들어서 주고, 거의 30명 되는 거 같애요. 다 식사하고 가면 이제 그걸 설가지 다 하고 했어요. 뭐 그때까지는 몰랐는데 그다음에 이제 친어머니가 아니라는 소리 듣고 생각하니까 너무나 서운한 거예요. 한 달쯤 어머니라고 부르지 않았는데, 어머니라고 부르지 않았다고 또 맞았어요."

김부자는 어린 나이에 밥 짓고 설거지하고 빨래하는 일들과 아버지 직장 직원들의 점심식사 뒷바라지 등 하루 종일 일만 했다. 8남매 속에 유독 김부자만 집안일을 했는데 집안일이 힘들어서 서러운 것이 아니라 김부자가 친딸이 아니었기 때문에 어머니한테 구박을 받았다는 사실이 그녀를 서럽게 했다. 하지만 그 당시에 김부자는 친딸이 아니라는 사실을 알았다고 해도 어쩔 수 없었다. 부모 형제 피붙이가 없었기 때문에 달리 갈 데가 없어 참고 견디는 수밖에 없었다.

1951년도 초등학교에 입학하여 4학년을 마치고 5학년부터는 우다르니 도시에 있는 기숙사 생활을 하면서 7학년을 마쳤다.

1960년 유즈노사할린스크에 있는 사범학교 시절에도 기숙사 생활을 하였다. 그 당시 5~6세 위의 언니들과 함께 생활을 하면서 김부자는 사랑을 많이 받으면서 무난히 학교생활을 하였던 것으로 기억을 한다. 그때 언니들과의 인연이 오늘날까지 이어지면서 친동기간만큼 가까이 지내고 있다.

2. 오빠와의 두 번째 이별이 마지막이 되다

1959년도, 김부자가 17살 때 기억으로 그녀의 오빠가 북조선으로 갔다. 1945

년 해방 직후, 한반도가 미국과 소련에 의해 분할 점령당해 마침내 남쪽에 친미 반공 정권을 수립하기 위해 단독 선거가 강행되었고, 당시의 재일 조선인의 실업률은 60% 이상에 이르렀다. 1959년도 북조선 상황은 김일성의 1인 독재체제를 더욱 견고하게 다져나가던 시기였다. 1959년에는 유명한 재일교포 북송사업이 있었다. 재일교포 북송(在日僑胞北送)은 1959년 12월부터 1984년까지 일본에 있는 재일 조선인들을 일본 정부와 북한, 조총련 등이 협조하여 일본에 거주하던 조선족이나 북한을 지지하는 사람들을 북한으로 보내는 사업을 말한다. 그래서 재일조선인북송사업(在日朝鮮人北送事業)이라 하기도 한다. 일본과 북조선 양국의 적십자 협정에 근거해 1959년 재일 조선인의 북조선으로의 '귀국 사업'이 시작되었는데, 이에 임하는 일본 정부의 자세가 '인도주의'로 위장한 사실상의 추방 정책이었다는 것이 최근의 연구에서 밝혀졌다(테사 모리스 스즈키, 「조선인 '귀국' 사업에서 신자료」, 《朝日新聞》, 2004년 9월 21일자).

"오빠가 북조선에 가 가지고 사할린에 오는 사람한테 내 사진을 보여주면서 내 동생 있으니까 이거 꼭 전해달라고 찾아 달라 했대요. 89년도에, 그래서 이제 어떤 분이 찾아와서 사진을 받아 보니까 내 사진이었어요. 근데 이제 오빠는 죽었어요. 감옥에서 오랫동안 있다가 결혼도 못하고, 그냥 대학교만 졸업하고 사할린으로 도망 오다가 붙잡혔으니까 이제 감옥에 있다가 돌아가셨죠. 예, 감옥에서 한 20년 있었던 거 같아요. 그래서 내 이제 북조선에 간다고 한번 가보겠다고 했는데 당국에서 허가를 안 해줬어요. 몇 번 거절당했어요. 그래서 나는 한번도 못 가봤어요. 갈라했는데 그때 못 가서 오빠랑은 한번도 못 만나고 영영 이별이 되었어요."

유년 시절을 보냈던 부모님들도 김부자만 남겨놓고 북조선으로 가려고 준비하였다. 그때의 설움은 지금도 잊을 수가 없다. 길러주신 어머니는 북조선을 8번 갔다 오면서 북에 있는 오빠를 몇 번 만났다고 한다. 오빠는 북쪽에서 생활하는 것이 생각과 다르고 적응을 못해 러시아로 넘어 오려다 붙잡혀서 감옥에 갇히고 그 후 몇 번 탈옥을 시도하다 실패한 뒤 감옥에서 사망하였다고 한다. 오빠가 살아있을 때 1989년도에 북조선에서 온 사람한테 사진 한 장을 받았다. 오빠는 오빠 친구한테 사진을 주면서 동생한테 전해달라고 간곡히 부탁하고 20년 동안 감옥 생활 끝에 생을 마감했다. 단 한 명의 혈육이었던 오빠마저 북조선으로 가서 허망하게 목숨을 잃은 것을 알았지만, 오빠와 헤어진 이후 오빠를 본 적도 없고 같이 생활한 적도 없어서 그런지 남의 얘기를 듣는 것만 같았다.

3. 남편과의 만남

김부자는 1960년 사범학교 1학년 때 장학금으로 12원을 받았다. 오로지 그 돈으로 한 달을 생활해야 하는 아주 어려운 시절에 남편을 만났다. 남편 또한 술도 담배도 안 피우고 정직한 사람이었지만 경제적으로 아주 어려운 형편이었다. 남편은 형편이 어려워 점심 먹는 것을 아껴가면서 1원씩을 모아 일주일에 한 번씩 학교로 김부자를 찾아와 데이트를 하였다. 그렇게 4년을 만났다.

> "사범학교가 4년 공부하는데 1년 공부하고 다 안 끝났어요. 이제 1학년 졸업시험 칠 때 5월이었는데 남편을 만났네. 시내에서 사니까 이제 처녀, 총각들이 그때 이제 모아 가지고 막 왔다 갔다 하고, 총각들이 서 있는데 우리 친구들이 말하기를 저 사람(남편)이 제일 좋다는 거예요. 참 마음도 좋고 첫째로 술도 안 마시고 담배도 안 피우고 정직해서 좋다는 거지. 그런데 남편이 참 잘 못살았어요. 나처럼 가난했어."

김부자가 사범학교를 다닐 때 남편을 만났다. 남편은 고등학교를 나와 회사에서 일하는 가난한 사람이었다. 그러나 착하고 성실하여 싫지 않았다. 남편은 김부자를 만나기 위해 밥을 안 먹고 돈을 아껴 주말이면 데이트를 하였다. 이렇게 4년 동안 사귀고 있을 때 김부자의 선생님은 둘이 연인 사이라는 것을 알았고 두 사람이 결혼하기를 원하셨다. 선생님은 만약에 두 사람이 결혼하지 않으면 북쪽 외지로 발령을

[사진 6-1] 조선학교 근무 당시 김부자와 제자들

낼 것이라고 협박 아닌 협박을 하며 김부자에게 결혼하라고 권하였다. 그래서 김부자는 사범학교 졸업 후 조선학교로 발령받기 직전에 혼인 신고부터 하여 북쪽 외지로 발령받는 것을 피하고 코르사코프의 시내에 있는 조선학교로 발령받아 1년 동안 아이들을 가르쳤다.

> "나는 딱 1년. 그것이 언젠가 하면 63년도부터 64년도까지 가르쳤어요. 옛날에는 우리 조선학교라 했지. 코르사코프 조선학교에서 1년을 가르쳤는데 1964년에 조선학교가 없어졌어요. 그래 그만두고 결혼했지요. 그리고 남편한테 얘기했어요. 더 공부 안 하면 결혼하지 않겠다. 다른 친구들은 다 남편들이 공부를 많이 했어요. 나도 사범대학을 댕겼으니 남편도 공부를 더 해야지요."

학교 선생님의 권유로 혼인 신고를 하여 먼 곳으로 발령나는 것은 면하였다. 코르사코프에서 아이들을 가르칠 때 소련에서는 조선 사람들이 어느 정도 소련에 동화된 것을 알고 조선학교를 폐지하라는 영을 내려 각 지역에 있던 모든 조선학교가 폐교하였다. 사실 조선학교가 설립된 것도 조선 사람이 좋아서가 아니라 조선 사람들을 동화시키고 소련의 사상을 주입시키기 위함이었다.

1964년 그녀가 근무하던 조선학교가 폐쇄되고 그해 11월에 결혼하였다. 김부자는 남편한테 계속 공부하라고 설득하여 남편은 야간학교로 입학을 하였다. 김부자 또한 통신대학 경제학과에 진학하여 69년도에 졸업을 하였다. 대학을 다니면서 65년도에 첫아이를 낳고 2년 후에 둘째를 낳았다.

[사진 6-2] 김부자의 결혼(1964)

> "시집에 들어가서 보니까 있죠. 시어머니가 돼지고기 같은 거 사가지구 볶잖아요. 죽어도 안 줘요. 자기 딸내미하고 사위한테만 주는 거예요. 그래서 시어머니가 남편의 친어머니가 아닌 거 같다는 생각을 했어요. 내 친정어미는 친딸이 아닌데두 이렇게 안 해요. 근데 시어머니는 어머니라 하면서 왜 남편이 먹는 것을 아까워 하구, 우리 아이들은 왜 고기 안 주는가? 손자잖아요. 언제든지 내 50년 살면서두 말했어요. 친어머니 아니라구. 친어머니 아니다. 그럼 대꾸도 안하구 참고, '병아리를 키울 때 가을에 성공한다'는 러시아 속담이 있어요. 이것은 잘 살면 '우리 보답이다'라는 뜻이에요. 하여튼 어떻게 돼도 우리만 잘 살면 된다고요."

시집가면 시어머니를 친정어머니처럼 모시고 살고 싶었다. 그러나 시어머니는 근본도 없이 자란 며느리가 마음에 들지 않는다고 시집살이를 많이 시켰다. 결혼하고 아이를 낳고 기르면서 직장 생활할 때 시어머니가 남편한테 홀대하는 것을 알았다. 시어머니는 당신 딸과 손자들한테만 맛있는 것과 좋은 것을 주는 등 편애하는 것을 보고 양어머니도 먹는 것은 동등하게 주었는데 이상하다고 생각하고 있었다. 시어머니가 남편한테 한 것을 생각하며 김부자도 어머니가 그 당시 북조선을 여덟

[사진 6-3] 김부자와 가족
김부자의 아들과 딸이 유치원에 다닐 때 찍은 사진이다.

번이나 들락날락하면서 자기 손자까지 이불감으로 비단 천을 사다 주면서 끝내 그녀에게는 아무것도 사다 주지 않았던 서운함을 떠올리며 지금도 서운함이 남아있다고 했다.

시어머니가 평상시 밥상에서 남편한테는 좋은 반찬을 주지 않고 딸 둘만 거두는 것을 보고 속이 상했다. 그래서 김부자는 시어머니가 남편의 친어머니가 아닌 것을 눈치챘다. 그러나 착한 남편은 어머니가 친어머니인 줄 알고 지냈다. 1992년도에 시어머니랑 대구 친척집을 방문하고 잠자리에 들었는데 시어머니와 삼촌이 대화하는 것을 듣고 친어머니가 아니라는 사실을 확실하게 알았다. 아버지가 여러 번 바뀌었지만 어머니는 친어머니인 줄로만 알았던 남편은 이를 모른 척하며 지냈다.

김부자가 결혼할 때 시어머니한테 남편의 성을 찾아 달라고 애원했지만 시어머니는 그 청을 들어 주지 않고 돌아가셨다. 돌아가신 날 남편이 상주 노릇도 하지 못하고 천대를 받았던 시절을 생각하면 남편이 측은하게 여겨져 잘해줘야겠다는 생각을 하게 된다.

4. 길러 준 어머니의 마지막 모습

김부자의 결혼생활은 순탄하였다. 함께 자란 오빠 둘이 대학을 졸업하고 결혼하면서 분가하고 시어머니와 같이 살던 김부자도 1969년도에 집을 사서 분가하였다. 친정집이 가까워 먹을 것이 있으면 동생과 어머니한테 갖다 드리며 효를 실천하려고 애를 썼다. 동생들이 친동생은 아니지만 눈에 밟히고 어머니가 길러 준 것을 생각하면 그러지 않을 수가 없었다. 14년을 그렇게 살다가 어머니가 하바롭스크로 이사를 갔다. 처음에는 먼 데로 가니 홀가분한 마음에 좋았지만 오히려 시간이 지나면서 걱정이 더 되어 휴가 때면 찾아가게 되고 더 마음이 쓰였다.

> "좀 먼 데로 가면. 내가 거기서 좀 해방 나는 거 같다고 생각했는데 그렇게 안 되더라구요. 먼 데 보내고 나니까 더 걱정스러운 거예요. 그래서 일 년에 한 번 회사에서 휴가 주면 또 거기 찾아가는 거예요. 가서는 집수리도 하고. 어머니 돌아가실 때 돼서 우리 집에 모셔 와서 내가 다 받아내면서 그렇게 했는데, 어머니가 내 손을 잡으면서 원래는 니가 내 딸이 아니다. 그때 말씀을 하시는 거예요. 그래서 어머니 내는 알고 있었어요 했더니 너 어떻게 언제 알았냐. 그래서 열두 살 적에 강술래라는 분이 말해줘서 알았다 하니까 그런데 너 이때까지 41년 돼도 말 안 했는가 하고요. 말해서는 뭐 해요. 내 또 내를 키우지도 않은 어머니한테 찾아가서 뭐 하는데. 지금 엄마가 내 엄마지, 다른 사람은 내 엄마라고 생각해 본 일이 없었다고 하니까 울면서 참 미안하다. 너를 좋아도 때리고, 나빠도 때리고, 딴 사람이 잘못해도 너를 때리고, 하여튼 너한테 분풀이했다고 얘기를 하면서 너도 불쌍하게 자랐지만 야도 불쌍하게 자랐으니까 너희들이 둘이 불쌍하니까 끝까지 잘살아라. 그렇게 하면서 우리 손에서 돌아가셨어요."

김부자는 길러 준 어머니가 돌아가실 때쯤 회사 사장의 직위에 있어 출퇴근하면서 아픈 어머니를 들여다 볼 수 있었다. 4개월간은 남편과 함께 전심전력을 다해서 효도를 하였다. 남편은 어머니 친구들을 모시고 와서 어머니와 함께 지내달라고 하고 김부자는 밤에 함께 자면서 봉양을 하였다. 어머니도 김부자가 지극정성으로 간호하는 것이 안쓰러웠는지 밤에 잘 때 엉금엉금 기어서 화장실에 다녀오시는 것 같았다. 딸이 잠에서 깰까봐 살며시 다녀오신 것이다. 무릎이 빨개진 것을 보고 알아차렸다고 한다.

돌아가실 때쯤에는 모녀간에 있었던 갈등과 딸을 구박했던 것을 모두 사과 하면서 장례까지 부탁을 하였다. 그러나 친아들이 있어 상의하니 그동안 극진히 모셔 준 것만도 고마운데 어떻게 장례까지 맡기냐면서 큰아들이 모시고 갔다.

> "큰아들, 하여튼 어머니 제사라도 그날은 왔다 갔다 하면 불안이 생기는 거예요 그날은. 그래서 제사도 안 오고. 못 오게 해 동생이. 형이 자기 형님 못 오게 하니까… 이상하죠? 그래 지금까지 안 다녀요."

어머니가 돌아가실 것 같다는 연락을 받고 달려왔다. 아들이 보는 데서 눈물을 흘리시더니 아들이 도착한 지 15분 만에 눈을 감으셨다. 아마도 아들이 보고 싶어서 기다린 것 같다. 어머니가 돌아가신 후 큰아들네 집에 좋지 않은 일만 계속 생겨 점쟁이 할머니한테 물었더니 큰아들네 집에 있기 싫어서 그러니 작은아들이 모시는 게 좋다고 하여 지금까지 작은아들이 제사를 지낸다. 큰아들은 제삿날에 아예 못 오게 하여 가지 않는다고 한다. 어머니가 살아계실 때 큰아들보다는 작은아들에게 더 의지하고 기대고 싶어 하시던 어머니의 마음이 돌아가신 후에도 작은아들한테 연연하시지 않았나 하는 생각이 들 정도로 기이한 일이 벌어졌음을 느꼈다.

5. 사할린주 한인노인회와의 인연

김부자는 1993년부터 유즈노 사할린스크 한인노인회에서 일하였다. 그녀가 부산을 오가며 유통업을 하고 있을 때였다. 그녀가 한국에 와서 초코파이를 대량으로 사서 커다란 컨테이너에 싣고 사할린으로 가면 그 커다란 컨테이너에 실린 초코파이를 다 팔 정도로 사업 수완이 좋아 수입도 좋을 때였다.

그녀가 사할린주 한인노인회에서 일하게 된 것은 어느 날 우연히 사할린 한인 동포들의 회의가 있다고 하여 잠깐 회의장에 들렀다가 많은 사람들 앞에서 봉변을 당하고 있는 사할린주 한인노인회의 회장을 목격한 후이다. 불의를 보면 못 참는 그녀는 사할린 한인노인 회장이 무엇을 어떻게 잘못해서 봉변을 당한 건지 하나에서 열까지 모두 따져 회장의 정당함을 밝힌 적이 있었다.

> "노인회에서 회의를 한다고 해서 잠깐 들렀는데, 거기에 모인 사람들이 노인회 회장한테 함부로 말하고 싸움이 벌어진 거예요. 돈 때문에요. 그래서 사할린에서 누가 이 노인한테 용돈 주신 사람 있으면 손 들어보시오. 그리고 얼마씩 줬습니까. 결산 보고는 내가 도와드리겠습니다. 한 명도 손 안 드는 거예요. 아무도 없습니까, 하니까 다 조용하게 있는 거예요. 그러면 당신들이 무슨 권리로 이 노인한테 결산 보고 하라 하냐. 첫째로 한국에서 가서 돈 구해 가지고 이 사람이 쓰는 거는 한국 사람들한테 가서 결산보고 하는 거지 당신들한테서 결산보고 하는 거 아니다. 그 노인한테 할아버지, 왜 이 사람들한테 압박받고 앉아 있는가. 좋은 내 밥 먹고, 고향 가고 싶어서 애쓴 죄밖에 없는데 왜 이 사람들 앞에서 머리 숙이고 있냐? (하략)"

그 후 부산에서 일을 하고 열흘 후 집에 도착하니 어떤 노인이 전화를 여러 번 하였다는 소리는 들었지만 관심 없어 사업에만 열중하고 있었다. 그 노인은 김부자를 만나기 위해 6개월을 기다렸다며 눈물을 글썽이면서 도와달라고 간청을 하셨다. 그 노인은 김부자를 만나자마자 손을 덥석 잡더니 김부자의 부모님과 그녀가 어떠한 환경에 있었는지를 다 말해주며 아직도 이러한 억울한 분들이 많으니 그분들을 위해 같이 일할 사람이 필요하다고 말씀하셨다. 게다가 남편은 그녀가 유통업 하는 것을 못마땅하게 여기고 있던 터라 남편도 옆에서 회장님을 도와 노인회의 일을 하며 아이들을 키워주길 바라고 있었다. 하지만 김부자가 노인의 청을 받아들여야 할지 망설였는데 그 이유는 사업이 아주 잘되어 부를 축적할 수 있는 기회였기 때문이었다. 그러나 아버지 같은 노인의 권유를 뿌리칠 수가 없었다.

> "그래 가지고 인제 하겠다는 말도 못 하고. 잘 모르겠는 거예요. 생각할 시간을 줘야죠. 사업이 잘될 때니까 돈을 벌 수 있는 정말 좋은 기회였단 말이요. 그래 망설이고 있었지요. 그니까 우리 남편이 우리말방송국의 기자였어요. 우리 남편이 지금 장사하는 걸 영 반대했었어요. 아, 치아뿌리고 들어가서 노인들 도와주라는 거예요. 많이 망설였지요."

김부자 남편은 사할린 우리말TV방송국의 기자로 재직하면서 KBS 통신원으로도 일하였다. 그 덕에 방송국에 자주 올 수 있는 손자는 아나운서나 가수가 되어야겠다는 꿈을 꾸었다고 먼 옛날을 회상하였다.

사할린은 서울올림픽을 계기로 한국과 동구권 국가들의 수교가 진행되고, 1990년 소련과의 수교가 이루어졌다. 한국 정부의 '북방외교'는 그동안 불가능했던 직접적인 교류를 할 수 있게 했다. 하바롭스크까지 정기 항공노선이 만들어졌고, 사할린 한인들은 드러내놓고 말할 수 없었던 '고향으로의 귀향'을 두려움 없이 행동으

울에도 분망하다

에 50–60 톤씩

한 시비는 수확고를 높이는 기본 담보로 될 것이다.

종합 수리소에서 수리하고 있는 뜨락또르들이 곧 들어 오면 유기 비료 반출 속도는 훨씬 높아질 것이다. 비료 반출 작업에서 정 재근, 뻘랴꼬브, 베쓰꾸노브 기계사들은 매일 과제를 170% 이상 실행하고 있다.

《꼼쏘몰레쯔》 쏩호즈 쏘꼴 지부에서

통신원 토 구홍

당의 충실한 보조자들

우리 통신원들의 사업

우리 마까로브에는 《레닌의 길로》 지 애독자들이 많다. 그들은 자기들의 로력과 생활에 대하여 신문에서 자주 읽고저 하며 또 로농 통신원들은 될 수 있는 대로 좋은 기사들을 신문에 투고하려고 한다. 도시에서 하나의 로농 통신원 초소를 이루어 사업해 오고 있었다. 이 초소의 사업이 잘되여 간다고는 볼 수 없다. 신문 지상에는 마까로브 근로자들의 로동 모습, 생활이 실리기는 하나 아직도 그것이 매우 적다.

[사진 6-4] KBS 통신원으로 일하고 있는 김부자의 남편

로 옮길 수 있게 되었다.

이러한 상황에서 1989년 사할린주 이산가족회와 1990년 사할린주 한인노인회가 결성되어, 한인들의 모국 방문과 영주귀국의 업무를 담당하게 된다. 1992년 한국 정부는 일본군 위안부 문제와 함께 사할린 한인 문제 해결을 일본 정부에 공식 요구하기로 하고 피해 배상을 위한 특별대책반을 구성했다. 그리고 무국적 사할린 한인들이 한국 국적을 취득할 수 있도록 러시아 연방 측에 협조 요청을 계획하였다. 또 무연고 동포들의 귀국 후 생활터전을 마련하는 데에 정부 예산을 반영하는 방안을 검토하였다. 한일 양 정부가 이 문제를 정식 외교 문제로 다루기 시작한 것이다.

6. 꿈에 그리던 모국 방문

1990년대 사할린의 사회단체는 우후죽순처럼 난립해 있었다. 초기 고려연연합회에서 자생된 사할린 사회단체는 1989년 고려인연합회에서 사할린주 한인노인회로 정식 발족됨에 따라 한인협회의 활동상도 점점 커지기 시작해 사할린주 한인회, 의사협회, 교육협회, 태권도협회, 이산가족회, 새고려신문사, 우리말방송국, 시노인회 등으로 확산되기 시작했다.

그 원인은 88올림픽 이후 한국 문이 열려 고대하던 형제를 만나는 길만이 유일한 희망이 되었던 시기였고 친척을 찾아준다는 한국의 '이산가족회'가 조직되었다. 그로부터 1992년부터 사할린 사회단체는 급속도로 형성되어 한인협회 소관의 관리위원회로 출발해서 2005년 한때는 25개까지 사회단체가 자생하였다. 한인협회의 관리위원회에는 사할린 주요 사회단체뿐 아니라 방송언론단체까지 포함되어 있었는데 지금은 우호적인 단체만 참여하고 있고 각자의 단체들은 편을 갈라 현재는 독립단체를 유지하고 있다.

"그러니까나 그 1990년대 우리 사할린의 사회단체는 우후죽순처럼 엄청 많이 생겼어요. 인자 초기 고려연연합회에서 자생된 사할린 사회단체가 1989년 고려인 연합회에서 사할린주 한인노인회로 정식 발족되었죠. 그러면서 인자 한인협회의 활동상도 점점 커지기 시작했어요. 그 뭐라나 의사협회, 교육협회, 태권도협회, 이산가족회, 시협회, 신문사, 우리말 방송국, 시노인협회 점점점 커졌지요. 에구 말하면 뭐 해요. 서로 싸우느라고 바람 잘 날이 없었어요. 주 정부 보기에 부끄러울 마치 허구한 날 싸움이었고 중상모략이 난무하였고 에구."

딱히 몇 단체의 활약상이라고 말할 순 없지만 현재는 12단체에서 한인협회와 한인연합회로 나누어져 있다. 방송언론도 각기 다른 우호적인 단체에 치중하고 있다. 정치적 목적과 스포츠, 의술 등 기타 사회단체는 제외되었으며 사할린을 대표하는 단체로는 사할린주 한인협회, 한인연합회, 주노인회, 이산가족회가 주목받고 있었다.

많은 사회단체들의 노력이 인정되지만 지난 1992년부터 1996년까지의 사할린주 한인노인회의 활약은 입지적 성과가 있었으며 문서에 확연히 인정되어 있다. 사할린주 한인노인회는 사할린 한인의 권리를 찾기 위해 여러 가지 사업을 하였다. 그중 사할린 한인 1세들의 영주귀국을 위해 일본 영사관에 찾아가고, 대한적십자,

[사진 6-5] 영주귀국을 위해 거리 시위 중인 김부자

1996년도 서울에서 김부자는 영주귀국을 위한 시위에 참여하였다. 오른쪽 사진에 작은 아이는 김부자의 손자이다.

청와대 앞에 가서 데모도 하고 서울역에 가서 거리 시위도 했다. 당시 데모를 하기 위해 사할린주 한인노인회의 사람들이 서울역 근처의 쪽방에서 잠을 잤다. 그때는 남편이 사할린에서 유일하게 있는 우리말TV방송국의 기자로 활동할 때였다.

> "우리가 서울역에 와서 데모할 때는 누가 돈을 줍니까? 우리가 자비로 비행기 타고 와서 자비로 밥 먹었지요. 다행히 잠자리는 우리 남편이 당시 사할린 우리말 TV방송국의 기자로 있을 때니까나 KBS방송국으로 연수를 왔단 말이요. 그래 혼자 있으니까나 남편 방에서 쪽잠을 잤지요. 요래 쬐그만한 빵 하나 사다 놓고 한 쪽씩 먹고, 눈 뜨면 다시 서울역으로 어디로 다니고. 그때 엄마 없는 손자를 내가 데리고 다녔어요. 이 아이가 그 손자예요."

한인협회에서는 94년 6월 2일 김홍지 회장과 노인회 회장 박해동이 사할린동포를 대표하여 항의도 하고, 김영삼 대통령 모스크바 방문 계기로 우리의 요구 조건을 전 세계 언론기자들에게 호소하였다. 6월 26일~7월 27일까지 다시 한국을 방문해 영주귀국, 보상 문제를 조속히 해결하기 위해 한국 정부 관계자들과 만났다. 1차 대표단의 모국 방문에 이어 2차 대표단의 방문 중에 한국 정부는 경기도 안산지방에 1세 영주귀국자들을 위한 500세대 규모의 아파트를 짓는다고 밝혔으며 내년에 완공될 예정인 인천의 요양원 시설로 1세 노인들이 영주귀국할 수 있다는 답변을

[사진 6-6] 일본영사관에서 사할린 한인노인회 회원들과 함께(1996)

일본 영사관에서 박해동 회장과 적십자사 총재, 부총재와 함께 찍은 사진이다.

얻어내었다.

"사할린한인노인회 회장인 박해동 회장님이 6월 달에 돌아가셨어요. 6월 5일 날 우리 사할린서 떠나서 여기로 왔는데, 와서 이제 연수동 적십자 병원 있잖아요. 거기다가 양로원을 져야 하는데 주민들이 반대를 해서 거기 못 진 거예요. 그렇게 집 못 져 가지고 우리 10월에 또다시 나온 거예요. 노인들 모셔 가지고. 그니까 회장님하고 부회장하고 내하고, 지금 안산에 아직 살아계시는 김순금 여성회 회장, 김도영 회장님이라고 있어요. 인제 다섯 명이 우리 나왔어요. 안산 '고향마을'이라고 있습니다. 고향마을에 지금 아파트 여덟 개 있어요."

회장단과 김부자 씨의 노력으로 영주귀국해서 살 수 있는 마을을 만들려고 몇 번의 고향 방문과 정부와의 협상 끝에 안산에 작은 터전을 만들게 되었다. 97년도에 사할린 사람들만 모여서 살 수 있는 땅을 안산 시장님으로부터 불하를 받아 고향마을이라는 이름까지 지은 어렵게 구한 땅이었지만 공사업체를 잘 못 만나 부도가 났다.

김영삼 대통령을 만나려고 청와대로 가서 또 사정을 하였다. 집 짓는 시간 기다리기도 바쁜 노인들이니 100가호만 우선 지어 주면 빨리 귀국하겠다고 하였다. 그래서 허가 받은 곳이 인천 삼산동, 발산동이다. 영주귀국이 결정되어 나이 제한이 30년도로 1세들만 먼저 나가는 것으로 하였으나 그들이 겁에 질려서 쉽게 귀국하기가 힘들었다.

"겁이 나서 못 나가시는 거예요. 그래서 그때 백 가구 받았는데, 87가구밖에 못 나갔어요. 살다보니까 괜찮잖아요. 그래서 이제 그렇게 하다가 인제 2001년에 공사 다 끝나고 이제 영주귀국하기 시작했는데 2월에 시작했어요. 하여튼 일을 많이 했어요. 남모르게 일 많이 했어. 그니까 사할린에서도 서로 싸우고. 우리를 일 못하게 하고. 막 사무실도 쫓겨나고."

김부자는 사할린에서 공산당에 가담되어 있는 한인들로부터 어려움을 겪고 시달림을 받았다. 2000년도에 나오려고 접수하고 적십자사에서 허가도 받았으나 최종 사인을 받지 못하여 영주귀국 명단에서 제외되었다. 이유는 남아서 협회 일을 해야 한다는 명분이었다.

7. 청춘예술단의 추억

97년 8월 15일에 예술단을 조직하였다. 노인들로 구성하여 처음에는 미약하였지만, 해가 거듭할수록 한마음이 되고 고향을 그리워하는 표현들이 이심전심이 되었다. 노인들이 내 고향 가고 싶은 마음을 노래로 표현하면서 99년도에 청춘예술단을 조직하고 2001년에 블라디보스토크에서 전 러시아 한인들의 노래자랑에 청춘예술단이 참석하였다.

"그니까 자제분들 모아가지구, 한국에서 97년도부터 시작해서 계속 방송했었죠, 99년도에 예술단 청춘예술단. 원래는 내 한인협회당을 만들려고 한 것이 아니라, 우리 여기 박수호란 박사님이 있었어요. 그분이 한번 오라 하더라구요. 내 보니까 그런 재능, 뭐 사람 이끌고, 그런 재능이 있다는 거예요. 그러면서 우리 대학에다가 대학생들… 뭐 예술단 만들면 어떤가? 청춘예술단을 만들자고 약속했는데 러시아 정부에서 그 대학을 인정해주지 않은 거예요. 그러니까 이제 그 대학에서는 못하고 한인협회에서 다 한 거죠. 그때 사할린에 한국교육원이 설립되어 한국 정부에서 류정규(대구 출신) 원장님이 파견받아 유즈노사할린에서 원장님으로 계셨다. 그분이 처음에는 믿지도 않았어요. 단장님께서 이렇게까지 할 줄은 몰랐다는 거예요. 그때 전 러시아 한인. 예술 콩쿨이 있었어요. 거기에 뽑혀서 간 게 아니라 거기에 참석하겠다고 신청하니까 오라 하드라구요. 거기 가서 우리 아이들 1등 했어요. 우리 손자가 인제 1등 한 거예요. 갸가, 95년도에, 96년도에 데모할라고 할 적

[사진 6-7] 사할린 청춘예술단원들과 함께(1997)
앞줄 왼쪽에서 첫 번째가 김부자이다.

에 나와서 다 찍어놨어요. 그래서 지금 이 사진도 있고 그때 13살이었어요."

김부자의 아들은 1967년생이고, 건축을 전공하여 회사에서 과장으로 근무하고 있으며, 며느리는 한국 사람인데 이혼한 상태다. 손자가 노래도 잘하고 할아버지 닮아 목소리가 좋아 아나운서 하기를 원하였으나 동양대학에서 한국영어를 전공하여 회사에 취직을 하였다.

1997년부터 김부자가 단장으로 활동하면서 2001년 러시아 한인 예술 콩쿨대회에서 손자가 〈존재의 이유〉를 불러 1등을 하였다. 당시 손자 나이는 13살이었다. 지금은 사할린 동양대학을 졸업하고 회사에서 부사장직을 맡고 있다. 이삼 년 전에 한국에 올 수 있는 기회가 되었다면 인하대에서 공부하고 싶었다는 손자의 말을 듣고 뭉클하였다. 1996년도에 서울에서 사할린 한인 영주귀국을 위해 데모할 때 할머니를 쫓아 와서 사진을 찍었다는 손자다.

"대사님이 인제 탁 오더니 아. 집에 손자 어떻게. 아 많이 컸죠. 물어보드라구. 그래서 선생님 우리 손자를 어떻게 아시죠. 그러니까 2001년도에 걔 〈존재의 이유〉 노래 들어서, 너무 잘 불러서. 그니까 의미 아니까 그 감정도 나오는 거예요. 러시아에서 사는데 한국말도 한마디 모를 것 같은데, 머리론 그 의미대로 한다. 인사 한

[사진 6-8] 블라디보스토크 노래자랑에서 최우수상을 받은 김부자의 손자(2001)

[사진 6-9] "청춘"한인청소년예술단 창단 5주년 경축 공연에 오른 예술인들(2004)
뒷줄 가운데에 키가 큰 청년이 김부자의 손자이다.

번 못해서 죄송하고. 서로 미안해서 사진도 같이 찍었어요. 같이 놀러도 가고. 참 그분이 똑똑해요. 지금 저기 KBS방송 이사장이 됐잖아요. 그래서 자주 만나요. 한 달에 한 번씩 꼭 만나니까. 막 이렇게 내 거기 한강 포럼 모임에 참석하면 좋은 사랑 많이 받아요. 나이 칠십 넘었는데도 그분들은 다 젊은데 난 나이 어린 것처럼 그렇게 대우해 주는 거예요."

손자는 13살 때 한인 콩쿨에서 1등을 하여 상품으로 비디오카메라를 선물로 받았다고 좋아하였다. 시상을 하신 분이 이인호 러시아 대사님이었다. 이인호(李仁浩, 1936. 5. 19.~)는 대한민국의 역사학자이다. 고려대학교, 서울대학교 등에서 서양사학과 교수로 있었으며, 핀란드 대사와 러시아 대사를 역임했다. 현 KBS 이사장이다. 1998년 7월 주러 한국외교관이기도 했던 당시 이인호 주러 대사가 준 상이었기에 더욱 의미가 있었고, 2007도에 영주귀국해서 한강 포럼이란 단체에 들어가서 만날 기회가 생겨서 더욱 반가웠다. 마침 이사장님께서 손자를 기억하고 계셨다. 러시아에 살면서 한국말도 모르는 13살짜리가 노래 의미를 알고 가사전달을 참 잘하여서 기억에 남는다고 하셨다. 그 이후 자주 만나 이야기도 하고 손자가 성장하는 모습을 이야기하며 김부자 역시 많은 대접을 받았다고 기억한다.

[사진 6-10] 사할린 희망 캠페인 워크숍에서 김부자
앞줄 왼쪽에서 세 번째가 김부자이다.

한강 포럼이란 우리나라 개발경제시대의 역사발전과 궤를 함께하면서 온몸으로 뛰어온 경계, 재계, 관계, 문화예술계의 전문가와 지도적 인사들이 한데 모여 격동의 세월 속에서도 18년 동안 단 한 번도 빠지지 않고 월례포럼을 이어 왔으며 이제 명실공히 우리나라 여론을 선도하는 지식인 포럼으로 자리매김하고 있다. 지금도 한강 포럼에서는 회원들을 위한 다양한 내용의 교육과 회원들의 대외활동을 지원하고 있다. 특히 해외동포지원 사업 등 사회적 공익활동을 적극적으로 알리고, 정보를 공유하면서 더 큰 발전을 위하여 쉼 없이 연찬하는 등 교육의 장으로 활동하고 있다.

2004년 '세계 한민족 여성네트워크(KOWIN: Korean Women's International Network)'회의에 참석하고자 한국에 왔던 차, 노무현 대통령의 초청으로 9명이 청와대에 방문한 적이 있었다. 당시 한 사람이 말할 기회는 딱 2분으로 제한되어 있었다.

"네. 그런데 2분 동안 무슨 말을 하지. (중략) 우리 알기론 한국이 잘 못산다고 알고 있었는데 와 보니까 선진 국가 됐고. 얼마나 모두 힘들었고, 그걸 느꼈습니다. 그러니까 사할린에서는 살기 어떻습니까? 그렇게 물어보셔요. 음 사할린은 살기 좋습니다. 땅이, 러시아 땅이 크고. 그런데 여기는 땅이 좁은 것 같습니다. 네. 또 어디 가는 데마다 보면 뭐 심어놓고, 빈 땅이 없는 거 같습니다. 그렇게 하니까 아 웃으면서 그렇다. 그런데 내 한 가지 대통령님한테 말씀드리는 것은 우리 사할린에다가 우리 문화 전통 심으면 안 되겠습니까? 내 그렇게 말했어요. 누가 시키지도 않았는데 내 그 말이 나왔지, 우리는 여기 사할린에 우리말 라디오방송이 있습니다. 그때 우리말방송 아나운서 있었어요. 근데 TV 방송까지 열어서 우리 문화를 거기 다 심으면 안 되겠냐? 영주귀국하지 말고 거기 자라나는 2세대, 3세대들을 우리말을 가르쳐 주면서 우리 사할린을 우리 한국 땅으로 만들면 안 되겠습니까? (중략) 참 좋은 의견입니다. 그 옆에서 그 얘기 듣고 쓰더라구요. 그렇게 하고선 인제 우릴 점심 식사 초대해 가지구. 다 선물로 시계 하나 받았어요. 노무현 대통령이 나한테 채워줬어요."

대통령도 김부자의 참뜻을 알고 예술단 조직을 하게 된 경위와 이국땅에서의 고충을 말할 수 있는 시간을 좀 더 주었다. 2004년도에 노무현 대통령 만나면서 친정에 온 것처럼 편안함과 고마움을 느껴 사할린에서 지낸 고통을 서슴없이 이야기 하였던 적이 있었으나 와서 이삼 년 살아보니까 노인들이 겉도는 것 같고 노인들도 문화생활과 여유를 좀 갖고 살면 좋겠다는 마음에 안산시에 민원 제기도 한 적이 있었지만, 주최 측에서 주어진 2분은 매우 짧은 시간이라 마음속의 생각을 다 전할 수

2004년 5월 28일 새 고 려 신 문 (7)

김부자씨의 회갑날을 기념하여!

천하에 둘도 없는 우리 어머니 · 할머니!

젖은 자리, 마른 자리 골라주시면서 길러주신 어머니 · 할머니를 저희들은 무척 사랑하며 존경합니다.

회갑을 맞으시면서 더욱 건승하시고 만사형통하시기를 바라며 앞으로 저희들은 어머니 · 할머니께 효도를 더 잘 하겠다고 약속드립니다.

자녀들, 손자녀들로부터.

안산 고향마을 김춘히씨께 드리는 축하

생신 70돌을 맞이하시는 존경하는 귀중한 남편, 아버지에게 진심으로 축하인사를 드리는 바입니다. 바라는 소원이 뜻대로 이루어지며 건강하시고 행복하신 삶의 보람을 느끼시면서 조국의 따뜻한 품속에서

유즈노사할린스크시에서 회갑을 맞이하시는 김부자씨께 드리는 축하인사

오늘 현재 <청춘> 사할린청소년예술단 단장으로서 사할린한인동포사회계에 한민족 문화 · 예술 · 예절을 계승발전시키기 위해 시간을 아끼지 않고 적극 활동하시는 김부자씨는 사할린에서뿐만 아니라 고국에서도 알려져 있다고 해도 과언이 아닐것입니다. 한인문화회관도 아직 없는 여건에서 본 예술단을 이끌어 나가시면서 갈라콘서트를 정기적으로 조직하는 김부자씨가 대견하고 자랑스럽습니다.

동창생들 모두가 회갑을 맞으시는 김부자씨가 건승하시고 아내 · 어머니 · 할머니 · 언니로서 행복하시기를 바라며 본 예술단의 무궁한 발전을 진심으로 기원하며 아울러 오늘도 얼굴에서 미소가 사라지지 않고 봄향기 풍기는 백만송이장미를 한아름 안으시리라고 믿습니다.

아무쪼록 건강하시고 만사형통하시기를 비는바입니다.

유즈노사할린스크사범전문학교 1963년졸업생 일동으로부터.

존경하는 김부자씨!

회갑을 맞으시는 <청춘> 사할린청소년예술단 김부자단장을 진심으로 축하하고 아울러 앞으로도 보다 건강하시고 행복하시고 사할린동포사회계 예술발전에 계속 기여하시기를 바라며 본 예술단의 무궁한 발전을 기원하는 바입니다.

만사형통하시고 무병장수하시기를 기원합니다.

사할린주한인협회
사할린주한인노인협회
사할린주한인이산가족협회

광고 광고 광고
일에 초대합니다

주택연금프로그램을 실시하기 위한 요원들(대학생 들로부터 연금자에 이르기까지)을 초대합니다. 임금제물은 높습니다. 적은 예금으로 3년동안 모아진 돈으로 주택을 구입할 가능성이 있습니다. 상담등록은 77 - 02 - 17전화로 (아침 9시부터 낮12시까지, 저녁 9시부터 밤12시

[사진 6-11] 김부자의 회갑 축하 신문광고(2004)

는 없었다. 그러나 부모님에게서 전수받은 문화와 전통, 늘 마음속에 품고 있던 생각들이라 거침없이 말할 수 있었다. TV 방송을 사할린에 개통하여 자라나는 차세대들에게 우리말과 문화를 전승할 수 있도록 계기를 만들어 달라는 간절한 요구였다. 청와대 방문으로 우리말TV방송국 김춘자 국장님과 최수근 총영사님이 애써주신 덕분에 사할린에도 우리말로 된 TV 방송이 열리고 문화생활을 할 수 있게 되었다.

2004년 김부자는 회갑을 맞이하여 사할린에서 동네 분들과 함께 회갑 축하연을 갖게 되었다. 시대가 바뀌어도 어딜 가나 한국인이 살았던 곳에는 옛날의 풍습과 정서가 남아있다. 어쩌면 우리보다 더 가족적인 분위기를 만들고 이웃과 함께하면서 고향의 향수를 달래는 유일한 잔치이면서 타국에서의 설움도 잊고 풍습을 통해 한국인을 내세우고 싶었을지도 모른다. 사할린 한인들의 환갑잔치는 한국인의 피가 흐르는 문화가 존재한다는 것을 알 수가 있다.

8. 한명숙 전 국무총리와의 인연

사할린 한인의 사회단체에서는 사할린 한인의 주권을 찾고, 모국 방문 지원, 인천 · 안산 요양원 건립, 사할린 현지 가족 방문, 안산시 아파트건립 등을 통해 사할린동포들을 위로해 달라 그리고 대한민국 정부는 주택 부지를 제공하고 고국에 영주귀국한 동포들의 생계, 문화, 의료복지 지원을 통하여 노후생활 안정을 위해 애써 달라는 사할린 한인들의 탄원서를 제출했다. 이에 2005년도에 대한민국 최초로 한명숙 전 총리가 사할린에 다녀갔다. 한명숙 총리는 "전쟁이 끝난 다음에 조국이 국민의 한 사람도 빠짐없이 조국 품 안에 품는 나라가 선진국이라 할 수 있는데, 그 기준에서 볼 때 우리나라는 선진국은커녕 강제징용 당해 고생한 자기 국민을 품지 못한 부끄러운 나라다"라며 국회에서 재외동포 관련 법안을 통과시키지 못한 데 대해 너무너무 가슴 아프게 생각하고 사할린동포 영주 이주법을 다시 발의해서 통과시킬 수 있도록 밖에서 계속 노력하겠다고 말해 사할린 한인 사회는 고향으로 갈 수 있다는 기대가 고양되었다.

> "그때 정말 총리께서 많이 도와주셨어요. 노인회서 일하니까 대표단들 오면 내가 인제 마중 가고 같이 다니고. 갈 데로 가고 그렇게 했는데, 부끄럽지만도 46년도에 탄광이 무너져서 아버지 돌아가시고 한 번도 안 가 봤어요. 그런데 인제 2005년도에 처음으로 가 봤어요. 그래도 나는 무서워서 탄광 안에 들어가지도 못했어. 근데 총리께서는 들어갔다 오신 거예요. 그 무서운 굴 안에 들어갔다 나와서 꼭 남은 분들 영주귀국 시켜야 되겠다고 결심을 하신 거지. 우리도 그 당시 나이 육십이 넘었잖아요. 나이가 자꾸 드니까 여기 나왔는데 나와서도 여기서도 하여튼 일이 많았어요. 처음에 나와서는 우리 생활비 만족하다고 생각했어요. 그런데 나와서 살아보니까 생활비 너무 적어요."

김부자는 사할린에 한국에서 대표단들이 오면 통역과 안내를 맡았다. 2005년에 한명숙 전 총리가 사할린에 왔는데 그녀는 직접 탄광에 들어갔다 나오면서 사할린에 계신 나이 많으신 어른들을 영주귀국 시켜야겠다는 굳은 의지를 표방하였다. 한 전 국무총리 덕분에 아버지가 탄광에 묻혔던 현장에도 가보게 되었고 2007년도에 영주귀국을 할 수 있는 계기가 되었다.

김부자는 매달 받는 정부지원금 90만 원을 받으면서 관리비로 23만 원, 전화비로 10만 원, 식비로 30만 원을 쓰고 나면 20만 원 정도 남는다. 한때는 너무 어려워 아르바이트로 신문배달을 한 적이 있었는데 수급자라 벌금 20만 원을 내고 그것마저 못하게 되었다. 2014년 7월 1일부터 기초연금으로 부부가 40만 원을 받을 수 있다 하여 무척 좋아하였지만, 정부지원금에서 삭감하고 준다기에 기초연금 수급을 거절하였다.

> "사할린의 한인들은 솔직히는 한국에 대해서 나쁘게 생각합니다. 왠가하면 우

리 사할린 한인을 버리고 나 몰라라 했잖아요. 그리고 영주귀국한 후에도 관심 주지 않았잖아요. 그런데 생각을 전환할 사건이 생긴 거야. 뭔가 하믄 천안함 사건요. 그 팔팔한 자식을 잃고, 그분들 아직도 보상금 못 받고 있는데 우리는 거기다 대면 아무것도 아니지요. (중략) 우리가 처음 한국에 왔을 때 당신들 사할린에서 왔다 해서 일 안 시키는 건 아니다. 전체 우리 수급자들은 일 못해요. 그렇기 때문에 당신들 생활비를 주는 거다. 사할린에서 연금 받고 있잖냐. 그 연금 갖다 써라. 그래서 연금을 받으니까 그거 받아쓰시오. 그렇게 하시더라."

김부자 부부가 러시아에서 받는 연금을 합치면 한국 돈으로 30만 원 정도가 된다. 그러나 그 돈마저도 엄마 없는 손자 공부시켜야 하고 뒷바라지를 해야 하기 때문에 하나도 쓸 수 없는 형편이다. 넉넉하지 않은 생활은 고달프고 힘들지만, 마음만은 풍족한 생활을 한다. 강제이주한 사할린 한인들의 삶과 끝내 고향으로 돌아오지 못한 한을 노래로 만들고 이를 부르는 자원봉사를 하고 있기 때문이다. 그런데 무궁화 예술단체라는 단체에 가입하면 노래도 하고 CD도 만들어 준다기에 2,500 달러를 주고 맡겼는데 돈만 가지고 사라졌단다. 지금도 허리를 다쳐 활동하기 힘들지만 공연할 기회가 있으면 많이 하고 있다.

[사진 6-12] 이산(離散)의 한(恨)을 노래하는 김부자

9. 이산의 한을 노래하는 자원봉사자 김부자

〈이산(離散)의 한(恨)〉

작사 · 작곡: 김부자

내가 살아온 반평생 이별 아닌 생이별 하고
고국산천 찾아왔건만 찬바람만 가슴 때리네
부모 형제 날 반겨주는 사람 하나도 없고
이산의 아픔만 남았네
밤이면 사할린에 두고 온 자식들 손주들이
눈에 어리는구나
이산의 아픔을 그 누가 알리요
한 서린 이 마음 누가 알리요
남은 인생 고국산천 찾아왔건만
오늘 긴긴밤 잠 못 이루네

김부자는 영주귀국하여 어려운 상황에서도 사할린복지관에서 적십자사 봉사단을 조직해서 회장직을 맡으며 봉사하고 있다. 사할린복지관에는 사할린에서 영주귀국한 분들 중에 몸이 불편하거나 거동이 불편한 독거노인들 백여 분이 살고 있다. 그들은 칠십여 년 동안 러시아 음식을 드셨으므로 러시아 음식이 그리울 때가 많다. 그래서 김부자는 '사할린을 사랑하는 봉사회'를 만들어 특히 러시아 명절 때 회원들과 러시아 음식을 만들어 드리고 노래도 불러 어르신들을 즐겁게 해드리고 있다. 사할린복지관의 어르신들은 10년 전에는 활기 있고 젊다고 생각했는데 지금은 돌아가신 분이 많아 그때만큼 신이 나질 않는다. 그러나 인천 사할린복지회관에 가면 마음이 편안하고 내 부모를 보는 것 같아 힘이 난다. 어르신들은 김부자의 손을 잡고 너도 이만큼 늙었는데 우리 때문에 고생이 많다고 하시면서 딸을 만난 듯이

기뻐하시는 모습을 보면 잘해드리고 싶은 마음이 더욱 간절해진다.

"예. 그니까 저는 거기 가면 있죠, 참 마음이 편안하고 좋아요. 내가 가면 할머니들이 내 손 잡고 잘 지냈냐고 하면서 이제는 내 걱정을 해요. 자네 나이도 이렇게 많은데 우리 때문에 고생해서 어쩌냐고 내 손을 잡고 이렇게 할 때 좋아하시는 모습을 보면 너무나 내 마음이 좋고. 정말 내 부모 만난 거 같은 마음이 들어요."

이제 남은 일들은 그분들이 좀 더 편하게 그리고 러시아에서 식구들이 방문하였을 때 한 방에서 묵을 수 있는 방과 시설을 안락하게 꾸며 주는 게 남은 일이라고 생각한다.

"복지관에는 아픈 노인들이 많이 있는데 자식들을 자주 볼 수 있게끔 해 줬음 좋고. 자식들이 와서 거기에 와서 같이 며칠을 못 있는 거예요. 시설이 모자라서. 같이 좀 자고, 하고 싶은 말도 있는데 만일에 부부랑 같이 쓰면은 괜찮은데, 남이랑 같이 쓰니깐 내 식구가 오면은 잘 수가 없어서. 그리고 그 옆에다가, 그 할머니하고 있죠. 그 시설에다가 쪼끔 늘려서, 그런 방 몇 개 만들어서. 이렇게 언제도 오시면 그 방에서 할머니하고 같이 자면서, 거기에서. 그게 좋은 거 같애요. 추석이라고 내

[사진 6-13] 적십자 봉사단으로 활동하는 김부자

앞줄 왼쪽 세 번째가 김부자이다.

갔어요. 고구마 삶아서 수박 사 가지고 남편이랑 같이 갔는데 딸이 왔는데 어머니 간호 낮에만 하는 거예요. 여관에, 그니까 여관에 있으면 돈도 들어야 하잖아요. 사할린에서 온 아이들 다 잘사는 사람들 아니잖아요. 그니까 경제적으로 나쁜 사람들도 많이 오고 근데 무엇을 시작해서 어떻게 했으면 좋겠나. 그런 생각을 하고 있어요."

현재 사할린 지역에서 거주하고 있는 동포는 3만 5천여 명이다. 이들에게 최근 가장 문제가 되는 사안은 이산가족 문제이다. 1990년 한국 정부가 도입한 '사할린 동포 영주귀국 사업'으로 사할린 1세대가 먼저 귀국하게 되면서 자식들과 생이별을 하는 등 의도치 않은 이산가족들이 생겨나게 된 것이다.

김부자는 2007년부터 2016년까지 1세대들만 보내고 있다며 2000년도 안산 고향마을이 생겨서 노부부(1세대)들만 데려갔었고, 계속해서 이산가족이 만들어지고 있다고 안타까워했다. 또한 영주귀국할 때 동거인이 둘이 되어야 한다는 정책에 반대를 했다. 귀국해서는 마음이 안 맞아 다투는 일이 종종 일어나기 때문이다. 영주귀국한 이들은 그나마 한국 정부의 지원을 받지만 사할린에 남은 자는 러시아 국적이라는 이유로 지원을 받지 못하고 있다.

"그거만큼은 저는 반대해요. 왜냐하믄 우리… 거기서 얼마나 정말로 고향을 그리워했고, 남은 여생을 따뜻하게 살고 싶어서 여기 와서 지내다가 돌아가실라고 왔는데, 남과 남이 들어오면 안 하는 것보다 못하잖아요. 서로 마음이 안 맞아서 싸우고 막. 건넛방의 노인네 손자들이 러시아에서 와서 즐겁게 놀면 시끄럽다고 소리지르고, 니네 손자들이 와서 뜨신 물을 많이 썼으니 관리비를 더 내라는 둥. 친구들이 와서 웃고 놀면 심통이 난 이짝 방 노인네가 시끄럽다, 불 끄라는 등. 에구 말도 말아요."

사할린에서부터 동거인이 2명으로 제한하게 된 것은 집 구조를 2인이 살도록 설계하여서 그렇다고 한다. 그에 대한 문제점을 적십자사로 건의하여 원룸식으로

[사진 6-14] 김부자와 증손녀

2016년 사할린에 다녀오면서 증손녀와 함께 찍은 사진이다.

집 구조를 변경해 달라고 하였단다. 김부자는 "지금 사할린 동포들은 살기 어렵다"며 "사할린에도 연금을 받으며 생활하는 분들이 있지만 연금만으로는 살지 못한다. 지금까지 일하고 있다"고 덧붙였다. 김부자 경우도 사할린에서 받는 연금은 손자가 수혜를 받도록 고스란히 놔두고 한국 정부에서 지원해주는 생활비로 근근이 살아가고 있다.

70 평생을 한가하게 쉬어 본 적 없이 가사와 사업, 그리고 남을 위한 봉사로 살아오면서 노래로 이국에서의 설움과 고향의 그리움을 달래면서 지냈다. 지금은 아들이 이혼하여 혼자 지내는 손자를 보살피는 것이 가장 마음이 아프다고 하면서 그녀는 손자가 대학을 마칠 때까지는 조부모의 손길이 필요하다고 해마다 손자를 보러 사할린에 다녀오신다.

사할린은 우리 선조들의 독립운동의 터전이었다. 일제 강제징용의 애환이 서려 있는 역사적인 곳이다. 일제강점기, 일본은 우리 조선인을 사할린으로 강제이주하여 노동력을 착취하고 현지 탄광 등에서 혹사시켰다. 그리고 1945년 8월 15일, 일제의 패망으로 인해 사할린에 상주시키던 일본인을 고국으로 송환시킨다. 그러나 이 과정에서 우리 조선인들은 소외당했다. 일본인은 고국으로 돌아갔지만 우리 조선인들은 그대로 사할린에 남아 소련의 국민이 되어버린 것이다.

귀국의 꿈을 위해 소련 국적을 거부하고 무국적자로 남은 한인들은 우리 민족 특유의 성실함과 교육열로 차별과 멸시를 극복하면서 귀국하고자 애써왔다. 사할린 한인들은 이상하게도 민족적 정체성을 지키기 위한 동기가 강하다. 1949년 시작해서 아직도 발행 중인《새고려신문》, 1956년 러시아 최초의 조선어방송국으로 시작하여 현재는 우리말TV 방송까지 내보내고 있는 사할린 우리말TV방송국이 특히 유명하다. 그 TV 방송이 사할린에서 자리 잡는 데도 일조를 한 분이 김부자이다. 또한 한인협회 일을 맡아 여러 번 모국 방문을 하면서 영주귀국을 할 수 있는 초석을 만들기도 하였다. 김부자는 무국적자로서 힘든 삶 속에서 모국어와 민족정체성을 지키기 위하여 작은 예술단을 조직하여 한국의 얼을 계승하였고, 영주귀국 후에도 사할린 한인들의 번영을 위하여 노래로 봉사하며 가끔씩 러시아 음식을 만들어 어르신을 대접하는 일을 몸소 실천하고 있다.

김부자의 삶을 인터뷰하면서 사할린의 한인들이 영주귀국할 수 있는 틀을 만든 숨은 공로자임에 깊이 감사드리며, 그 당시 어려웠던 상황들을 다시 한번 되새겨 보는 계기가 되었다.

사할린 한인 영주귀국자들은 1992년 사할린 독신 한인 72명이 춘천으로 영주귀국한 이후 영주귀국자들은 부부 또는 친지와 동거의 형식으로 들어와 생활하고 있다. 2017년 현재 약 4,300여 명의 사할린 한인들이 국내 22곳의 시설에 영주귀국하여 정착하고 있다. 그러나 1945년 8월 15일 이전 출생자와 그 배우자, 장애를 가진 자녀만 영주귀국이 가능해 사랑하는 사할린의 가족과 떨어져 살아야 하는 또 다른 이산을 만들었다. 광복 72주년을 맞은 오늘날까지 돌아오고 싶어도 못 오는 사할린 동포들이 있다는 것은 정말 가슴 아픈 일이다.

사할린 이주 1세들은 이제 세상을 떠난 분들이 많지만 그들로부터 직접 교육을 받은 2세들은 이제 중·노년이 되었으니, 그들의 후손인 3세, 4세들이 사할린 한인의 다수를 차지한다. 이들을 끌어들여 커뮤니티를 강화하는 것만이 사할린에서 한인들의 존재감을 높이는 일이지만 젊은 한인들은 한국 혹은 한국어에 관심이 없다고 한다. 대신 사할린에 많이 진출해 있는 일본회사에 취직하기 위하여 일본어 공부에 더 열중이라고 한다.

한글을 잊어가는 3~5세대의 청소년들에게 한국인으로서의 자부심과 한국말을 가르칠 기회가 있었으면 한다. 끝으로 언어와 습관을 대신하여 우리의 미래 문화 콘텐츠를 우리의 역사와 결부시킨 대통합의 역사도 알았으면 좋겠다는 소망을 가져본다.

7장
귀향을 위한 노력과 좌절: 김성수의 이야기

김성수는 1941년 5월 6일에 사할린의 샤조르스크 탄광 근처에서 2남 5녀 중 장남으로 태어났다. 그의 아버지는 하동의 한 시골 마을에서 둘째로 태어나 결혼한 이복형을 대신하여 1939년에 사할린에 갔다. 아버지는 탄광에서 강제노역을 하다가 1940년에 잠깐 조선에 나와 동네의 처녀와 결혼을 했다. 그의 어머니는 가난한 집의 장녀로, 집이 가난하여 먹고 살기 어려워지자 입을 하나라도 줄이려고 무려 스무 살이나 차이 나는 사람과 결혼을 했다. 아버지는 잠시 고향에 머물다가 김성수를 임신한 어머니를 두고 다시 사할린으로 갔다.

김성수가 4살 되던 해, 1945년에 해방이 되었고 그에게도 동생이 두 명 더 생겼다. 그의 가족은 고향으로 가기 위해 코르사코프 항구로 갔다. 그러나 조선 사람을 싣고 갈 배가 오지 않자 김성수의 가족은 고향으로 가는 것을 포기하고 낯선 땅 코르사코프에 뿌리를 내렸다. 그래서 김성수에게 코르사코프는 제2의 고향이 되었다.

김성수는 골목에서 놀 때 북한 아이들하고 같이 공기놀이, 제기차기, 땅따먹기, 연날리기 등을 하면서 놀았다. 그는 친구들과 놀다가 배가 고프면 산에 가서 열매를 따 먹으며 가난한 유년 시절을 보낸다.

김성수는 1950년, 9살에 조선소학교에 입학하여 1957년도에 7학년 졸업을 하고 바로 10년제 학교에 들어갔다. 김성수는 10학년 때의 담임 선생님이 그의 인생에서 가장 큰 영향을 준 사람으로 기억한다. 그래서 지금도 어려운 일이 있을 때면 그 선생님을 떠올리곤 한다.

10학년을 졸업하고 상급학교에 진학하지 못한 김성수는 결국 학업을 포기하고 막노동을 하게 된다. 어느 날 김성수는 친구들과 함께 춤을 추러 갔다가 조선인 간호사를 만난다. 김성수는 첫눈에 반한 조선인 간호사의 마음을 사기 위해 헌신적인 구애를 하였고 그녀와 결혼하여 딸을 낳았다. 김성수가 경제적으로도 사회적으로도 안정기에 들었을 때는 이미 중년이 되어 부모님의 나이가 되었다. 이는 민족의 특성인 근면과 성실이 밑거름이 되었기 때문이다. 가는 곳마다 인정을 받았고, 자녀의 교육도 잘 시켰다고 느끼던 중 1991년 12월에 어머니가 세상을 떠났다.

김성수는 정년퇴임 후에도 부두의 물품 하역장에서 책임자로 일하면서 고국으로 귀환하기 위해 코르사코프시 한인회의 회장을 역임하며 영주귀국을 위해 힘썼다. 그는 2007년에 부모님을 대신하여 부인과 함께 영주귀국을 했다. 김성수의 어머니는 돌아가시는 날까지도 "기회가 있으면 고향에 가서 살아라. 우리를 대신해서 고향에 가거라. 너는 사할린에 오고 싶어서 온 것이 아니고 나 때문에 오게 되었다. 그래서 나는 항상 너희들한테 미안했다. 고향으로 가거라"라고 하셨기 때문이다.

요즘 김성수는 시간이 나면 사할린경로당에서 당구를 치며 시간을 보내고 있다. 하지만 그의 부인은 손에 온 류머티즘 질환으로 밖에 나가는 것을 꺼리며 혼자 집에 있다. 몸은 부모의 고향에 있지만 마음은 자녀가 있는 사할린에 가 있어 또 다른 마음의 병을 앓고 있다.

1. “코르사코프, 망향의 언덕을 아시나요?”

코르사코프 망향의 언덕은 사할린 한인 누구에게나 특별한 곳이다. 사할린 한인이 강제이주 과정에서 배를 타고 가다가 처음 사할린 땅을 밟은 것도 코르사코프 항구이고, 해방 후 귀환의 꿈이 좌절된 곳도 코르사코프 항구이기 때문이다. 코르사코프의 망향의 언덕은 조선 사람에게는 아픈 역사의 상징이며 미래이다. 김성수에게는 더욱 특별해 보인다.

[사진 7-1] 코르사코프 망향의 언덕

"내 고향이 어디라고 해야 되나. 저는 2남 5녀 중 장남으로 1941년 5월 6일 사할린의 브이코프 탄광 근처에서 태어났어요. 아버지는 결혼한 이복형님이 강제모집으로 사할린에 가게 되자 형 대신에 사할린으로 갔대요. 1939년에 강제로 끌려가서 거기 탄광에서 일하다가 1940년에 잠깐 조선에 나와서 결혼하고 다시 사할린으로 갔는데 그때 제가 임신이 된 거예요. 그래서 저는 어머니 배 속에 있을 때 사할린으로 간 거요."

김성수의 유년 시절에 대한 기억 중 직접 체험한 경험은 흐릿하다. 하지만 부모님의 영향으로 어렸을 적의 사할린 한인들의 상황은 직접 체험한 것보다 더 선명하게 저장되어 있다. 김성수는 코르사코프의 망향의 언덕에 대한 기억이 특별해 보인다.

그는 2남 5녀 중 장남으로 1941년 5월 6일 사할린의 샤조르스크 탄광 근처에서 태어났다. 그의 아버지는 1902년 하동에서 태어나 1939년에 형을 대신하여 강제로 끌려가서 탄광에서 노역을 했다. 그의 아버지는 1940년에 결혼을 하기 위해 잠깐 고향을 방문하여 20살 연하의 16세 동네 아가씨와 결혼을 하고 임신한 아내를 두고 먼저 사할린으로 갔다. 어머니는 김성수를 임신한 몸으로 아버지를 찾아 사할린으로 갔다.

"내가 4살 때니까 자세한 기억에는 없지만 어머니가 매일 저녁마다 우리 형제 다 앉혀놓고 얘기했어요. 해방되고 배 타고 조선에 간다고 코르사코프 항구로 왔다가 고향으로 갈 수 없어서 여기에 눌러앉았다고요. 그때 많은 조선 사람들이 기러기 떼도 고향에 가는데 우리는 왜 고향에도 못 가냐고, 고향에 갈 수 없게 되자 고래고래 소리를 지르다가 미쳐서 죽고, 술로 세월을 보내다가 바다에 빠져 죽고. 귀가 따갑게 들었어요. 그래서 내가 본 것처럼 생생하게 기억해요. 그래서 코르사코프는 제게 더욱 특별한 곳이에요."

1945년 해방을 맞자 그의 가족은 고향에 가기 위해 코르사코프 항구로 가 언덕위에 올라앉아서 만날 바다만 쳐다보면서 고향에 갈 꿈을 꾸었다. 그러나 가해자인 일본은 고향으로 가기 위해 구름처럼 모여든 조선인을 버리고 일본으로 귀향했다. 사할린 개발에 노동력이 필요했던 소련 정부는 조선인의 발목을 잡고 귀향을 허락하지 않았다. 사할린 한인들은 고향으로 가는 배가 오지 않자 실의에 빠져 "기러기 떼도 때가 되면 고향으로 돌아가는데 왜 우리는 고향에 갈 수 없냐"며 고래고래 소리를 지르다가 미쳐서 죽고, 어머니 아버지를 부르며 술로 세월을 보내다가 바다에 빠져 죽은 사람들도 꽤나 된다고 귀가 따갑게 들었다. 그때 김성수의 부모님도 할 수 없이 코르사코프에 둥지를 틀었다고 했다. 그래서 김성수는 유년기에 대한 이야기를 직접 체험한 것보다 생생하게 풀어 놓았다.

"고향으로 못 간 사람들이 코르사코프 항구에 눌러앉았어요. 동네가 컸다고. 다 조선 사람들이지. 먹을 것이 있나요? 언 감자 주서다가 녹힌다고. 녹으면 그것으로 죽을 끓여 먹었어요. 얼마나 춥고 배가 고프던지. (중략) 생일이 되면 미역국도 먹고, 바닷가니까 미역은 얼마든지 있었어. 조개도 널려있었고. 러시아 사람들은 우리보고 거지라고 했지. 그런 거 주워다 먹는다고. 근디 지금은 그 사람들이 더 잘 먹어요."

코르사코프의 겨울은 유난히 춥고 길어 실향민이 된 사할린 한인에게 가혹하기만 했다. 겨울에 먹을 것이 없어 언 감자를 녹여 죽을 끓여 먹으며 하루하루를 버텼다. 그나마 위안이 된 것은 코르사코프는 바닷가라 바다에 나가면 먹을 것이 많았다. 조선 사람들은 너 나 할 것 없이 바다에 나가 조개를 캐고, 미역을 채취하여 국을 끓여 먹으며 허기를 달랬다. 생일이 되면 바다에서 뜯은 미역으로 음식을 해 나누어 먹으며 이웃과 정을 나누었다. 생일이나 환갑에 참석한 사람들은 자신의 정체성을 확인하며 새로운 고향을 만들어 갔다.

"놀다가 배가 고프면 산에 가서 열매를 따서 먹고, 물로 배를 채우기도 했지. 조선 애들하고도 놀았지만 일본 애들하고도 많이 놀았어요. 그런데 공 가지고 놀 때도 우리한테는 공도 안 주지, 그냥 구경하고 있는 거지. 그리고 우리한테 조센징, 조센징 했어요. 그럼 우리는 집에 가서 조센징이 뭐냐고 물어보지. 지금 생각해 보면 나라가 없으니 어쩔 수 없는 거지."

동네 아이들은 놀다가 배가 고프면 물로 배를 채우기가 일쑤였다. 그래도 배가 고프면 산에 가서 열매를 따 먹었다. 산에는 갖가지 열매가 많아 배고픈 조선 아이들의 허기진 배를 채워주었다. 당시 대부분의 조선 사람들은 차별과 매우 가난한 삶을 경험했다. 조선 아이들과 일본 아이들이 같이 놀았지만 일본 아이들은 조선 아이들에게 역할을 주지 않고 단지 구경꾼으로만 포함시켰다. 그래서 애꿎은 돌부리를 발로 차며 집으로 와서 부모에게 투정을 부리곤 했다.

2. 어머니와 막걸리

김성수의 아버지는 공사판에서 막노동을 했다. 그리고 어머니는 고향에서 마시던 막걸리를 만들어 팔아 자녀들을 교육시켰다.

"아버지가 막노동을 했어요. 일을 다녀오면 얼굴에 새까맣게 먼지가 묻어서 눈만 반짝반짝 빛났어요. 그래도 아버지 하고 뛰어나가면 먼지가 묻은 손을 씻지도 않고 나를 번쩍 들어 올리며 이뻐하셨어요. 내 밑으로 줄줄이 동생들이 6명이 있으니 먹을 것이 항상 부족했지요. 하지만 우리 어머니가 막걸리 장사를 했어요. 어머니가 처음부터 막걸리 장사를 한 것은 아니고, 어머니가 마시려고 담근 막걸리를 먹어본 사람들이 맛있다고 만들어서 팔라고 하니께 막걸리를 집에서 담아서 러시아 사람들한테도 팔았어요. 옛날에는 막걸리 한 병에 한국 돈으로 1원이었어요. 어머니가 만든 막걸리와 부침개가 인기가 최고지요. 지금도 그 부침개를 생각하면 군침이 돌아요."

김성수의 아버지는 공사판에서 막노동을 했다. 아버지는 하루 종일 일을 하고 집에 돌아오면 장남을 번쩍 들어 올려 무뚝뚝한 경상도식의 사랑을 표현하셨다. 그의 어머니는 막걸리 장사를 했다. 처음부터 작정하고 막걸리 장사를 한 것은 아니다. 김성수의 어머니는 집에서 마시기 위해 막걸리를 담갔는데 막걸리 맛이 좋자 찾는 사람들이 많아져 막걸리 장사의 길로 들었다. 러시아 사람들도 어머니가 담근 막걸리와 부침개를 좋아했다. 덕분에 김성수의 형제들은 풍족하지는 않았지만 부침개는 자주 먹었다. 막걸리 장사 때문에 어머니와 아버지가 다투는 일도 잦았다. 김성수는 지금도 어머니가 그리우면 부침개에 막걸리를 마시며 어머니 얘기를 한다. 지금은 재료도 풍부하고 영양도 많은 것으로 부침개를 부치고 좋은 막걸리를 사 먹지만 그 가난에 찌들었던 어렸을 때 먹던 어머니 손맛이 아니라서 씁쓸하다.

"알사탕, 알아요? 알사탕 하나면 십 리를 간다고 했어요. 어렸을 때 명절이 되면 어머니께서 양말을 사주셨어요. 새 양말을 신고 차례를 지냈는데, 그때마다 아버지가 우신 기억이 나요. 그때는 몰랐는데 지금 생각하니 부모님이 그리워서, 생사도 모르는 부모님의 그리움 때문이었던 것 같아요. (중략) 세배를 했어요. 다른 애들은 세배하면 세뱃돈을 받는데 우리는 동생들이 많다 보니 세뱃돈을 어떻게 받아요. 세배를 하고 친구 집으로 가서 친구 부모님께 세배를 하면 절값으로 맛있는 음식을 주니까 그것 먹고. 알사탕 하나 입에 넣으면 행복했지. 어렸을 때 알사탕을 먹는 집이 많지 않았어요. 애껴 먹으려고 몰래 감춰 놓으면 동생들이 귀신같이 먹어. (웃음)"

김성수는 명절에 대한 기억으로 아버지가 우신 것과 '알사탕'에 대한 특별한 추억 하나를 꺼냈다. 김성수는 명절이 되면 차례를 지내던 아버지가 많이 우셨다고 기억한다. 고향에 두고 온 부모님에 대한 그리움이다. 그리고 생사도 모르는 사할린으로 징용을 간 아들을 그리워할 부모님을 생각하며 우신 것이다. 김성수는 아버지가 운 이유를 아버지 나이가 되어, 그리고 영주귀국하면서 자녀들과 헤어져 산 뒤에야 절실하게 깨달았다.

김성수 어머니께서는 명절 때마다 7남매에게 양말을 사 주셨다. 김성수는 어머니께서 사 주신 양말을 신고 부모님께 세배를 하고, 친구들과 몰려다니며 친구 부모님들께 세배를 했다. 당시에는 동네에 하동에서 온 고향 어르신들이 많았기 때문에 집집마다 돌아다니며 세배를 하면 하루가 지나갔다. 김성수나 친구들에게는 새해 복 많이 받으라는 세배의 의미는 그리 중요하지 않았다. '알사탕'이 있었기 때문에 세배가 더욱 중요했다. 잘사는 친구의 집에 가서 세배를 하면 절값으로 알사탕을 먹을 수 있었다. 친구들 사이에서 가장 인기가 많은 것은 '알사탕'이었다. 알사탕은 너무 맛있어서 한 번에 다 먹을 수 없었다. 김성수는 집에 돌아오자마자 알사탕을 아무도 모르는 곳에 감춰 놓고 잠을 잤다. 하지만 다음 날 알사탕을 먹으려고 그곳에 가면 알사탕은 이미 누가 먹은 뒤였다.

3. 동토의 땅에 뿌린 희망의 씨앗

김성수의 청소년기는 조선소학교에서 시작한다. 그는 9살에 조선소학교에 입학하여 미래를 설계한다. 사할린 조선소학교는 개구리가 멀리 뛰기 위해 몸을 웅크리는 것처럼 김성수를 비롯한 모든 사할린 한인 학생들에게 미래를 위한 발판으로 삼았다.

> "내가 학교를 좀 늦게 갔어요. 50년도에 조선학교를 갔는데 아홉 살이 넘어서 갔어요. 그때 조선학교가 생겼응게. 그 거기서 57년도에 7학년 졸업 맞고 60년도에는 인제 10학년 졸업하고. (중략) 이 사진은 참으로 귀한 것인디 우리 학교에서 체육부가 무대에서 발표를 하고 선전용으로 이렇게 찍었어요. 세 번째 줄 오른쪽에서 두 번째가 내요. 우리 학교에는 음악부, 미술부, 과학부, 뭔 부 뭔 부 다 있었는디 나는 체육부였어요. 내가 씨름, 팔씨름은 좀 했지요. 하하하."

[사진 7-2] 조선학교 체육부

셋째 줄 오른쪽에서 두 번째가 김성수이다.

김성수는 9살에 조선소학교에 입학하여 7년제 학교를 졸업하고 바로 10년제 조선학교에 입학했다. 사할린에서 처음으로 조선학교가 생긴 것은 1946년 조선인 허조에 의해서이다. 이를 계기로 한인 밀집 지역에 조선학교를 설립하여 민족어와 민족 문자를 지키려 노력했다. 사할린에는 27개의 조선소학교가 생겨 1963년 조선학교 폐교 당시에는 32개 학교에 7,200여 명의 학생이 재학하였다. 사할린에 조선소학교 개교 당시에는 마을의 주민 중에 글을 읽을 줄 아는 사람을 선발하여 교사로 임명하였다. 그러나 시설 부족, 교사의 역량 부족, 교재의 질 문제 등이 대두되자 부족한 교사를 충원하기 위해 북에서 온 파견 노무자나 중앙아시아에서 온 고려인 교사들로 채웠다. 이때 조선학교에서는 교재가 부족하여 새고려신문사와 우리말방송국 직원들이 퇴근 후에는 교재를 만들어 한글 교습소 등에 보급하고 북한에서 공급받기도 했다.

조선학교는 학생들의 소질을 계발시키기 위해 각종 부서를 만들어 학생들의 꿈을 키워주었다. 운동부, 미술부, 악기부 등을 만들어 학생들의 소질을 계발시키고 무대에 오르게 하여 역량도 함양시켜주었다. 이후에 유즈노사할린스크, 돌린스크, 포로나이스크 등 한인 밀집지역에 조선 사범학교가 세워져 교사를 배출하여 정상적으로 가동이 되었지만 교원의 부족, 교사 수준의 미달, 교수법 및 시설의 부족, 학생들의 러시아어 수준 미달 등을 이유로 1963년 조선학교는 폐교가 되었다. 조선학교가 폐쇄됨에 따라 조선 사람들은 더는 민족 교육을 받지 못하게 되고 민족정체성을 잃는 등 위기를 맞게 되었다. 조선학교의 폐쇄는 무엇보다도 조선 사람들이 점점 소련에 동화되어 가고 신분 상승을 위해 러시아어의 필요성을 인식한 원인도 크다.

> "내가 10년제를 졸업했지만 대학에 못 갔어요. 나뿐만 아니라 많은 젊은 우리 한인들이 국적이 없다 보니까 어디 가서 대학을 못 붙었습니다. 왜냐하면 우리 부모들이 고향에 간다고 국적을 안 받았어요. 그래서 우리는 상급학교에 갈 수 없었지요. 근디 57년도에 북한에서 내려와서 선전을 했어요. 북한 국적을 받아서 북으로 가면 고향 땅으로 갈 수 있다고 해서 그때 북한에 많이 갔습니다. 우리 여동생도 61년도에 10학년 졸업을 맞고 북한으로 공부하러 갔습니다. (중략) 우리 부모들은 상처가 많아요. 일본 때문에 사할린에 간 것도 억울한데 국적이 없어서 우리가 대학에 갈 수도 없고, 학업을 포기하고 일을 해도 차별대우를 받았으니까요. 부모가 생각할 때 당신들 때문에 애들이 고생한다고 얼마나 마음 아파했는지. 우리 아버지도 동생들이 크니까 동생들 대학 보낸다고 국적을 받았어요."

대부분의 사할린 한인들의 자녀들은 상급학교 진학을 포기해야만 했다. 부모들은 소련 국적을 취득하게 되면 향후 귀국에 문제 될 수 있다고 생각하여 무국적자의 삶을 선택했기 때문이다. 당시 사할린에는 대학이 없어서 대륙으로 가야 했는데 국적이 없는 사람들은 4,000m 이상 이동하기 위해서는 경찰서에서 이동허가서를 받아야 했다. 그러나 그 허가서를 받기가 너무 까다로워 대학을 포기하는 젊은이들이 많았다. 1950년~1970년까지 사할린주는 국경지대였기 때문에 소련은 무국적자들에 대한 행동 범위를 제한하였다. 이러한 국제정세를 틈타 1957년에 북한은 북한 국적을 받으면 김일성대학을 다닐 수도 있고, 고향에 갈 수 있다고 선동했다. 이에 일부는 북한 국적을 취득하여 북한으로 이주하기도 했다.

4. 인정받기 위한 치열한 삶의 현장

대부분의 조선 젊은이들은 남성은 막노동이나 어부를 택하였고, 여성은 제지 공장이나 봉제공장에 취직하였다. 그러나 사할린 한인들은 러시아 사람들과 차별을 받으며 불공평하게 대우를 받았다. 김성수는 인정을 받기 위해 노력한 치열한 삶의 현장을 이야기한다.

> "나는 1989년에 러시아 국적을 받았어요. 그래서 상급학교 진학도 못 하고 군대도 못 갔어요. 그래 뭐 막노동했죠. 그리고 무슨 저 도매상 그런 데서 짐 나르는 것도 하고, 돈을 벌기 위해 일이란 일은 가리지 않고 다 했습니다. 그런데 소련에서 우리 조선 사람들한테 차별 대우가 심했어요. 똑같은 일을 하고도 소련 사람들은 돈을 더 받고 우리는 조금 받았거든요. 죽지 않고 살기 위해 그리고 인정받기 위해 피를 토하면서 일했어요."

김성수는 무국적자였기 때문에 상급학교에 진학할 수도 없었고, 군대도 갈 수 없었다. 그래서 그는 부둣가 도매상에서 막노동을 했다. 부모님과 아래에 줄줄이 딸린 동생들을 돌봐야 하는 가장으로 먹고살기 위해서는 어쩔 수 없었다. 죽지 않고 살기 위해 몸부림쳤다. 인정을 받기 위해 시키지 않아도 성실하게 일한 결과 인정은 받았다. 그러나 사할린 한인들은 러시아 사람들과 차별을 받으며 불공평하게 대우를 받았다. 무국적자로 남아있던 한인들은 공민권과 노동권에 있어서 제한적이었기 때문이다(박승의, 2015). 아나톨리 쿠진(2014)의 진술에 따르면 소련의 법에 따라 대륙에서 이주한 자들은 기본급에 100%를 추가 급료로 받았고 다른 세금 감면의 혜택도 받았다. 그러나 한인들은 섬의 토착민으로 인정되어 러시아에서 자랐지만 권리를 가지지 못했을 뿐만 아니라 여전히 이방인으로 살 수밖에 없었다.

> "내가 코르사코프 항구의 물류회사에서 하역하는 일을 할 때 직장 동료들이요. 이때는 힘이 왕성할 때니까 모든 일하는 곳에서는 우리가 주역이지. 조선 사람들

[사진 7-3] 김성수와 친구들

은 죽지 않기 위해 성실하게 일했으니까 어디를 가나 인정을 받았어요. (중략) 소련은 직장에 다니는 사람들은 일 년에 한 번은 농촌으로 가서 농사일을 도와야 해요. 회사에서 일하지 않고 농촌에 가서 일하지만 친구들하고 같이 가니께 재미있지요. 한 달 정도 가는디 들에서 먹고 노래를 부르며 노는 재미가 얼매나 좋은지."

김성수의 집은 매우 가난하여 먹고 사는 것도 힘들었다. 게다가 여동생이 5명이나 되어 장남으로 가장 역할을 해야 했다. 돈을 벌기 위해 눈에 보이는 일은 안 해 본 것이 없을 정도로 다 했다. 건설현장의 막노동에서 항구 물류 창고의 하역 일까지 손이 부르트도록 일을 했다. 코르사코프는 항구도시로 항공편이 운항되기 전까지는 일본을 비롯해 외국과 선박으로 연결되는 사할린의 주된 교통요지였다. 그래서 배에서 내리는 짐을 창고로 옮기는 인부들이 많이 필요했다. 김성수는 이 선박에서 내린 짐을 창고에 옮기는 일을 했다.

김성수도 항구의 물류 창고에서 짐 나르는 일을 할 때 농촌에 가서 일손을 돕는 것을 했다. 소련은 농번기가 되면 농촌에 가서 한 달씩 농촌을 돕는 일을 한다. 밖에서 먹고 잔다는 것이 고생스럽기는 했지만 휴가라고 생각하고 친구들과 어울려 즐겁게 일할 수 있어서 좋았다. 그에게는 젊음이라는 무기가 있었고 등을 토닥여 주는 친구들이 있어 버틸 수 있었다.

"나는 노래를 좋아했어요. 다 조선 사람들인데 우리는 일주일에 한 번씩 모여서 노래 연습을 했어요. 겉으로는 노래를 좋아하는 젊은이들의 모임이었지만 동족이라는 것을 더 중시했어요. 노래는 아버지들이 부르는 노래하고 러시아 노래, 팝송을 불렀어요. 여기에 모이면 자연히 한국말 반, 러시아어 반 사용혔지. 부모들이 집에서 한국말 허니께 자연적으로 알기야 알지. 많이 사용은 안 하지만도 여기에 오면 조선말로 허다가 나중에는 러시아 말로 하게 되더라고."

김성수는 노래를 잘 부르는 것이 아니라 노래 부르는 것을 좋아한다. 그래서 마음에 맞는 친구들과 함께 노래를 부르다가 누군가의 제안에 의해 '조선청년합창단'을 만들었다. 합창반의 구성원은 노래를 잘하고 못하고를 떠나서, 그리고 나이가 많고 적은 것은 상관이 없었으나 반드시 조선 사람이어야 했다. 합창단은 젊은이들의 사교장이기도 했지만 같은 민족임을 확인하는 자리이기도 했다.

노래는 주로 러시아 노래를 불렀는데 팝송, 그리고 한국의 가요도 가끔 불렀다. 한국의 가요는 할아버지에게서 아버지에게로, 아버지에게서 아들한테로 입에서 입으로 전해 들은 것을 악보로 만들어 불렀다. 그리고 여기는 다른 사람의 눈치를 보지 않고 한국말을 할 수 있는 곳이기도 했다. 대부분 집에서는 부모님들과 한국말을 했지만 직장에 가면 러시아 말을 하기 때문에 한국말을 할 기회가 많지 않았다. 그

[사진 7-4] 유노사할린스크에 있던 젊은이들의 사교장

러나 이곳에는 다 조선의 청년만 있었기 때문에 여기에서만큼은 한국말을 사용하려고 노력했다.

5. 첫눈에 반한 나의 반쪽

"공원에, 그 뭐라 하나? 그 춤추는 그 장소가 있거든요. 거기 다님서 거기서 만나서 이렇게 (웃음) 춤도 추고 허허… 그때 집사람은 병원에서 일했어요. 간호사였어요. 딱 보니께 얼굴이 보름달같이 하야니 동글동글하고, 웃는 모습이 아주 착해 보였어요. 그래 매주 일요일마다 갔지. 저 멀리에서 춤을 추는데도 보기만 해도 가슴이 쿵쾅쿵쾅 마구 뜀박질을 해서. (중략) 그래 첫눈에 반한 거지. 친구들한테 다 얘기했어. 내가 저 여자를 좋아하니까 나 좀 도와달라고. 그래서 계속 만났지. 그런데 착하더라고. 내 생각이 틀리지 않았지."

[사진 7-5] 첫눈에 반한 김성수의 아내

사진을 보던 김성수가 갑자기 수줍은 듯 얼굴을 붉혔다. 아마 부인을 만나 결혼하는 과정이 파노라마처럼 스쳐 지나갔기 때문일 것이다. 김성수는 아버지가 돌아가시고 어머니마저 재혼하셨기 때문에 결혼에 대한 생각보다는 동생들을 독립시키는 것이 우선이라 생각했다. 부모 없는 어린 동생들이 걱정되었기 때문이다. 그런데 어느 날 친구가 공원에 가자고 했다. 사할린은 저녁을 먹은 후 공원에 모여서 춤을 추었다고 한다. 친구와 같이 춤을 추는데 좀 통통하지만 얼굴이 흰 조선 아가씨가 유난히 그의 눈에 들어왔다. 그녀가 바로 지금의 부인이다.

그녀를 만난 후 김성수는 그녀를 보기 위해 주말마다 친구들과 함께 춤을 추러 갔다. 그녀가 그 장소에 있다는 것만으로도 김성수의 가슴을 뛰게 했다. 그리고 친구들에게 "내가 저 여자를 좋아하니까 도와달라"고 하여 친구들의 도움을 받아 계속 만날 수 있었다. 김성수의 아내도 그렇게 적극적으로 나오는 김성수가 싫지만은 않은 듯하였다.

"처음 만났는데 좋더라고. 연애할 때는 다 그렇지요. 누가 먼저 결혼하자고 할 것도 없고 프로포즈는 무슨, 그냥 결혼하자고 했지. 내가 결혼을 늦게 한 거지. 서른 가까이 돼서야 결혼했고, 우리 집사람은 내보다 두 살 위입니다. 우리 집사람은 이미 결혼을 해서 애가 둘이나 있는 이혼한 사람이었어요. 어머니 반대가 말도 못했지. 그래도 어떻게 해 내가 좋다고 하니 막을 방법이 없었지. 그래서 둘이 살았어요.

김성수가 결혼할 때 부모님의 반대가 매우 심하였다. 그의 부인은 김성수 보다 두 살이나 많은 데다가 이미 결혼하여 자녀가 둘이나 있는 이혼녀였기 때문이다. 김성수는 결혼의 뜻을 굽히지 않고 그녀가 사는 집으로 가서 살았다. 그래서 그는 결혼사진도 찍을 수 없었다. 김성수의 아내는 결혼 후 월급을 타면 월급의 반을 시어머니한테 주고, 먹을 식량도 다 사주었다. 결혼 후 6개월쯤 되었을 때 김성수의 어머니는 그녀를 며느리로 인정해주었다. 김성수는 지금도 부인을 만난 것을 행운이라고 생각하고 그의 부인도 김성수를 만나 행복했다고 얘기한다.

"첫 딸이 태어났어요. 얼마나 기분이 좋은지 그 기분을 어떻게 표현해요. 어머니께서 미역국도 끓여주고 산바라지도 다 해주셨지. 삼칠일 동안 상갓집도 안 가고 좋지 않다는 것은 다 안 했지. 그리고 그때는 애를 나면 직장에 안 가고 한 3개월은 집에서 쉴 수가 있었어요. (중략) 돌잔치는 뭐 상 차려 놓고 뭐 가졌는지 잘 기억 안 나죠. 뭐 돈, 공책, 연필, 실, 쌀 등을 올려놓고 애가 뭐 잡나 보는 재미가 있지. 팥떡 같은 것도 해주고. 귀신 못 오게 한다고. 그거는 우리 부모들이 고향에서 그렇게 했

[사진 7-6] 농활 후 여가 시간을 보내고 있는 김성수

으니까 우리한테도 그렇게 하는 거지. 그러면 우리도 그렇게 따라 하고. 우리가 뭐 알고 하나."

김성수가 첫 딸을 낳았을 때 어머니는 모유 수유를 위해 미역국을 끓여주시고 산후조리를 도와주셨다. 돌에는 돌떡을 만들어 이웃에게 나누어 주고, 돌상을 차려 돌잡이도 했다. 보통 돌잡이 상에는 실, 쌀, 돈, 공책, 연필 등을 놓고 아기가 무엇을 잡는지에 따라 장래를 점치기도 했다. 이러한 것은 부모님이 고향에서 하던 통과의례로 사실 부모의 행위는 자녀들에게 단순한 지식 정보 전달로서가 아니라 부모가 지닌 정신유산에 대한 가치 부여와 한민족의 동일성을 동시에 전수하는 것이다. 김성수 역시 어머니가 가지고 있는 정서와 가치관 등을 고스란히 받았다. 김성수에게는 책을 통해 얻는 감격 이상의 것으로 작게는 부모의 정신과 가치관이며 크게는 민족정체성이다.

"그런 딸이 3살 때 죽었어요. 얘기하면 뭐 해. 기가 막혔지. 지그 엄마가 병원에서 일하는 간호원인데도 방법이 없더라구. 참 하늘이 무너졌지. 하지 말라는 것은 다 안 했고, 지키라는 것은 다 지켰는디 무슨 일인지. 그때는 그런 일이 다반사였어요. 의술이 형편없었지. (중략) 그때 우리는 분가해서 살았는디 아들이 죽자 어머니와 다시 합쳐서 살았어요. 집사람이 너무 힘들어해서요."

어렵게 결혼을 하고 딸을 낳아 행복하게 살던 김성수에게도 시련이 닥쳤다. 애지중지하던 딸이 3살 때 고열로 죽었기 때문이다. 특별히 아픈 곳도 없었고 어느 날 갑자기 일어난 일이기 때문에 가족 모두 놀랄 수밖에 없었다. 특히 간호사인 부인은 자신이 병원에서 일하는데도 딸이 죽었다는 것에 대해 인정하고 싶지 않아 실의에 빠졌으나 어머니의 집으로 들어가 살면서 마음의 안정을 찾았다. 딸의 죽음은 어머니와의 관계를 회복시켜주는 계기가 되었다.

"우리 아버지가 1967년에 돌아가셨어요. 고향, 고향 하다가 고향땅을 밟아보지도 못하고요. 어쩌면 탄가루를 마셔서 그런 거 같아요. 우리 어르신들이 대부분 그렇게 돌아가셨어요. 보통 삼일장하고 3년 탈상을 해요. 우리 아버지도 집에서 삼일장으로 했어요. 우리가 뭐 아나요. 아버지 의형제들이 주도적으로 하고 어쩌다 보니 어렵지 않게 했어요. 아버지가 돌아가시니까 끈 떨어진 연이지. 동생에 어머니를 내가 책임져야 하니까 바빴지요. 그런데 3년 탈상이 되니까 어머니가 개가를 하시더라고요."

김성수의 아버지는 고향 땅을 밟아 보지도 못하고 돌아가셨다. 아버지는 고향에 대한 간절함이 너무 커서 향수병이 도져 돌아가셨다. 김성수의 아버지가 돌아가셨을 때 삼일장을 지냈다. 고향이 하동인 어르신들이 주도하에 상을 치르고 집에 영정을 모셔 3년 탈상을 하였다. 어머니는 아침저녁으로 따뜻한 밥을 지어 올렸다. 아버지가 먼저 가시고 김성수는 가장이 되었다. 사실 아버지가 계셨을 때에도 가장의 역할을 했지만 막상 아버지가 세상을 떠나니 장남으로 가정을 돌보아야 한다는 짐이 더 무거워졌다. 아버지의 3년 탈상이 끝나고 어머니는 동네에 사는 조선 남자와 재혼을 하였다.

6. 김성수를 웃게 하는 행복한 순간들

김성수는 늦게 결혼했지만 행복했다. 아이를 낳고 아이들이 커가는 과정에서

[사진 7-7] 바다를 좋아하는 김성수의 딸과 아이들
왼쪽 두 번째가 김성수의 딸이다.

이런 것이 행복이고, 이런 것이 부모구나 하고 느끼는 순간들이 많아졌다. 그래서 김성수는 자주 웃고 세상은 살만하다고 생각했다.

"애들 키울 때 그때가 내 인생에서 황금기였어요. 이때는 일할 것이 많으니께 지만 성실하면 다 먹고살 만하고 행복하게 살았어요. 우리가 어렸을 때는 일본 애들이 우리하고 안 놀아줘서 조선 사람들은 조선 사람들끼리 놀고 결혼도 조선 사람하고 안 하면 큰일 나는 줄 알고 조선 사람하고만 했는디, 이 애들은 가리지 않고 잘 놀았어요. (중략) 우리가 애들한티 모래성 쌓기, 두꺼비집 짓기 등을 가르쳤는디 우리 애들이 두꺼비집 짓기를 허면서 놀더라고. (중략) 다 러시아 말로 하지. 우리 부부는 부모님의 영향으로 한국말을 할 줄 알아서 집에서는 한국말을 쓰지만도 애들은 유치원에 가면 다 러시아 말 하니께 집에서도 점점 러시아 말로 얘기하지 한국말로 얘기하지 않거든. 그러니께 한국말을 못 하지. 우리가 이렇게 고향에 올 줄 알았으면 한국말을 가르쳤것지."

김성수는 시간이 되면 딸과 바다로 산으로 캠핑을 다녔다. 김성수의 아내가 병원에서 일했기 때문에 아이들은 어렸을 때부터 어린이집에 보냈다. 어린이집에는 조선 아이들도 있지만 러시아 아이들이 많았다. 자녀들은 어렸을 때부터 어린이집에서 러시아 아이들하고 생활하기 때문에 인종과 관계없이 잘 어울렸다. 김성수는 주말이면 아이들을 데리고 바닷가에 가서 수영을 하고 놀았다. 그리고 아이들과 어머니한테서 배운 모래성 쌓기도 함께하고 두꺼비 놀이도 하였다. 아이들은 어느새 아버지한테서 배운 것을 다시 러시아 친구들에게 가르치면서 놀았다. 김성수는 아이들이 노는 것을 보고 자신이 어렸을 때 놀던 생각을 하면서 매우 흐뭇해했다. 아이들의 놀이에서 김성수는 코르사코프 바닷가에서 발가벗고 물에 뛰어들어 헤엄치던 어린 시절의 추억을 회상하였다.

"이거는 병원에서 같이 일하던 친구들이에요. 우리가 러시아 국적이 없다고 업신여기고 차별을 하던 러시아 사람들도 우리가 워낙 성실하게 일하고 손기술이 좋으니께 인정해주고. 허물없이 지냈어요. (중략) 조선 사람, 러시아 사람 할 것 없이 다 아이들 데리고 바다로 산으로 가서 산보하고 정말 재미있었어요. 바다에 가서 수영도 하고 조개도 잡아서 구워 먹고. 원래 러시아 사람들은 미역도 안 먹고 조개도 안 먹었거든. 우리한테 바다에 있는 풀 뜯어 먹는다고 거렁뱅이라고 했지. 그러던 사람들이 이제는 우리보다 더 잘 먹어요. 우리 조선 사람들한테 배웠지. 그런 날이 또 올까? 지금도 그때만 생각하면 거기가 내 고향 같어."

김성수의 아내 직장 동료들이다. 실제로 이주 초기에 러시아 사람들은 조선 사

[사진 7-8] 여름 피크닉을 즐기는 김성수의 아내와 동료들

[사진 7-9] 동료 간호사들과 여름 한때를 즐기는 김성수의 가족

람이라고 업신여기고 차별대우를 하는 것이 일쑤였다. 그러나 시간이 지남에 따라 일터에서 조선 사람들이 없으면 일이 안 될 정도가 되자 조선 사람들의 성실함을 인정해주고 대하는 태도도 달라졌다. 그들은 무슨 오해가 생기면 오래 담아두지 않고 바로 해결하며 서로 좋은 쪽으로 노력하여 성과도 좋았다.

원래 러시아 사람들은 김치나 미역, 조개를 안 먹었었다. 그러나 조선 사람들이 생일에 미역국을 끓여 나누어 먹고, 여름이면 바다에 가서 조개를 잡아 구워 먹고, 산에 가서 고사리를 꺾어 먹는 것을 보고 러시아 사람들도 점차 즐겨 먹게 되었다. 특히 러시아 사람들 대부분은 김치를 직접 담가 먹기도 하면서 서로의 문화를 인정하였다.

"이 사진은 바다에 가서 놀 때 찍은 것인디 몇 안 남았어.(한숨) 여기는 다 조선 친구들이에요. 잘생기고 못 생기고가 어디 있고 뚱뚱하고 날씬하고가 어디 있어. 그냥 보기만 해도 좋을 때지. 사할린은 여름이 짧아요. 9월이 되면 추워지기 시작헌게 여름에 해가 나면 주말마다 산으로 들로 바다로 가서 놀지. 겨울이면 스키를 타지만도 여름에 이렇게 노는 것만 못하지. 겨울에 눈이 오면 사람 키만큼 오고.(중략) 이때는 직업의 좋고 나쁜 것도 없었고. 일할 게 많으니께 지만 성실하면 누구나 다

[사진 7-10] 바닷가에서 한인 친구들과 김성수

뒷줄 오른쪽 첫 번째가 김성수이다.

먹고사는 디는 걱정 없었지. 지금이야 니 아버지가 뭐 하는 사람이냐 따지지만도 이때는 아버지들이 다 막노동을 하고 살았응게. 그때는 누가 잘살고 못살고가 없었지."

[사진 7-10]에서 오른쪽 첫 번째가 김성수의 부인이고, 그 뒤에 김성수가 웃고 있다. 김성수는 사진을 보면서 한숨부터 쉰다. 사진 속 친구들은 모두 조선 친구들인데 이들 중에 살아있는 친구가 몇 안 되기 때문이다. 이들은 잘생기고 못생긴 것을 떠나 만남이 좋고 이야기가 통해서 좋은 친구들이었다. 당시 사할린은 일감이 풍부하여 누구든지 성실하면 잘살았다. 직업의 귀천이 없던 시절, 여름이 되면 모두 산으로 들로 나들이를 가고, 바다에 가서 수영을 하면서 놀았다. 사할린은 9월이 되면 추워지기 시작하여 다음 해 6월까지 춥기 때문에 짧은 여름을 즐기는 사람들이 많았다. 겨울에 내린 눈이 봄까지도 녹지 않고, 눈이 많이 올 때는 사람 키보다도 더 많이 쌓인다고 한다. 그래서 이들에게 여름은 특별하다.

7. 평생지기 친구들

김성수에게는 어렸을 때부터 같이 자란 죽마고우들이 있다. 이들은 같은 동네에 살면서 좋은 일이나 궂은일을 함께 나눈 평생지기이다.

"이 사진은 우리 집을 고칠 때 찍은 사진이에요. 우리 동네에서 같이 산 친구들인디, 요만할 때부터 같이 자란 코흘리개 친구지. 불알친구. 옛날 집들은 판잣집이고 비가 오면 빗물이 줄줄 샜어요. 그래서 집을 고치는데 친구들이 와서 고쳤지. 그때는 친구지간에는 다 품앗이지 돈을 받고 일하지는 않았지. 오늘 우리 집 고치면 내일은 누구네 집 고치고. (중략) 이때는 돈은 없어도 정말 살 맛 났어. 니 것 내 것 하지 않고 서로 위해주었으니께 일이 힘들어도 재미있었지요. 일할 때 막걸리가

[사진 7-11] 김성수의 친구들

어렸을 때부터 함께 자란 김성수의 죽마고우이다.

빠지면 안 되지. 막걸리 주전자 옆에다 놓고 일하고, 일하다가 목마르면 주전자 한 번 빨고 또 하고. 이렇게 힘을 합하면 못 할 일이 뭐가 있어. 지금은 그 친구들이 어디로 갔는지 다 갔버리고 없네. 이놈도 먼저 가뻔지고, 저놈도 죽고. 이제 언제 만날란가 모르지 뭐. (후략)"

김성수는 집을 고치면서 찍은 사진을 보며 "나는 가난한 집의 장남으로 태어났지만 마음이 따뜻하고 인심 좋은 부자이다"라며 스스로 성격이 원만하여 친구들이 많았고 책임감이 강했다고 평가한다. 코르사코프에는 해방을 맞아 고향으로 가기 위해 왔다가 고향에 갈 수 없자 정착한 한인들이 많았다. 특히 김성수의 아버지는 의령이 고향인 사람들끼리 형제간을 만들어 모여 살았기 때문에 김성수의 친구들도 많았다. 하루는 비가 많이 와서 빗물이 들어와 집안이 물바다가 되었다. 김성수는 죽마고우를 불러 집을 수리했다. 그들은 무슨 일이 생기면 내 일처럼 도우며 어쩌면 형제 이상의 의미를 가졌다.

"이 사람이(부인) 병원 간호사로 평생을 일했어요. 40년을 같은 병원에서 일했으니까 그 동료들하고는 가족이나 다름없이 지냈지요. 병원 식구들이 모여 밥도 먹고, 고민도 나누고, 나중에는 형제보다도 더 친하게 지냈어. 물론 간호원들은 거의

[사진 7-12] 김성수의 아내와 동료들

새해맞이 파티에서 김성수의 아내와 병원 동료들이 함께 찍은 사진이다. 앞줄 왼쪽에서 첫 번째가 김성수의 아내이다.

다 러시아 사람이에요. 이 친구들이 집에도 와서 놀고, 러시아는 12월 30일 날에는 꼭 파티를 해요. 음악을 틀어 놓고 샴페인을 마시며 춤도 추고 좋은 말도 서로 하고 즐겁게 지내요.

김성수의 부인이 처음부터 간호사로 일한 것은 아니다. 어느 날 병원에서 사람을 구한다는 광고를 보고 들어가 정년퇴임을 할 때까지 같은 병원에서 일했다. 김성수에게 이웃하여 살던 죽마고우가 있다면 김성수 부인에게도 이 친구들이 죽마고우이다. 여기에 있는 친구들과 크고 작은 일들을 상의하며 친자매처럼 지냈다. 러시아 문화는 한국의 문화와 다르게 12월 30일 날에는 새해맞이 파티를 한다. 파티에는 음악과 샴페인이 빠질 수 없다. 샴페인을 마시고 춤을 추다가 자정을 알리는 종소리가 나면 볼에 뽀뽀를 하며 서로 축복해준다. 이날도 친구들은 김성수의 집에 와서 파티를 하며 신년을 맞았다.

"내가 물류 창고의 책임자로 있었어요. 이 사람들은 그때 회사 동료들이에요. 내가 책임자가 되리라는 생각도 못 했지. 성실하게 일하니께 이렇게 되더라고. 내가 키는 작지만 힘은 좀 있어. 그리고 러시아사람들이(기침) 사람들은 참 좋습니다. 러

[사진 7-13] 김성수와 물류회사 동료들

시아 사람들은 성격이 꽁하지 않아요. 무슨 안 좋은 일이 있으면 이래서 이렇다 하면 술 한잔하면서 바로 풀고. 다 잊어버리자 하거든. 처음부터 이렇게 좋았던 것은 아니고, 처음에는 우리를 엄청 무시했지. 니네 나라로 가라고 하고, 거지 취급했어요. 근디 우리 조선 사람들이 억척스럽거든. 일하면 엄청 성실하지. 그러니까 인정해줄 수밖에 없지. 같이 자란 동네 불알친구는 아니지만도 나를 인정해주는 평생 친구들이니 그때가 그립고 보고 싶지."

김성수는 물류 창고의 책임자로 일했다. 김성수는 단단한 체구에 키가 작은 편이나 힘이 좋고 인간성이 좋아 친구들이 많았다. 처음에 조선 사람이라고 무시하고 깔보던 러시아 사람들도 성실하게 일하는 김성수를 인정해주고 통솔력이 있는 사람으로 인정해주었다. 김성수는 러시아 사람은 솔직하다고 생각한다. 러시아 사람들은 일하면서 어떤 문제가 생기면 바로 대화를 하기 때문에 풀리지 않은 일이 없었고, 끝난 일에 마음 두지 않는다고 했다. 그래서 그는 지금도 그들을 그리워한다.

8. 눈꽃에 실어낸 어머니

김성수의 어머니는 65세에 돌아가셨다. 8월에 고향을 방문했다가 사할린으로 돌아온 뒤 항수병이 도져 그해 이른 겨울에 돌아가셨다.

"이게 1982년에 우리 어머니 환갑 사진이요. 우리 조선인들은 환갑 하면 정말 온 동네가 떠들썩했어요. 이 음식 보세요. 이것을 혼자 어떻게 만들어요. 동네 아주머니들이 모두 모여서 만든 거예요. 뭐 하동 사람들이 한 20명이 한동네에서 살고. 무슨 잔치가 있다 하면 만나가지고 이렇게 몇 달 전부터 막걸리 담고, 국수도 뽑아서 말리려고 쭉 널어놓으면 우리는 거기를 뛰어다니며 놀았어요. 두부 만들고, 인절미 치고, 마당에 풍장치고, 놀이패들이 와서 꽹과리 두드리고 장구치고 노래 한 가락씩 뽑고. 신명 나게 놀았지. 고향이 따로 있나요. 이게 고향이지. (중략) 이렇게 신나는 그런 날이 또 올까요?"

1982년, 김성수 어머니의 환갑잔치 사진이다. 사할린 한인은 매우 가난하였다. 하지만 결혼이나 환갑 등의 통과의례는 아주 성대하게 치렀다. 보통 환갑잔치를 위해 몇 달 전부터 엿을 곱고, 술을 담그고 분주하게 움직였다. 음식은 혼자서 준비하

[사진 7-14] 김성수 어머니의 환갑

는 것이 아니라 동네 사람들이 같이 준비를 하여 마을의 잔치가 되기도 하였다. 동네 사람들은 무슨 잔치가 있다 하면 이집 저집 돌아가면서 도왔다. 사실 조선 사람들은 가난하여 먹을 것이 없어도 환갑은 했던 것 같다. 이는 가족과 친족 관계를 매우 중요하게 여기며 의례를 중시했다는 의미이다. 그들이 행한 통과의례는 개인의 기억으로 시작하여 민족 간 상호작용하면서 그 의미가 마을로 확장된다. 개인은 '고향' 또는 '마을'이라는 공간에 그 의미를 부여하고, 통과의례에 참여함으로써 그 세계의 한 일원이 되는 것을 끊임없이 확인하고 민족정체성을 지키려 한다. 그러므로 이때 통과의례는 구성원이 모여 서로 민족적 공감과 사회적 연대감, 소통의 장으로 민족정체성을 불러일으키는 매체가 된다.

사할린 한인에게 통과의례는 고향에 대한 기억을 재현하는 통로이며, 고향을 그리워하는 노스탤지어의 표현과 행위를 담는 근본 원리이다. 뿐만 아니라 통과의례 행위는 불안한 일제강점기 식민지 존재의 위기를 느끼며 민족정체성을 확인하고 환기하고자 한 간절한 소망이다.

"서울올림픽을 할 때 텔레비전에서 서울을 봤지. 그동안 한 번도 보지도 듣지도 못하던 한국이 저렇게 발전한 나라였다니 하면서 감탄을 했어요. 한국 선수들이 나오면 응원하느라 밤을 샜지. 특히 직장에 가면 러시아 사람들이 "와 니네 나라 한국은 정말 잘 사는 나라다"라고 하고, 덕분에 우리는 목에 힘 좀 주고 배 내밀고 다녔어요. 그 때부터 어머니 고향병이 도진 거라. 어머니가 하도 고향 고향해서 잊어버리라고 소리를 질렀어요. 그래 친척 방문을 신청했지."

사할린에 거주하는 한인에게 '88서울올림픽'은 대단한 의미를 가져다주었다. 첫째, 러시아 사람들에게 더 이상 무시당하지 않아도 되었으며, 둘째, 사할린 한인 모두 고향에 대한 꿈을 꾸게 하는 동인이 되었기 때문이다. 김성수 역시 '88서울올림픽'이 동인이 되어 고향을 방문하게 된다. 그동안 어머니가 고향 고향 할 때마다 갈 수도 없는데 그만 하라고 하면서 짜증을 냈다고 한다.

사할린 한인 대부분이 그렇듯 서울이 어디에 있는지, '한국'이라는 나라가 얼마나 잘 사는 나라인지 모르고 살았다. 그런데 어느 날 텔레비전에 비친 한국은 사할린 한인들의 눈을 의심하게 했다. 텔레비전을 통해 고국의 경제성장을 보았기 때문이다. 올림픽 내내 텔레비전 앞에서 한 번도 가보지도 못한, 부모님한테서 말로만 듣던 한국의 선수를 응원하면서 밤을 새웠다. 특히 직장에 가면 '한국'이 이야기 화젯거리가 되었고, 러시아 사람들도 대단한 한국이라고 하며 이제 더 이상 손가락질하지 않았다.

> "어머니가 돌아가시기 전에 유독 고향에 다녀오고 싶어 했어요. 올림픽을 본 뒤부터 고향병이 도진 거라. 마침 아버지 이복형이 초청을 해서 모국방문을 왔다가 사할린으로 돌아간 뒤 1990년에 65세로 세상 떠났어요. 고향 방문 때 아버지 고향인 하동에 갔다가 50년 만에 이모를 만났습니다. 이모를 만났는데 이모가 집에 들어오자마자 "이 꼴을 해가지고 와 여기 왔노?" 이렇게 말하니까 어머니가 허허 기가 차서 허 말을 못하셨습니다. 그 어머니가 그걸 가지고 속을 태웠는지 사할린에 와서 시름시름 앓다가 돌아가셨어요. 너무 일찍 돌아가셨어요. 마지막 돌아가실 때까지 고향을 가고 싶어 하거든. 특히 한국 사람이 더 합니다. 딴 민족보다도 한국 민족은 고향이라는 것이 더 많아요. 그래 고향에서 살아보지도 못하고 돌아가셨습니다.

김성수의 어머니는 88올림픽 때 텔레비전에서 방영된 한국을 보게 되자 잊고 살았던 고향에 대한 그리움이 향수병으로 되어 고향을 외치다 돌아가셨다. 어머니가 고향을 외치며 그리워할 때 마침 아버지의 이복형에게 초청장을 받아 모국을 방문한다. 당시는 사할린에서 한국으로 바로 올 수 없었다. 한국에 오기 위해서는 반드시 일본을 경유해야만 했다. 김성수는 어머니를 모시고 아버지의 고향인 하동의 입성마을에 갔다. 그런데 초청한 큰아버지가 김성수 가족이 고향을 방문하기 몇 달 전에 세상을 뜨게 되었다. 이 소식을 접했던 김성수의 슬픔은 이루 말할 수 없었다.

김성수는 아버지에게서 들은 고향 집에 대한 기억을 더듬었다. 아버지한테서

[사진 7-15]
고향 하동에 방문한
김성수 가족(1990)
고향 하동에 방문하여 섬진강 앞에서 가족들과 찍은 사진이다. 오른쪽 두 번째가 김성수의 어머니, 그 옆이 의붓아버지이다.

귀가 따갑도록 듣던, 눈 감고도 찾을 수 있을 거라고 생각한 아버지의 집과 마당에 있는 사과나무, 돼지우리, 닭장 등은 온데간데없이 다른 집으로 변해 있었다. 이미 도시로 변해버린 아버지의 고향, 아버지의 향수를 아쉬워하며 큰아버지를 만나지 못한 김성수는 때마침 내리는 장맛비만 한탄할 수밖에 없었다. 사할린으로 돌아온 어머니는 향수병을 앓다가 돌아가셨다.

"65세에 어머니가 향수병을 앓다가 돌아가시니 허탈했어요. 어머니가 고향 고향 하기만 했지 고향에서 살아 보도 못 하고 돌아가셨으니까요. 그래서 친구들과 같이 사할린 한인 1세들이 고향으로 갈 수 있는 방법을 생각하다가 코르사코프의 한인회장 선거에 나갔어요. 당선이 되어서 한인회 회장으로 활동했습니다. 명절날에 한인의 날 행사를 했어요. 광복절에 씨름도 있었고 그땐 정말 크게 놀았습니다. 그리고 일본영사관에 가서 데모를 했어요. 그 보상 받은 게 여기 온 거요. 하하하 (허탈한 웃음) 일본 사람들이 비행기 표 사주고, 집은 한국에서 줬지만도. 이게 뭐여. 이게 사는 게 아니지. 독일이나 일본만 봐도 지그 피붙이는 다 데리고 가지 이렇게는 안 해요. 짐승도 새끼하고 갈라놓지 않지요. 누가 산짐승을 에미하고 갈라놓습니까."

[사진 7-16]
코르사코프시 한인회 회장
시절 강제연행에 대한
보상 시위 중인 김성수

김성수는 어머니가 돌아가신 뒤 한인 1세들이 고향에 갈 수 있는 방법을 모색하기 위해 코르사코프시 한인회 회장으로 출마했다. 당선이 된 뒤에 명절날에 '한인의 날' 행사를 열어 러시아 사람들도 초대했지만 최대한 한국적으로 준비했다. 장구와 북을 치며 노래를 부르고, 막걸리를 마시며 부침개를 부쳐 먹어 어르신들의 눈물샘을 자극했다. 운동장에서는 줄다리기, 이어달리기, 씨름 등을 열어 향수를 달랬다. 모든 행사 비용은 모금을 통해서 열었는데 이때 러시아 사람들도 기부를 해주어 더욱 풍성하고 모든 사람들이 즐기는 잔치를 만들었다. 그리고 그는 일본의 대사관에 가서 이산에 대한 보상을 요구하고 서울역에 와서 시위를 하였다. 그 결과 오늘과 같은 영주귀국이 되어 그를 더욱 슬프게 한다.

[사진 7-17] 김성수의 코르사코프시
한인회 회장 임명장

9. 영주귀국, 낙엽이 되어 돌아오다

김성수는 2007년에 영주귀국하여 기초생활수급 대상자로 지원을 받기 때문에 노동은 하지 않고 편하게 살고 있다. 그러나 몸이 편하다고 해서 반드시 마음이 편한 것은 아니다. 마음이 불편하기 때문에 지금 사는 곳도 고향이 아닌 타향이라 생각하고 그래서 더 외롭고 더 서럽다.

> "이 사람은(부인) 오기 싫다고 안 온다는 것을 내가 억지로 끌고 왔어요. 낙엽이 되어서 왔느니 힘이 있나요. 너무 늦게 왔지요. 2007년에 처음에 왔을 때 한국 어르신들이 우리한테 욕 하대요. 당신들이 풀뿌리 뽑아 먹으면서 나라를 이렇게 만들 때 니들은 무엇 하다 이제 왔냐고요. 왜 이제 와서 국민의 세금을 축낸다고. (중략) 우리가 10년만 젊었을 때 왔으면 우리 힘으로 일해서 먹고 살고, 그런 소리도 안 듣고 힘은 들지만 떳떳했을 거요. 여기에서는 사할린에서 고생한 것 반만 해도 충분히 잘 살았을 거요. 우리야 기초생활수급자이다 보니 항상 기도 못 펴고 웅크리고 살지요. 죄인으로 만드는데 마음이 편하겠어요? 몸은 편할지 몰라도 마음은 안 편해요. 몸이 편하다고 마음이 편한 것은 아니거든."

김성수 부인은 병원에서 간호사로 47년 동안 일했다. 영주귀국 하자는 김성수의 말에 부인은 동의하지 않았다. 40년간 일하던 곳을 그만두는 것도 서운하였지만 자녀들과 헤어져 산다는 것에 용기가 나지 않아서였다. 그런 부인에게 김성수는 "일단 갑시다. 어머니의 유언이니 갔다가 정 어려우면 다시 옵시다" 하면서 영주귀국하였다. 그런데 이웃의 어르신들은 힘이 없어진 이제야 와서 세금을 축낸다고 나무라셨다. 사실 이제 오고 싶어서 온 것도 아니고, 지금이라도 일을 할 수 있는 제도가 있다면 일을 하고 싶다. 그래야 마음의 빚을 벗고 죄인으로 살지 않아도 되기 때문이다. 사실 지금의 기초생활수급 제도는 힘이 있어도 일을 하면 안 된다. 만약에 노동을 해서 그에 해당하는 대가를 받으면 기초생활수급비에서 그만큼을 제하기 때문이다. 이는 수급자들을 더욱 빈곤의 늪으로 빠져들게 만드는 제도라고 생각한다.

[사진 7-18] 김성수의 평생지기

뒷줄 왼쪽에서 네 번째가 김성수이다.

"아까 사진에서 봤던 그 불알친구들이요.(침묵) 지금 인자 우리 부부 빼고 딱 둘만 남았어요. 하나는 충주에 있다가 돌아가시고, 하나는 부산 시장 거기서 돌아가시고. 이 사람은 남양주에 살다가 얼마 전에 갔고. (중략) 우리는 평생 니 집 내 집 하지 않고 살았거든. 생일에 초대하지 않아도 문 열고 들어가면서 미역국 주고, 어제 제사 지내고 남은 나물에 밥 비벼주면 곡주 한 사발하고 거뜬하게 먹고 좋았어요."

[사진 7-18]은 김성수가 2009년에 죽마고우와 찍은 사진이다. 부산에 사는 친구들이 김성수 집으로 놀러 와서 찍었는데 이들은 코르사코프에서 만나 영주귀국까지 동고동락하던 친구들이다. 한국으로 영주귀국하여 노후를 편안하게 보내자고 약속하고 왔지만 이미 하나둘 떠나기 시작했다. 이들은 가정의 크고 작은 일을 모두 알기 때문에 초대라는 말은 어울리지 않았다. 제사 다음날이면 부르지 않아도 모두 와서 남은 제주를 나누어 마시고 주말이면 이집 저집 돌아가면서 모여서 놀았다. 특히 힘든 일이 생기면 네 일 내 일 가리지 않고 서로 돕고, 시간 가는 줄 모르고 살았다. 그래서 그때 참 살기 좋았다고 김성수는 기억한다.

"이건 내 칠순 때 사진이요. 조촐하게 했지. 사할린에 있는 친척들이 올 수 있나,

[사진 7-19] 김성수의 칠순잔치

앞줄 왼쪽에서 세 번째가 김성수 이다.

자식들이 올 수 있나. 여기에 있는 친구들하고 밥 먹고 끝났지. 서럽지. 아버지 환갑 때는 요란했지. 그리고 내가 사할린에 있다면 평생을 살았으니께 축하해주는 사람도 많았겠지. 하지만도 여기서는. (중략) 이 영주귀국 제도는 잘못된 거요. 자식들을 볼 수 있나, 일을 할 수 있나. 우물 안 개구리 알지요? 우리가 그쪽 났어. 산송장이나 한 가지지 뭐. 게다가 여기 있는 친구들만 살아 있어도 덜 외롭지요."

김성수는 사진을 보면서 긴 한숨을 쉰다. 김성수는 자신의 칠순 사진을 통해 아버지의 환갑에 대한 기억을 꺼내온다. 아버지 환갑 사진 속에는 왁자지껄 꽹과리를 치며 마당을 빙글빙글 돌던 마당패들이 아직도 남아 있다. 그리고 다시 자신의 현재로 돌아온다.

김성수가 사는 아파트에는 2007년에 같이 영주귀국한 사할린 한인이 약 580여 명이 거주하고 있다. 이는 대한적십자사 주도로 사할린 한인들의 영주귀국 사업이 정례적으로 추진되었기 때문이다. 영주귀국에 대한 정책적은 일본 정부에서는 보상 차원에서 영주귀국 하는 경비를 지원하였고, 토지 공사에서는 임대 아파트를 제공하였다. 당시 영주귀국 대상자는 1945년 8월 15일 당시 사할린 거주 또는 출생자로 규정하고 영주귀국 대상자 선발기준은 1945년 이후 출생자라 하여도 1세대 2인의 연령을 합산하여 고령 순으로 순위를 결정하였다(보건복지가족부, 2010). 그리고 거

[사진 7-20] 김성수의 여동생 가족

북한에 거주하는 김성수의 여동생 가족이 사할린에 방문하여 함께 바닷가에서 여가를 즐기는 모습이다.

주지는 단지 생존 시에만 제공되고 상속할 권한은 없다는 단서가 붙었다. 이러한 제한으로 자녀와 같이 살 수 없게 된 것이다. 사진 속의 동지들은 사할린에서 각자 맡은 임무에 그런대로 잘 나가던 가난을 극복한 용사들이다. 의사에 가수, 조종사, 기자, 교사 등등. 그러나 고향으로 영주귀국하면서 똑같은 기초생활수급자가 되어 돌봄의 대상이 되었다. 이들은 같은 단지에 살면서 서로가 위안을 삼는다. 그러나 위안이 된 만큼 한 사람이 사망할 때마다 실의에 빠지고 허탈하기도 하다.

김성수의 여동생은 북한에 살고 있다. 몇 년 전에 북에 살고 있는 여동생 부부가 사할린에 온다는 소식을 듣고 사할린에 가서 만났다. 김성수는 점심 도시락을 준비하여 바다로 캠핑을 갔다. 여동생 부부와 같이 조개도 잡고 맛난 점심을 먹으며 어렸을 때 추억을 소환하기도 했다. 여동생은 몇 안 남은 혈육이지만 자주 만날 수 없어 더 애틋하다.

김성수를 처음 만난 것은 2014년 3월 8일이었다. 그날은 남동사할린센터에서 3·8부녀절 행사로 어르신들이 약 150명 정도 모여서 명절을 즐기고 있었다. 그런데 김성수는 카메라 셔터를 누르느라 식사도 제대로 못하고 있었다. 훗날 알게 되었지만 김성수의 취미는 사진을 찍는 것이었다. 사진을 찍어서 특별한 곳에 사용하는 것이 아니라 렌즈를 통해서 그들의 시간과 표정을 저장하고, 기억하기 위함이라고 했다.

며칠 뒤 김성수와 인터뷰하기 그의 집에 방문했을 때 김성수와 그의 부인은 매우 반가워하며 맞아 주었다. 그의 부인은 변변히 마실 것이 없다면서 사할린에서 담궈 온 차를 주시면서 사할린에서 있었던 경험을 쏟아내기 시작하였다. 마치 엉켜있던 실타래가 풀리는 듯하였다. 그는 부모님의 삶을 이야기할 때는 두 부부가 눈물을 훔쳤다. 그러나 어려움을 극복하고 자신의 정체성을 찾아가는 대목에서는 누구보다도 당당한 모습으로 이야기를 이었다.

그는 사할린 문화와 한국 문화 사이에서 혼성성을 경험하고 그 사이에서 자신의 위치를 찾아가고 있었다. 그러나 지금과 같은 영주귀국에 대해 매우 회의적이었다. 그는 아직도 일할 힘이 남아있는데 국가에서 제공하는 최소생계비 외에 경제활동을 할 수 없으므로 경제적으로도 큰 어려움을 겪고 있다. 다시 사할린으로 돌아가고 싶지만 이미 한국에서의 생활에 익숙해졌기 때문에 사할린이 불편하여 여기에서도 정착하지 못하고 사할린에서도 정착하지 못하는 상황에 놓이게 되었다. 그는 과거 고향에 대한 향수로 고단함을 견디었지만 영주귀국 후에는 다시 러시아에 남겨진 자녀와 형제들에 대한 그리움과 향수로 아픈 나날을 보내고 있다.

김성수에게는 어떠한 물질적인 부유함도 사할린에 두고 온 자식과 친지, 지인들에 대한 그리움을 대신할 수는 없다. 하루 빨리 이산으로 인한 아픔이 사라지길 기원해 본다.

8장
사할린에서 핀 무궁화: 문정현의 이야기

문정현은 1938년 사할린 샤조르스크에서 태어났다. 샤조르스크는 대표적인 탄광촌으로 한때 많은 한인들이 살았던 곳이다. 그해는 그의 아버지가 사할린의 탄광 광부 모집으로 돈을 벌기 위해 가던 해였다. 위로 누나 한 명과 여동생 셋이 있는 집안의 외아들로 성장하여 7살 되던 1945년, 사할린에 있는 일본학교에 입학하였다.

문정현의 부친은 사할린 탄광에서 6년간 일하다 1944년 어느 날 일본으로 이중징용을 당해 떠나고 없었다. 장남인 그는 가난을 극복할 수 있는 방법은 공부밖에 없다고 생각하여 열심히 공부하였다. 그래서 중학교는 우등생으로 졸업하고 러시아에 있는 공과 대학에 가고 싶었는데 집안이 어려워 대륙에 있는 대학을 포기하고 사할린에 하나밖에 없는 사범대학에 입학하였다. 5년 후 졸업하고 어머니의 소원대로 이중징용을 가 소식이 없는 아버지를 찾기 시작하였다.

아버지가 일본으로 이중징용 된 후 식구들은 한국으로 갈 수 있는 날만 기다리면서 러시아 국적을 취득하지 않고 지냈다. 무국적 상태에서는 아버지의 귀환 수속을 밟을 수도 없었고 군대에 입대해야 하는 절박한 상황에 놓이자 가족회의를 한 결과 문정현만 러시아 국적을 취득하기로 하였다.

문정현은 먼저 경찰서 외국인 비자 등록부서에 가서 아버지를 초청하는 서류를 작성하였다. 그러나 문정현이 아버지의 아들이라고 증명할 수 있는 자료를 제시하지 못하자 번번이 퇴짜를 맞았다. 몇 번의 서류 제출이 허락받지 못하자 문정현은 아버지와 어머니가 부부라는 것을 증명하는 서류를 만들어 놓아 겨우 통과하게 되었다.

문정현은 일본으로 이중징용을 간 아버지는 사할린으로 돌아올 수 없어 북한으로 가셨다는 사실과 일본으로 이중징용 간 아버지는 식구들과 재회할 희망이 없다고 생각하여 일본에서 일본 여자와 결혼을 하여 아들 하나를 낳았는데 부인이 6개월 만에 사망하였다는 사실을 알았다. 문정현의 끈질긴 노력으로 어렵게 아버지를 만났다.

하지만 24년 만에 이중징용에서 돌아오신 아버지가 계시지만 농사일과 학교일 모두 문정현의 몫이었다. 작은 집에서 문정현 부부와 아이들, 그리고 부모님에 이복동생까지 모두 7명이 함께 살았다. 문정현 혼자 일하고 받는 월급으로는 살기가 매우 힘들었다. 더욱이 오랜 세월 떨어져 각자의 삶을 살아왔으므로 아버지와 어머니가 문화 차이로 다투는 일도 많았다. 게다가 아버지가 일본에서 낳은 이복동생은 6학년 때 북한으로 가서 한국말도 모르고, 러시아로 와서는 러시아어도 몰랐기 때문에 정상적인 생활을 하기가 어려웠다.

1980년도 러시아 공장에도 현대화 바람이 불었다. 러시아에서는 현대화를 위해 많은 기계와 미국의 기술자들이 들어왔다. 문정현은 미국 사람들을 도와 문서를 작성하고 KGB에 허락을 맡는 일을 하였다.

그는 1989년, 안정적인 직장생활과 사회봉사로 홈스크시에서 한인협회 초대회장직을 맡았다. 사할린에 거주하는 한인들에게 민족혼을 불어 넣어 주려고 전통예술제와 전통놀이를 도모하여 한국의 멋과 흥을 잊지 않도록 주민들을 격려해주었다. 특히 그는 KAL 007편이 격추되어 탑승객 전원이 목숨을 잃었을 때 추모제를 주도하기도 했다.

1994년, 적십자사를 통해 어머니와 함께 고향 방문을 하였다. 늦게나마 아버지를 부르게 되었나 싶었지만, 미처 행복한 가정을 꾸리지도 못하고 저세상에 가신 아버지, 남편과 남은 인생 오순도순 살아보지도 못하고 일만 하다가 외롭게 저세상에 가신 어머니, 결혼을 6개월 앞두고 예쁘게 집 손질하다 누구 손에 죽었는지도 모르게 처참하게 저세상에 가버린 둘째 아들, 문정현의 가정사를 듣다 보니 파란만장한 일생을 보낸 것 같다. 이제부터라도 꿈에 그리던 조국 대한민국에서 문정현 내외가 마음 편안하게 행복한 여생을 보내기를 간절히 바란다.

1. 아버지가 없는 고된 어린 시절

문정현의 부친도 1938년도에 탄광 광부 모집으로 돈 벌러 사할린으로 가서 그곳에서 6년간 일하다 일본으로 이중징용을 당했다.

> "아버지는 강제징용을 온 게 아니라 1938년도에 모집으로 돈을 벌러 사할린에 왔어요. 탄광에서 6년 동안 일했는데, 1944년도에 일본으로 이중징용이 됐어요. 강제로 아버지의 의견은 물어보지도 않고 일본으로 보냈지요. 45년에 해방이 되니까 끊어졌잖아요. 그때부터 시작해 가지고 아버지가 우리한테 돌아오지 못했어요. 우리는 아버지가 어디로 가신지도 모르고 참 소식도 없었어요."

일본이 점령한 남사할린 지역의 한인 중 남한지역 출신이 대부분으로 경상도와 전라도 출신이 가장 많았다. 이들은 일제식민지 치하에서 자의적인 이주도 있었지만 일본기업의 앞잡이 노릇을 한 브로커들에 속아 사할린으로 오게 된 경우도 적지 않았다. 당시 석유, 가스, 석탄 등 자원개발을 위해 사할린섬에 진출한 일본기업들과 정부는 노동력 부족으로 애를 먹고 있었다. 혹독한 땅 사할린에 이주하려는 일본인도 많지 않았기 때문이다. 이런 상황에서 일제는 '좋은 일자리', '높은 임금'을 미끼로 한국인들의 사할린 이주를 부추겼다. 모집 초기에는 관 주도가 아닌 민간 주도의 모집으로 어느 정도의 자율성도 인정되었다. 그러나 1930년대 말에는 모집을 빙자한 강제동원이 가속화되었다. 특히 1938년 '국가총동원령' 이후 모든 물적 · 인적 자원을 자의적으로 동원할 수 있게 되었다.

문정현의 아버지도 돈을 벌러 사할린에 와서 일하다가 1944년 어느 날 본인의 의지와는 관계없이 일본으로 이중징용을 가게 되었다. 문정현은 1938년도에 태어났고 위로 누나 하나하고 여동생이 셋이 있다. 그는 7살 되던 해 1944년도에 사할린에 있는 일본학교에 입학을 하였다.

> "조선학교는 전쟁이 끝난 다음에 있었지. 45년도 전쟁이 끝나기 전까지는 일본학교밖에 없었지. 일본학교에서 공부하면서 특별한 차이를 느끼지 않았는데, 다만 따돌림을 받았어요. 왜냐면 아버지도 없고, 거기서 한 반에 1학년 한 반에 한인이라고 나 하나밖에 없었어요. 그래 공부도 잘했는데 나한테는 상도 안 주고, 동무도 없고 하니까 서러웠지."

학교에 입학하고 나니 한인은 오로지 문정현 하나밖에 없었다. 함께 공부하면서 은근히 따돌림받는다는 생각을 하게 되었다. 공부도 곧잘 하는데 상을 받을 때도 열외를 시키고 이따금 상을 선생님께서 별도로 집으로 와서 주신 기억이 난다고 한다. 그 이유는 아버지가 없으니까 자꾸 밀렸고 반 아이들 모두가 일본인이니 조선사람인 문정현에게 상 주는 것이 불편하였던 같았다. 학교에 입학하면서 아버지 없는 설움이 시작된 것이었다.

1945년 일본의 패색이 짙던 당시, 초조했던 그들은 불안감을 해소할 대상이 필요했다. 희생양을 찾던 집단 광기는 가장 약한 계층을 덮쳤다. 바로 한인이었다. 어머니 역시 문정현을 비롯하여 어린 동생들을 데리고 피난을 가야 했던 것이 기억에 남는다. 어머니는 머리에는 냄비를 이고, 등에 막냇동생을 업고 어린 동생과 문정현은 배낭을 등에 지고 피난 가야 하는 상황인데 한 동네 살던 일본 아주머니에게서 급히 다른 곳으로 피신하라는 정보를 듣고 낮에는 보리밭에서 자고 밤을 이용해서 다른 동네로 피난을 하였다. 그렇지 않았으면 식구 모두 학살에 연루되지 않았을까 회상하였다.

"7살. 1학년 때 일본 패전하면서 급히 피난을 가야 했어요. 어머니는 머리에 냄비를 이고, 막내를 등에 업고, 우리들은 배낭을 지고 피난길에 들어섰어요. 한참 가는데 일본 아주머니가 빨리 다른 곳으로 피해라. 안 그러면 모두 죽는다는 말에 어머니는 낮에 보리밭에서 자게 하고 야밤에 도망을 갔어요. 나중에 먹을 것이 없어 산속으로 가서 먹을 것을 구하고, 가는 중에 강변에 무기들이 많이 쌓여 있는 것도 보았어요. 구사일생으로 살아남을 수 있는 것은 어머니의 지혜와 희생이었던 같아요. 고생해서 구해 온 먹을 것을 빈집에 두고 온 것도 기억에 났지요. 왜냐하면 우리가 어려웠던 만큼 돌아온 사람도 먹을 수 있게 배려한 어머니의 뜻이 담겨있는 거죠. 없는 가운데도 어머니 나름 남을 도와주는 넉넉함이라는 생각이 됩니다."

해방 직후 사할린의 극심했던 혼란 속에서 남사할린 가미시스카(현 레오니도보)와 미즈호(포자르스코예) 등에서는 일본 관헌과 민간인에 의한 조선인 학살사건이 잇따랐다. 사할린의 '가미시스카 학살사건'과 '미즈호 학살사건'은 사할린 한인들 사이에서 드문드문 구전되다 관련 사건의 피해자 유족, 러시아 향토사학자 콘스탄틴 가포넨코, 일본인 연구가 하야시 에이다이 등에 의해 사건 당시 정황과 소련 쪽 재판 기록이 발굴되면서 비로소 세상에 알려지게 됐다(한겨레 2010. 02. 10). 문정현도 빨래터에서 만난 일본 아주머니가 아니었더라면 학살에 관련되지 않았나 하는 생각하였다. 이 일로 예상치 못한 위기에서도 남을 먼저 생각하고 양보하는 어머니의 따뜻한 마음과 지혜를 잊지 못하고 간직하게 되었다.

"44년도에 아버지가 이중징용도 가고 46년도에 샤흐쪼르스크(샥조르스크)에서 홈스크로 이사를 왔어요. 46년도에 홈스크에 이사를 왔는데 이상하게도 동무들은 다

[사진 8-1] 문정현의 어머니

아버지가 있는 기라. 다른 친구들은 아버지가 다 계시고 같이 살고 있어요. 그런데 나는 아버지가 없단 말이지. 거기 동네 아이들하고는 놀고 있는데 빵 있잖아요. 빵에 빠다를 발라 가지고 뛰 댕기며 먹는데 우리는 아버지가 안 계시고 그런 빵을 어떻게 먹어요. 지금 생각하면 어머니가 우리를 어떻게 먹여 살렸는지 모르겠는데 어머니가 말도 못하게 고생이 많았어요."

2. 어린 시절의 굳은 결심

샤조르스크에 살 때는 징용으로 끌려간 분들이 많아 아버지가 안 계신 친구들이 많아서 어린 문정현도 아버지가 안 계신 것이 당연하다고 생각하면서 살았다. 그러나 홈스크로 이사를 오니 아버지가 계시는 친구들이 많아 부유하고 화기애애한 가정을 보고 놀라움을 금치 못했다. 어린 시절 수레를 만들어 타고 노는 아이들을 보는 것도 속상하여 어머니한테 만들어 달라고 졸랐던 기억이 나고, 석탄 살 돈이 없어 기찻길을 따라 다니며 석탄을 주워와야 하는데 가기 싫다고 고집부려 어머니

애를 먹인 기억이 많이 난다.

"얼매나 어머니가 속상했겠어. 석탄을 사자하는데 돈이 없죠. 집에서 가까운 곳에 기차 길이 있다고. 기차에다가 석탄을 실고 가면 막 떨어진다고. 그럼 학교 갔다 오면 우리 형제들이 빠게스를 가지고 주워 가지고 집에서 떼고. 물빠게스를 가지고 가서 석탄을 주서 오는 게 그거 내 책임인데 나는 안 가고 싶었어요. 한 이틀 안 하니까 어머니가 한번 불러 가지고 울면서 말하더라고. 들어라 남자들 할 일이 따로 있고, 여자들 할 수 있는 게 따로 있다. 그러니 남자로서 너 책임을 끝까지 지켜야 된다. 어째든지 너는 공부를 많이 해야 된다. 공부를 많이 해 가지고 아버지를 찾아라."

문정현은 초등학교 때 철모르던 시절 잘사는 가정을 보면 가난으로 고생하는 어머니를 생각하기보다는 어머니한테 떼를 써 오히려 어머니를 속상하게 했다. 문정현이 어머니에게 수레를 만들어 달라고 억지를 부리고, 석탄을 주우러 가지도 않고 애를 먹이자, 어머니께서 따끔하게 혼내주시면서 남자로서 할 일이 있음을 일깨워 주시고 공부를 많이 해서 아버지 찾을 궁리를 해야 함을 일러 주셨다. 그때 나이

[사진 8-2] 문정현의 친구들
사범학교 체육시간에
친구들과 함께 찍은
사진이다.

[사진 8-3] 사범대학에 다닐 때의 문정현

앞줄 오른쪽 첫 번째가 문정현이다.

[사진 8-4] 문정현과 사범대 친구들

앞줄 가운데가 문정현이다.

12살. 어머니 말씀에 목표를 세워 행동으로 옮겼다. 공부하는 습관을 들인 것도 그때로 기억하고 있다. 열심히 공부하여 우수한 성적으로 7학년 졸업을 하였다.

> "12살 때인가 되었을 때요. 목표를 세우면 그것을 꼭 성공을 해야 된다. 이런 성격을 내가 만들어야 된다고 생각했어요. 그래 7학년 중간부터 다른 아이들보다 공부를 못하지 않고 잘했어요. 7학년을 졸업한 후 러시아 학교 갔는데 러시아어가 약한 원인으로 계속 공부를 못했지요. 그래서 사범학교 조선과에 진학했습니다. 공부를 해야 된다. 어머니 말씀마따나 될 수 있는 대로 돈은 안 쓰고, 어머니에게 어려움을 주지 않게끔 그런 학교를 가야 한다 생각했기 때문이에요."

문정현은 공부를 해야 한다는 어머니와의 약속으로 목표를 세워 열심히 공부하여 우등생으로 졸업은 했지만 경제적인 사정으로 대륙에 있는 대학은 못가고 사할린에 있는 단 하나뿐인 사범대학으로 진학을 하였다. 어머니에게 경제적인 부담을 주지 않기 위해 사범대학에 다녔지만 그의 적성에 맞지 않았다. 학과 공부가 적성에 맞지는 않았지만 체육 시간에 여학생들과 자전거를 타면서 운동장과 학교 주변을 달리던 때는 매우 즐거운 추억으로 남아 있다.

3. 고생 끝에 찾은 아버지 소식

일본이 점령했던 남사할린을 소련이 점령하게 되자, 사할린에서의 전후 처리 문제들은 연합국 총사령부(GHQ)와 소련에 의해 결정되었다. 연합국 총사령부는 조선인에 대해 해방민으로서 '일본인'에 포함되지 않지만, 아직은 '일본 국민'이기 때문에 필요할 경우 일본 국적으로 취급할 수 있도록 했다. 그리고 조선인이 희망하면 규칙에 따라 귀환할 수 있다는 입장이었다.

그러나 조선인들이 대거 귀환할 시기에, 이들은 "해방 국민이기는 하되 독립국가의 국민"이 아니었기 때문에 이들의 처우는 국제 정세나 상황 논리에 따라 승전국민, 패전국민, 제3국민(난민) 등으로 치부되는 등 항상 들쭉날쭉했다. 전쟁에 패한 일본인들이 떠나고 있는 상황에서 사할린주 행정부가 조선인들이 일본인들 속에 포함되어 일본으로 귀환하지 못하도록 감시 강화를 지시하기도 하였다. 그러나 문정현의 부친은 일본으로 징용을 간 경우라 역으로 사할린으로 돌아오는 절차를 밟아야 하는 특이한 상황이 되었다.

> "나는 사범대학을 졸업하고 집안의 가장 노릇을 하면서 어머니의 소원대로 아버지를 찾기 위한 절차를 밟기 시작했어요. 48년에 뭐가 있었느냐면 일본 사람들을 다 일본으로 귀환했잖아요. 홈스크시에서 배를 태워 가지고 보냈다구요. 배를 타고 가려고 일본 사람이 텐트를 쳐 놓고 다 모였다구요. 그때 나는 아버지를 찾을 한 가지 방법을 생각했어요. 텐트에 있는 일본 사람들이 외출을 못하니까 그 사람들에게 담배나 성냥을 팔면서 쪽지를 써 가지고 나눠줬어. 아버지 이름을 쓰고 아버지가 어떻게 생겼다고 그리고, 우리 이름도 다 써서 일본에 가서 이런 사람을 만나면 이거 전해주세요. 이렇게 아버지를 찾기 위해 안 간 데가 없었어요. 이렇게 하고 소식 올 때까지 기다리는 거죠. 그런데 졸업반 됐을 때 경찰이 오라고 해서 가니까 아버지가 편지 쓴 편지를 주는 거야. 드디어 아버지를 57년도에 찾았어."

1944년도에 가셨다가 1957년도 10월에 소식을 듣고 그때부터 수속을 어떻게 해야 되는지 알아보려고 애썼으나 어딜 가나 거절을 받았다. 이유는 문정현이 무국적으로 되어있기 때문이다. 사할린에 있는 한인들은 해방이 되면 조국으로 가겠다고 러시아 국적을 취득하지 않은 상태였었다.

> "나는 러시아 국적을 신청하면 바로 허락을 해 줄 줄 알았어. 그런데 러시아 국적이 나오는 데 일 년 걸렸어. 58년도 8월에 국적 수속을 시작했어. 수속을 시작하는데 문제가 너무 많은 거야."

문정현네 가족 역시 아버지가 일본으로 강제징용 된 후 한국으로 갈 수 있는 날만 기다리면서 러시아 국적을 취득하지 않고 지냈다. 무국적 상태에서는 아버지의 귀환 수속을 밟을 수 없는 절박한 상황에 놓이자 가족회의를 한 결과 문정현만 러시아 국적을 취득하기로 하였고, 대학에 진학을 하여 야간에 일을 하여 돈을 벌 수 있었다.

4. 북한으로 간 아버지 모셔오기

그곳에서 아버지는 바로 사할린으로 올 수 없어 북한으로 갔다. 1960년대 '재일동포 북송사업'으로 북한으로 이주한 사람들이 많은 시대였다.

문정현은 먼저 경찰서에 가서 아버지를 초청하는 서류 작성을 하였다. 그러나 아버지라고 증명할 수 있는 자료를 제시하지 못하자 번번이 거절을 당했다. 또 1949년생 동생이 있는데 그것 또한 증명할 수가 없었다. 몇 번의 서류 제출이 허락을 받지 못하자 문정현은 아버지와 어머니가 부부라는 것을 증명하는 서류를 만들어 놓아 겨우 통과하게 되었다. 그 당시는 타자나 컴퓨터가 없는 시절이니 손으로 써야 하는 불편함을 감수해야 했다.

"내가 어느 것을 거쳐 가지고 어머니하고 아버지 부부라는 것을 증명해 가지고 만들어 봤어요. 지금 같으면 컴퓨터도 있고 타자도 있고 그 또 하잖아요. 서류를 열 가지 써야 돼요. 다 손으로 써야 돼요. 한군데 쓰면 그 내용을 여러 군데 써야잖아. 밤새도록 그것만 쓰고 학교에 가고. 그런데 문제가 동생이에요. 동생은 어디다 들이댈 때가 없더라고. 동생이 1949년에 탄생했는데 어떻게 해서 그렇게 됐는가? 공증해 가지고 아는 사람 거쳐 가지고 동생이라는 것을 확인시켜 가지고 서류를 보냈어."

어렵게 서류를 보냈지만 러시아 기관에서는 두 달 후에 허락을 해줬다. 마지막 단계로 북한에서 러시아로 들어왔다. 들어오기는 들어왔는데 3개월 비자를 받고 들어왔으므로 무조건 붙잡아 가던 시절이었다. 반년이 지나가니까 또 내보내려고 해서 이 문제를 해결하기 위하여 홈스크에서 유즈노사할린스크로 두 시간 반 가야 되는 거리를 문정현은 일이 끝나면 새벽까지 밤새도록 자주 다니게 되었다. 경찰서에서 문정현은 출입을 할 수 없도록 조치를 취하였다. 경찰관이 지키고 있다가 문정현이 도착하면 쫓아내곤 하였다. 홈스크에서 2시간 반 동안 잠 안 자고 온 날 결정적으로 싸움을 하면서 아버지의 체류 문제를 해결하였다.

"그렇게 어렵게 아버지를 찾았는데 기간이 지났다고 강제로 북한으로 보낸다고 하니까 얼마나 어이없습니까? 그래서 열심히 서류 갖추고 싸운 거죠. 당신이 여기서 두 사람 문제를 풀지 못하면 우리 친척을 모두 북한으로 보내라. 우리 친척이 서른 세 명이다. 사진을 내 다 가져갔거든요. 그러니까 수속을 하자 우리가 북한에 가겠다. 암만 그래도 세계적으로 봐도 부모하고 아들은 이별해 가지고 살 수는 있다. 그러나 부부간에 이별해 사는 법은 없다. 인도적으로 하나 비인도적으로 해도 그런 법은 없다. 당신들은 어떤 법을 지키고 있느냐? 하면서 싸웠어요."

경찰이 들어와서 싸운 현장을 보면서 깜짝 놀랐다. 연필과 물이 쏟아져 있고 자리가 어수선한 것을 보고 놀라면서 둘이 앉아서 이야기하였다. 식구들이 러시아에 모두 있는데 왜 북한으로 다시 보내려고 하느냐고 큰소리를 치면서 덤벼든 것이 효과가 있었다. 소동을 벌인 끝에 사장한테 하소연할 수 있는 기회를 갖게 되었다.

"사장은 간단히 나의 요구 대한 보고와 상황에 대해 경찰의 보고를 듣고 난 뒤 말했어요. 당신의 문제를 처음 들은 게 아니다. 그러나 소련 국가법에 의하면 외국인들 비자로 소련 국내에서 체류할 수 있는 기간은 6개월이다. 경과되면 불법으로 인정된다. 이 문제는 다만 소련 나호드가(나홋카)시에 있는 영사관만이 해결할 수 있다. 그들이 허락만 해주면 아무 문제없이 해결된다. 그러나 경험에 의하면 북한 영사는 그런 허락을 내주지 않으며 문제를 더 날카롭게 만든다. 그러니 이 문제를 우리 도시에서 해결할 생각을 버리고 모스크바에 가서 허락받을 생각을 해라. 그러자면 시간이 요구되니 우리도 위반하기로 하면서 6개월을 더 주겠다. 물론 법의 위반이지만 인도적 원천에서 내가 책임지겠다. 하여튼 반년 동안 당신을 귀찮게 않겠다라고 말하더라고요. 그 한마디가 귀에 쟁쟁한 거예요."

사장의 말을 듣고 역시 휴가를 받아 모스크바 북한 대사관으로 가서 접수를 하고, 3일 동안 아침부터 저녁까지 대기했으나 허락을 내 주지 않았다. 다만 한 달 반 후에 보자고 했다. 그동안 소련 정부, 중앙당 기관, 최고상임위원회, 외무성 및 기타 여러 기관에 서류들을 제출했다. 이 서류들을 모두 손으로 직접 쓰고 제출하면서 긍정적으로 해결해 줄 것을 부탁했다. 문정현의 피눈물 나는 노력으로 겨우 아버지의 체류문제는 해결되었지만 반년 동안 기다리면서 손이 부르트도록 써야만 했던 서류들은 생각만 해도 끔찍하였다. 해결이 끝까지 나지 않았으면 세계적인 기구인 유엔에 자신의 고충을 털어놓으려고 했었다.

5. 결혼하고 아버지와의 생활

[사진 8-5] 문정현 부부와 두 아들(1973)

27살에 결혼을 하여 3년간 신혼 생활하면서 아들 둘을 낳고, 아버지를 모셔 와야 한다는 일념으로 서류를 꾸미면서 2시간 반 장거리를 반년 동안 걸어 다니면서 수속을 하는데 너무도 힘들었다. 아버지를 용케 모시고 와서 체류에 성공한 것은 집에서 부인이 도와준 덕이었다. 그때 형편은 말이 아니었다. 작은 집에서 부부와 아이들 그리고 부모님, 함께 온 이복동생까지 모두 7명이었다. 문정현이 혼자 일하고 받는 월급으로는 살기가 매우 힘들었다. 24년 만에 돌아오신 아버지가 계시지만 농사일과 학교 일 모두 문정현의 몫이었다.

"아버지를 24년 만에 만났거든요. 집은 적은 데다가 우리 아들 둘이지요. 우리 부부 둘이지요. 이복동생 왔지요. 식구는 일곱 명인데 누구도 일 안 하고 나 혼자 일해서 내 월급 가지고 사니까 얼마나 배가 고팠겠어요. 농사를 지었지만 형편없었지요."

밤잠을 설쳐가면서 손이 아프도록 서류 작성을 해야 했던 고충들을 학교에 가서 이야기하고 도움도 요청하였다. 함께 근무하던 동료들도 사정 이야기를 듣고 경우에 없는 이야기라고 많이들 놀랐다. 문정현의 아버지 같은 경우는 전무후무한 이야기다. 징용으로 끌려갔다 24년 만에 돌아온 분을, 북한으로 보냈다 6년이 지나서 겨우 오신 분을 6개월 만에 다시 보내야 한다는 약조를 이제는 더 이상 어길 수가 없었다.

"한 반년이 다 됐을 때 경찰에서 차를 몰고 나를 데리러 왔더라구. 이제 가서 뭐라고 변명을 해야 되는가? 약속한 반년이 지나갔으니까 이제는 아버지를 북으로 보내야 되잖아. 들어갔는데 누구도 암말 안 해요. 나도 할 말도 없고. 그런데 경찰이 먼저 왜 당신이 암말이 없는가? 하더니 갑자기 나보고 춤을 추라고 하더라고. 아버지 체류 문제가 해결이 되었다는 거지요. 러시아 전통으로 편지 받았으니까 춤을 춰라 뭘 하노? 이런 전통이 있어요. 그 말을 들으니까 눈물이 나 가지고 말을 못하겠더라고요."

수소문 끝에 아버지와 연락이 닿았지만 아버지가 어떻게 생겼는지 알 수가 없었다. 북한에서 러시아로 들어올 때 그 많은 손님들이 비행기에서 내리는데 아버지를 어떻게 찾아낼 수 있을까 걱정하며 마중을 나갔다. 북한에서 한 주에 한 번씩 오는 비행기가 있었다. 그런데 마중 나가니 북한에서는 홍수가 나서 비행기도 안 오고, 기차도 안 다니고, 전화 연락도 안 되어 망막하였다. 사흘째 되던 날 북한에서 비행기가 온다 하여 비행장으로 달려갔다. 가면서도 아버지를 알아보지 못하면 어쩌나 하고 큰 걱정을 하면서 갔다. 그러나 알아보지 못하면 어쩌지 하는 것은 기우였다.

"비행기에서 내린 사람들이 나오는데 탁 보니까 아버지인기라. 몇 발 걸어 가지고 탁 서고. 아버지도 몇 발 걸어 가지고 탁 돌아서는 기라. 아버지를 만나는데 그러니까 뭐라 할까 발이 움직이지 않는 기라. 지금 서로 돌아보는데 이 사람이 내 동생이고 아버진데 발이 안 떨어지더라고. 누구냐 하니까 아버지라고 하더라고. 피는 못 속여요. 아버지를 금방 알아봤어요. (중략) 아버지를 만나 두 시간 반 동안 기차를 타고 가지고 도시까지 와야지. 그런데 홍수가 나서 다리가 없어졌어. 가지도 오지도 못하잖아. 그래서 인자 택시를 불렀는데 강물이 거하니까 못 간다는 거예요. 내가 돈 세 배 준다니까 택시가 승낙하더라고. 그래 오니까 보통 열한 시나 열 시면 도착하는데 새벽 2시에 도착했어요. 아버지가 온다는 소문이 퍼져 가지고 신문사에서도 취재하려고 기다리고 있더라고."

부모와 자식은 천륜지간(天倫之間)이다. 그야말로 하늘이 내려 주신 귀한 인연이듯이 한 번도 본 적이 없는 아버지를 단번에 알아볼 수 있었다. 핏줄은 속일 수 없었다. 아버지와 아들이 극적으로 상봉을 하고 온 날. 그토록 많이 오던 비도 그치고 침수되었던 물도 빠져 겨우 새벽녘에야 집에 도착할 수 있었다. 이중징용을 가셨던 아버지가 사할린으로 돌아오자《레닌의 길로》라는 신문에서 취재를 왔었다.

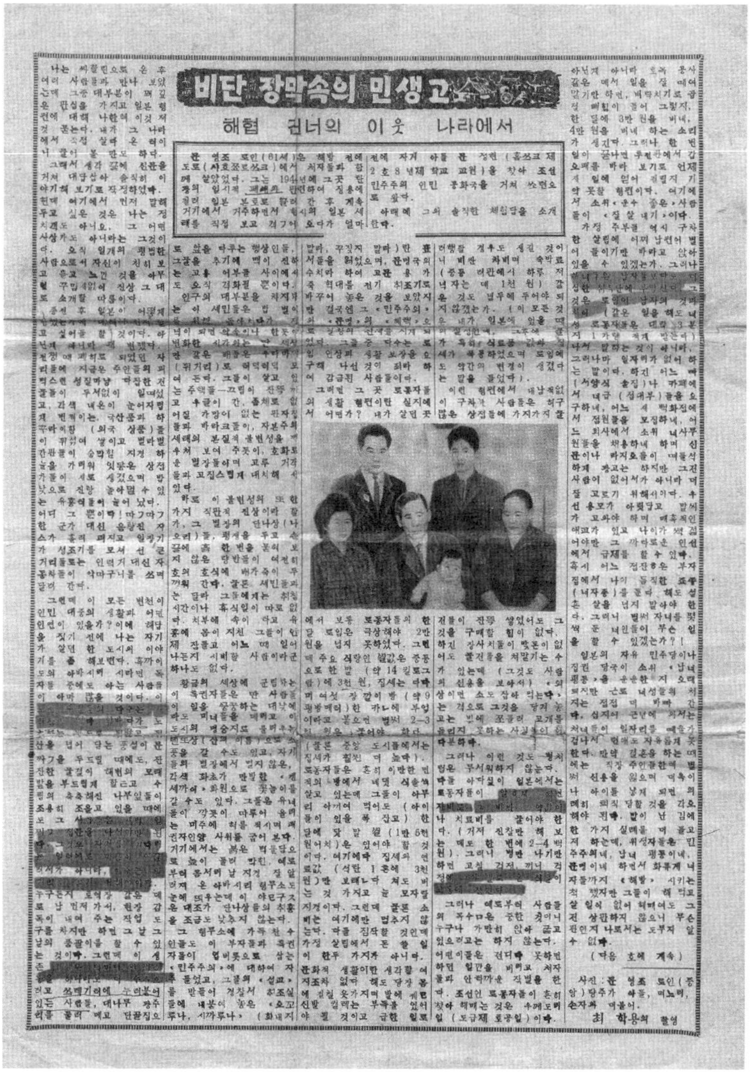

[사진 8-6]《레닌의 길로》에 실린 문정현의 아버지 귀환 기사

"부모님이 싸울 때마다 내가 얼마나 슬펐는데, 내가 그렇게 고생을 해 가지고 아버지를 만났는데 이렇게 알콩달콩 살았으면 얼마나 좋을까? 물론 부부간이라도 싸울 때가 있지. 하지만도 우리 부모님은 만나자마자 그렇게 싸우니까 어떤 때는 차라리 아버지가 일본에 있을 때 그냥 놔뒀으면 좋았을 텐데 하면서 후회도 했어요. 내가 14년 동안에 그렇게 고생해 가지고 24년 만에 만났는데 어떻게 그럴 수가 있나. 다른 사람에게 없는 역사를 내가 만들어 놨는데 이렇게까지 하니까 내가 너무 화나고 속상했어요."

문정현의 소망은 이중징용을 가서 소식이 없던 아버지도 찾고 아들로서 도리를 다했으니 부모님이 남은 여생을 알콩달콩 행복하게 살아주는 것이었다. 천신만고 끝에 아버지와 함께 살 수 있는 상황이 되었지만 아버지를 찾았다는 기쁨은 오래가지 않았다. 아버지의 러시아 여권과 신분증도 다 나와 행복하게 살면 되는데 아버지의 건강이 이미 안 좋은 상태였던데다가 부모님은 하루가 멀다 하고 다투셨기 때문이다. 아버지는 아버지대로 자유롭게 살았고, 어머니는 어머니대로 러시아의 사상으로 살았기 때문에 생각이 달랐다. 러시아에서는 남녀평등이다 해서 어떤 때는 여자가 더 억셀 때도 있고 주먹을 쓸 때도 있다. 하지만 아버지는 교양이 있는 사람으로 서로 갈등이 생겨 도로 북으로 가겠다 하여 많이 난감해 하였다.

"그래도 아버지 환갑이 되었는데 아버지 환갑은 해줘야 하잖아요. 동네 어르신들 다 불러서 크게 해드렸어요. 그때는 그야말로 조선 사람들은 다 와서 축하해주지요. 환갑잔치 먹고 1969년도 62세에 암으로 돌아가셨어요. 아버지가 돌아가시니까 너무 허망하더라고요.

그렇게 가정은 평탄하지 않은 상태로 2년 정도 지내다가 아버지는 1969년도에 62세에 암으로 돌아가셨다. 그렇게 어렵게 만난 아버지와 2년간 지내면서 사이좋게 지내지 못한 아쉬움을 돌이켜보면 너무 속상하여 만나는 순간을 회상하여 본다. 북한에서 6년이란 긴 세월을 목수 일 하면서 아들과 함께 지내다 천신만고 끝에 온 아

[사진 8-7] 문정현의 아버지 회갑잔치

아버지가 이중징용에서 돌아오신 후 연 아버지 회갑 잔치 모습이다.

버지의 짧은 삶을 그려보면 통한의 세월이었다. 이복동생은 일본에서 6학년 때 북한으로 가서 한국말도 모르고, 러시아로 와서는 러시아어도 몰라서 정상적인 생활을 하기가 어려웠다. 세월이 흘러 동생도 60살이 넘어 유즈노사할린스크 큰 도시에 가정을 거느리면서 잘 살고 있다.

6. 흑기사 미스터 문

문정현은 사범대학 졸업 후 국가에서 지정해 준 학교에서 근무를 하였다. 4년 의무기간을 마치고 꿈을 실현하기 위하여 학교를 그만두고 홈스크시에 있는 수산업 회사 통조림 캔 공장으로 취업을 하여 1969년부터 1995년까지 근무를 하였다. 화학기사로 들어가서 제품부의 차장으로 있다가 생산부 차장까지 하였다.

"내가 회사의 높은 자리에 있다 보니 아는 사람들을 많이 취직을 시켜줬어요. 그래서 다른 사람들이 오게 되면 동쪽이나 서쪽이나 사방을 봐도 문 씨밖에 없다고 했어요. 러시아 사람들이 그렇게 그랬어요. 여기 가도 동서 저기 가도 동서 그렇게 다 일했고 일은 다 잘했어요."

문정현의 부인도 같은 공장에 취업을 하였고, 후에는 아들, 며느리, 사촌, 동서 등 많은 사람들이 문정현의 도움으로 취업하게 되어 러시아 사람들로부터 부러움을 사기도 하였다.

1980년도가 되면서 공장에도 기계 현대화 바람이 불었다. 현대화를 하자고 많은 돈을 들여 러시아에 미국 기계를 들여왔다. 러시아 계약으로 인해 미국에서 수입하여 설치하고 시운전도 해야 되므로 기술자도 미국에서 왔다. 석 달 동안 미국 기술자들은 러시아 기술자들과 함께하면서 같이 기계를 설치하고 그다음에 시운전해서 승인을 하면 미국 기술자를 미국으로 보내는 것이었다. 러시아에서는 미국 사람들이 들어오기 반년 전부터 문서를 작성하고 그다음에 KGB한테 허락을 맡아야 됐다. 문정현 없이는 KGB 접촉이 불가능하였다. 문정현은 회사에서 두 번째 인물로 천명을 가진 회사에서 비당원이 차장이 된다는 것은 대단한 일이었다.

"오케이라고 해야 할 사람이 제란 말이요. 내 승낙 없이는 기계나 접수 받아 놓을 수는 없고 그것을 계속 이용할 수 없단 말이요. 미국 사람들은 제품 질이 나쁘다고 하면 원인을 찾고 끝까지 해결하니까 미국 사람들은 뭐라 하냐면 여기에는 '흑기사 문'이 없으면 문제가 잘 안 풀린다고 했어요. 무엇이든지 미스터 문, 미스터 문 했어요. 내보고 '흑기사 문'이라고 했어요. 매일 나만 찾았어요. 여기 가도 미스터 문 오라. 저기 가도 미스터 문 오라. 우리 회사의 사장이 매일 아침부터 새벽에 와서 체크를 해요. 사장이 일곱 시에 오면 나는 여섯 시 반에 벌써 와 있으니까 사장도 할 말이 없잖아요."

문정현은 바쁘고 어려운 시간을 보내면서도 젊은 시절의 꿈을 잊지 않고 그것을 성취하기 위해 모스크바 수산업 기술대학을 통신으로 졸업했다. 그는 발전된 외국 기술자들과 동등한 지식을 보여주면서 나란히 일했고 직업의 높은 기술자로 인정되었으니 큰 자랑이라고 생각한다. 문정현은 기계 품질관리부의 차장으로 임명된 후 공장의 복잡한 사실들을 많이 알게 됐다. 그중의 하나는 제품에 대한 소비자들의 민원제기였다. 그럴 때마다 회사는 과태료 납부로 많은 손해를 보고 있었다. 이를 분석한 결과, 공장 내 설치된 장비들이 대다수 낡아 소비자 요구를 만족시키지 못하는 것으로 밝혀져 공장 내 품질관리부의 검사원들을 기술지식을 소유한 대학 졸업자들로 재조직하였다. 그리고 품질관리부는 월, 분기, 연도 계획을 초과 완수하고, 제품에 대하여 민원의 소지가 없고, 검사원의 사고 없이 교대를 마치고 또 생산한 제품 99.55%를 창고에 넘겨주게 되면 100% 상여금을 받을 수 있도록 하고, 낡은 장비들은 발전된 선진국 기술로 도입할 것을 결정하였다. 이처럼 그는 제품의 품질 향상에서 중요한 인물이었다.

> "제품에 의심이 생길 때 전문 기술자들을 초청했어요. 이렇게 함으로써 기술자들의 노력으로 불량들을 제거하자 했어요. 한 가지 실례로 우리 공장이 공모선에 보낸 캔을 가공할 때 80%가량 붉은 녹이 생기니 이것이 생기는 원인과 제거 방법을 찾아 달라는 요청에 외국 바다에서 작업하고 있는 공모선에 가서 일주일 동안 작업 후 원인과 방법을 찾아냈어요."

더 밀접히 접촉하고 관계를 유지하면서 소비자 회사 기술자를 연수시키는 데 문정현의 공로가 컸다. 미래의 기술자들 앞에서 캔을 가공하는 기계들의 특수성에 대한 강령을 읽어주며 설명해주면서 많은 공모선의 기술자들을 양성했다.

수입해 온 기계들을 문정현이 승낙을 해야 일이 마무리되니까 미국 사람들이 일본에서 산 계산기, 사진기, 니콘 등의 선물을 가지고 왔다. 그 당시 러시아에 계산기가 없었던 시절이었다. 미국 사람들은 다른 사람들에게는 안 해도 문정현한테는 많은 도움을 받아 선물을 주고 가려 했지만 선물을 받은 것이 KGB에 보고되면 큰일 나던 시절이었기에 받을 수 없었다. 실은 계산기가 많이 탐났으나 KGB에 보고되면 문정현에 대한 신뢰가 깨지므로 받지 못하였다. 러시아 기계와 미국, 독일 것

[사진 8-8] 사할린 스키장에서 문정현과 동료들

[사진 8-9] 문정현과 회사 동료들

을 비교해 보았을 때 미국에서 들여온 기계의 생산량이 월등이 많았고, 독일 기계가 좋아 품질이 좋은 상품을 생산할 수 있어 선진국으로 출장을 가서 기술을 익혀 오곤 했다.

"우리 러시아 기계는 일 분에 깡통이 150개~200개밖에 안 나와요. 그런데 미국과 독일 기계들은 1분에 700개가 생산돼요. 그리고 러시아 철판의 질이 낮은 원인으로 생산량이 줄어들어요. 그래서 이 문제를 해결할 목적으로 기술자로서 외국 회사들에 가서 기술 조율을 하고 오곤 했어요."

실습이 능숙해지고 이십 년 공장에서 일하게 되니 밖에서 들어오다 기계소리만 듣고도 어디가 불량인지 알 수 있고 어디를 수리해야 하는지 알 수 있었다. 기계 현대화로 사람을 감축해야 했지만 생산량을 늘리는 계획을 세워 사람들을 내보내지 않고도 공장을 운영할 수 있었고 러시아에서는 노동조합이 있어 함부로 구조조정을 할 수 없는 체제였다. 문정현은 기술을 습득하고 다른 나라의 산업구조를 익히려고 외국을 자주 다녀왔다. 당시 외국 출장을 다녀와서는 모스크바에 제출하는 제도라 여권이 많았다. 출장 중에 여권에 도장을 받지 못해 출장비를 받지 못하는 경

[사진 8-10] 미국 기술자가 홈스크에 왔을 때 제품 검사를 하는 문정현

우도 있었다.

"외국으로 다녔을 때는 아무 계획이란 게 없었고 참 마음대로 외국으로 외출 못 할 때요. KGB에 허락을 받고 나는 몇 번 외국으로 갈 때마다 여권을 만들어야 되고 그 여권을 모스크바에서 만들고 갔다 오면 모스크바에 제출해야 되고, 내 여권이 몇 개나 되는지 몰라요. 갈 때마다 만들어야 되잖아. 그런 나라입니다. 여권을 몇 년씩 주는 게 아니라 독일에 갔을 때 스위스로 출장 가야 되는데 꼭 여권에다가 도장을 받아야 되는데 나는 모르고 독일에 갔다가 스위스에 들어가는 차를 벤츠에다 태워 가지고 갔다 왔어. 여기 여권에다 도장을 찍어라 그놈들이 잊어버려서 그냥 지나갔어. 그래서 그해는 도장을 못 찍었어. 러시아 와서 제출하니까 당신이 거기를 안 갔다 왔으니까 도장이 없으니까 돈을 못 주겠다고. 그래서 출장비를 못 받았잖아."

러시아의 산업구조와 해외 출장 그리고 외국으로 출장을 다녀온 후 출장비 처리를 여권에 찍힌 도장으로 확인하면서 지급하고 있다는 것, 문정현이 차장으로 있을 때 회사에서 신임을 받고 기술이 인정되어 많은 나라를 시찰하고 왔음을 알 수 있었다.

7. 홈스크시 한인협회 회장

1982년 어머니는 환갑을 맞이하였다. 아버지와 일찍 헤어져 많은 고생과 설움으로 자녀들을 키우고 살림을 도맡아 하신 어머니의 모습에서 강인함과 인자함이 역력하다. 환갑을 맞이하여 상차림이 전통적인 회갑연에서 볼 수 있는 음식들로 차려진 것 같았다. 타향에서 지내는 환갑잔치인 만큼 자손들과 동네 사람들이 함께 모여 장수를 축원하였다.

> "우리 어머니가 고생한 것을 생각하면 정말 눈물이 납니다. 아버지가 이중징용을 가서 집에 없으니까 어머니가 우리를 키웠잖아요. 나도 철이 없어 어머니를 애먹였지요. 그래 어머니 환갑에는 진짜 크게 잔치했어요."

소련 대통령 고르바초프가 페레스트로이카 정책을 선언한 후 사할린 한인들 생활도 변하기 시작했다. 각 도시에 한인협회가 조직되었다. 홈스크시 회장으로 문정현이 선발됐다. 문정현은 회장으로 당선이 되자 25년 동안 소련의 정책으로 사라졌던 한인의 민족전통문화와 예술을 부활시키는 데 집중하였다. 특히 사할린 한인들은 추석과 광복절을 최대 명절로 지냈다. 이날은 고향을 상징하는 날이다. 이런

[사진 8-11] 문정현의 어머니 환갑잔치(1982, 사할린)

명절 행사는 큰 운동장에서 진행되었고 우리 민족의 음악, 춤, 노래들이 흘러나오고, 민속놀이를 하며 주민들의 사기와 흥을 돋우기 위해 경품으로 승용차, TV, 냉장고 및 기타 제품들을 준비하여 한인들의 애환과 고국을 그리워하는 마음을 달래주기도 하였다. 그리고 우리 민족의 주식인 쌀을 한인 한 사람당 5kg씩 지급하여 한인들 생활에 안정을 주었고, 차츰 한인들 중심으로 생활하도록 한인협회 문정현 회장이 많은 영향력을 발휘하였다. 한인들의 부탁을 100% 다 실행할 수는 없지만 최선을 다해 노력하고 실천하는 것이 그와 협회의 목적과 과업이었다.

"내가 회장을 할 때 1983년 9월 1일 대한 공항 007편이 사할린 인근에서 소련군의 수호이 15가 발사한 미사일에 격추되어 269명이 희생됐는데 그중 105명 한인이 사망했습니다. 그러나 소련 정부는 책임을 거부했어요. 이 사실이 벌어진 6년이 지난 1989년 사할린 홈스크시로 추모제를 지낼 목적으로 유가족 협회 회장이 한국에서 왔습니다. 그런데 경제적인 이유로 홈스크시 공산당 서기, 시장은 거절하였습니다. 그래서 추모제 조직 문제는 재정적인 이유로 큰 난관에 부딪쳤었다. 그래서 그 자리에서 모든 경비는 내가 책임질 테니 배를 타고 추모제를 지내자고 해서 추모제를 지냈어요."

[사진 8-12] 83 KAL 피격희생자 제8추모제
(새고려신문 이예식 기자 제공)

추모제를 위해 추격된 그곳으로 가려면 배를 타고 가야 하며, 배 임대료 및 기타 들어가는 경비가 어마어마한 금액이었다. 그럼에도 불구하고 우리 혈육의 유가족을 위해 문정현 회장은 협회가 책임지고 실행하겠다고 그 자리에서 응답하고 나섰다. 그때 참석한 인사로는 모스크바 대한민국 대사, 블라디보스토크영사, 사할린 지사, 시장, 주

한인협회 회장들, 적극 물질적으로 도움을 준 홈스크시 주민들이 있다. 그들의 큰 도움으로 추모제가 순조롭게 진행된 데 대하여 문정현은 큰 감사를 드린다. 하지만 당시 여러 가지 미흡하여서 유가족 친족들과 많이 수고하신 유가족 협회 회장님께 세월이 많이 흘렀지만 지금도 죄송한 마음으로 인사를 드리고 싶다. 구소련 당시 개혁할 때라 모든 행사가 순조로웠다고 그는 회상하지만, 한인협회 회장을 역임하면서 가장 큰 보람을 느낀 일로 생각하고 있다.

8. 약속한 3개월이 마지막이 된 어머니의 모습

문정현의 어머니는 혼자서 자식을 다 키운 다른 어떤 여자보다 성질이 강했던 어머니였다. 어머니 친구들은 고향으로 영주귀국을 하는데 어머니는 영주귀국을 신청하지 않으셨다. 영주귀국 조건 중의 하나가 반드시 짝을 맞추어 두 사람이 한집에 살아야 하는 것이었다. 그런데 그의 어머니는 남하고는 살 수 없다면서 안 나가시겠다고 하였다. 문정현은 어머니를 인천 복지관에 모실까 하는 생각도 하였으나 어머니는 대꾸도 하지 않아 끝내 영주귀국은 하지 못하였다.

문정현의 어머니는 1994년도 적십자사를 통해 처음으로 고향에 방문하였다. 어머니 고향은 울산이었다. 젊었을 때 있었던 일이나 가족들에 대해 이야기한 적이 없어 문정현은 외가에 대해 아는 것이 없었다. 단지 외삼촌 댁에서 자랐고, 조카를 업어 키웠다는 이야기만 들었을 뿐이었다. 무작정 부산으로 가서 아는 사람을 만나 울산으로 갔다. 울산에 도착하면서 어머니와 비슷한 사람을 만나 숙모를 극적으로 상봉하였다.

"경상도 어데 그것만 알고 부산에서 와 가지고 말하니까 아는 사람이 모셔다 주겠데. 그날 하루 못 찾고 그 이튿날 돌아다니며 찾았는데 주소가 다 있는데 딱 중간에 울산에 내리니까 할머니 하나 계시는데 그렇게 어머니하고 비슷하더라고 이런 사람이 있는데 장 씨 하니까 여기도 장 씨 저기도 장 씨 그렇게 말씀하시더라고. 내 한테는 숙모가 되니까 어머니 오빠 부인이겠지. 어머니도 장 씨 거든요. 그러니까 오빠의 가정이겠다. 나보고 숙모라 하더라고, 숙모라는 분이 내 어렸을 때 누이하고 사진을 꺼내드라. 그래서 찾았어요. 처음 만난 그 사람은 복막내의 이모라고 하였어요."

어머니는 두 번 적십자를 통하여 고향에 다녀오시고, 한 번은 계획적으로 모시고 나와 고향을 방문하였다. 그때 형제간이 있다는 말씀도 안 하시고 조카와 오빠에 대해서만 말씀하시면서 조카들 이름을 안 잊으려고 자식들, 특히 아들 이름을 조카 이름으로 지었다고 하셨다. 오로지 오빠와 조카만 기억을 하시는 어머니를 볼 때 오빠랑 함께 살아서 그런 것 같았다. 그 후에도 두 번 다녀오셔서 친척들을 보고 온 후 서운한 마음 없이 러시아에서 노후를 보내셨다.

지금 이 나이가 되었어도 어머니에 대해 미안한 마음을 갖고 있다. 효도를 못했다는 마음에 지금도 한이 맺혀있다.

문정현의 어머니는 시골에서 살기를 원해 집을 구입하여 동생과 함께 지내도록 하였지만, 동생이 결혼하여 분가하자 혼자 농사를 지으면서 사셨다. 문정현도 친

[사진 8-13] 문정현 어머니의 고향 나들이(1989)

구들과 어울려 등산이나 바다로 낚시하러 갈 기회는 많이 있었으나 틈나는 대로 어머니 집에 가서 농사일을 돕고, 어머니와 함께 지내려고 노력하였다. 평생을 농사지으며 사신 분이라 만류해도 여전히 밭에 나가 채소를 가꾸는 모습에 친구들과 어울릴 수도 없어 자연히 친구들과도 멀어졌다.

밭에 나가 일을 하던 어머니가 허리를 다친 데다가 약간의 치매와 중풍으로 걷지를 못하는 상태였기 때문에 어머니를 요양원에 모셨다. 문정현은 요양원에 어머니를 두고 오면서 석 달만 계시면 모시러 오겠다고 한 것이 많이 후회가 되어 지금도 마음이 아프다. 문정현의 말을 들은 어머니는 살날이 얼마 안 남았다고 생각하고 작은며느리한테 당부의 말씀을 하셨다고 한다.

"삼 개월만 참아 있으라고 했더니 어머니는 당신이 살날이 얼마 안 남았다는 것을 벌써 알아 가지고 나한테 아무 말 안 하고 내 제수한테 뭐라고 부탁했느냐면 내가 죽으면 이빨을 잊지 말고 꽂아라. 이 틀이 그것을 잊어 먹지 말고 관에다 넣어라. 그다음에 비녀를 잊지 말고 관 안에다 넣으라고 했대요. 거기는 화장이 없잖아요. 그러니까 관 안에다 넣으라고. 사망하고 나니까 제수가 이렇게 말하던데 그만큼 나를 믿지 않았다. 그건 생각할 때마다 속이 아프고 그래요."

워낙 회사 일이 바쁘고 해외 출장도 자주 가게 되어 어머니를 알뜰히 모시지 못해 마음으로 늘 죄송하였고 다른 가정과 다르게 아버지와 일찍이 헤어져 오랫동안 혼자 아이들을 키우고 교육시킨 어머니를 보면 안쓰럽고 눈물이 났다. 석 달 있다 모시러 온다는 말을 후회하였다. 차라리 한 달만 계시라고 하였다면 후회가 덜 되었을 것 같다고 회상한다. 무엇보다도 요양병원에서 숨을 거두게 된 것에 대한 죄책감이 지금까지도 남아있다.

9. 아련한 추억으로 남은 동포애

사할린주는 러시아 연방 동쪽 끝에 위치한 작은 주이며, 사할린섬과 쿠릴열도로 구성되어 있다. 어업, 제지업과 사할린 남부의 채탄, 북부의 석유 채취가 주된 경제활동이다. 주로 게, 청어, 대구, 연어잡이가 해안지방에서는 가장 중요한 경제활동이다. 그 밖의 지역에서는 북부의 석유채굴, 남부의 석탄채광, 제지업 등이 경제의 기반을 이룬다. 산악성의 지형과 추운 기후 때문에 농업은 낙후되었다.

1980년대 대한민국 어부들이 러시아 국경에 와서 명태잡이를 하다가 체포되었다. 홈스크시로 와서 재판을 하는데 재판관이 통역할 사람이 없다고 통역을 해달라는 부탁을 했다. 평소 한국말을 잘하고 잘 알아듣는다고 생각하였으나 해안 경비나 선박에 대한 전문용어는 알아들을 수가 없었다. 북한에서 만든 사전과 모스크바에서 만든 사전을 이용하여 서로의 생각을 이해하는 수준이었다.

> "하여튼 위반을 했으니까 인자 처벌을 받아야지. 그래 인자 휴식시간에 선장이 내 팔자는 다 됐고 내 직원들만 잘 가도록 해달라고 부탁을 하더라고. 그래 속으로는 내 웃었습니다. 내가 아무 권한도 없는데 그렇게 얘기하니 나도 그렇게 하겠다고 했는데 결과는 선장을 체포해 가지고 감옥살이고 선원들은 도로 보내라 했어요. 그다음에 배도 물건도 다 압수하라고 결정이 나버렸어요."

한 달 후 또 재판을 하면서 대한민국하고 아무 수교가 없으니 모두 귀국조치를 시키겠다고 하며 석방을 하였다. 선장과 선원들을 안전하게 보내고 싶었는데 KGB의 감시로 자유롭게 대화할 수가 없었다. 귀환하려면 배를 타고 4~5일 걸리는데 먹을 것이 없을 것 같아 쌀과 소금을 실어주었다. 그리고 선장이 다가와 담배를 피우고 있는 문정현에게 담배를 요구하기에 성냥갑 속에 낚싯바늘과 낚싯줄을 넣어서 아무도 모르게 슬그머니 건네주었다. 가면서 물고기라도 낚시질하여 반찬으로 먹게 하려고 하였다. 헤어지면서 선장이 하는 말이 잊히지 않는다고 하였다.

"그런데 한 달 후 재판에서 모두 한국으로 돌려보내라는 판결이 났어요. 그런데 선장이 한국에 가면 여권에다 이렇게 빨건 줄을 매기면 무조건 다른 데는 취직을 못 한다 하더라고. 그래서 내가 그 사람들의 운명에 대해서 좀 알고 싶어서 이 사람 저 사람한테 물어봐도 그 소식을 아는 사람이 없어요. 이름도 모르니 어찌 소식을 알겠어요. 경상도 사람이라 더 궁금했지. 우리 어머니도 경상도가 고향이라. 집에서 와서 어머니한테 이런 일이 있었다고 하니까 아 어머니가 울고 있더라고."

고향이 울산이신 어머니는 동향 사람들이 피랍되었던 사건과 그 후의 소식을 은근히 알고 싶어 하셨던 같았다. 문정현은 역시 성냥갑 속에 넣었던 낚싯바늘로 낚시를 하여 배고프지는 않았는지 궁금하기도 하고 그분들이 보고 싶기도 하였다. 그러나 성도 모르고 이름도 모르니 알 길이 없었다. 그저 지나간 추억으로만 생각할 뿐이다.

10. 어처구니없는 아들의 죽음

문정현에게 아들은 지금 하나밖에 없다. 둘이었는데 1995년도에 한창 개혁 바람이 불었을 때 깡패들한테 총살을 당하였다. 아들의 결혼을 앞두고 당한 일이라 지금도 그의 가슴에 묻고 살아간다.

아들이 군대 제대 후 2년 동안 직장에서 일하면서 돈을 벌고 결혼할 여자도 있으니 집을 사주었다. 아들은 리모델링을 한다고 하여 아들이 알아서 잘하려니 하고 있었다. 집들이한다는 말은 들었는데 이틀이 지나도 오질 않고 전화 연락도 되지 않았다. 눈보라가 몹시 심하여 오도 가도 못하는 천재지변이었다. 날씨가 좀 괜찮아져 아들 집에 가보니 아들이 총을 맞고 쓰러져 있었다. 당시 아들의 나이 27살. 아무리 조사를 해보아도 단서나 범인을 찾을 수도 없고, 경찰서에 다녀올 때마다 마음만 아프고 아무런 희망이 없어 모든 것을 포기하게 되었다.

"러시아 법으로 한 달 만에 사건 종료라는 말로 모든 게 끝났습니다. 그래 가지고 내가 몇 번 가 가지고 다시 조사했지만 경찰서 갔다 올 때마다 그 문제로 앓았어요. 그런데 아무 희망이 없으니까 포기했어요. 금년에 아들 묘 때문에 내가 러시아에 갔다 왔거든요. 옛날에는 그 뭐라나 대리석이 없어서 하지 않고 묘만 만들어 놨는데 터졌더라고. 금년에 다시 할라 했는데 집에 사람이 아파 가지고 일찍이 들어왔어요."

예부터 자식을 잃으면 부모는 눈이 먼다고도 하고 가슴에 평생 동안 슬픔을 묻어둔다고 하였다. 내 무릎 아래에 있는 아이. 제 앞길 갈 때라고 하지만 아직도 나에게 의지할 아이인데. 남들은 장성하였다고 말하지만 아직도 어미 앞에서는 어린아이일 뿐인데. 청천벽력인 아들 죽음으로 문정현의 내외는 모든 것을 상실한 채 무심한 세월을 보냈다. 21년 전의 사고지만, 평생 가슴에 새겨진 아픔을 겪은 것이다. 허망하게 가버린 둘째 아들을 잊지 못해 20여 년을 가슴에 묻고 산 문정현은 당시 어처구니없는 사고를 회상할 때 눈물을 흘리고 있었다. 집으로 간 날 문이 열려있는 것을 보면 분명 아는 사람의 소행인 것 같다고. 무슨 연고로 사고를 당한 것인지 알 수도 없어 답답한 마음으로 지금까지 살아가고 있다고 한다.

작년에 비석을 손보려고 러시아에 갔었는데 부인의 건강이 악화되어 하던 것을 멈추고 귀국하였다. 부인은 현재 자궁축출 수술을 해야 하는데 혈압이 떨어지질 않아 대기 상태로 있다.

"그때 시대만 해도 내도 한국말을 배우는 것을 싫어했어요. 두려워했어요. 될 수 있는 대로 러시아 말을 배워 가지고 대학을 가 공부해라. 그런데 큰아들은 손재간은 좋거든요. 수리하고 자동차 수리하고. 우리가 거기에서 여러 체제에서 살면서 그런데 일본 시대에 있을 때는 일본 이름을 가지고 여기서도 그랬잖아요. 그다음에 해방되니까 한국 이름으로 사는데 러시아 사람들이 들어오니까 러시아 이름으로 살았잖아요."

큰아들은 1967년생으로 결혼을 하여 가정을 갖고 있지만 한국말을 전혀 하지 못한다. 아버지를 닮았으면 학구적으로 대학에 진학을 하였을 텐데 공부하기를 싫어하고 만들고 다듬는 것을 좋아하여 지금은 집수리하는 기술자로 있다. 어렸을 때 할머니하고 서울에 다녀간 뒤로는 다시는 한국에 오려고 하지 않는다. 아마도 울산 시골에 와서 어르신들하고만 지냈던 기억으로 한국의 매력을 느끼지 못한 모양이다. 그리고 한국말도 못 하니 더욱 그렇다고 한다.

11. 영주귀국 후 문정현의 삶

사할린 한인들은 영주귀국을 오랫동안 손꼽아 기다렸다. 끝내 그날은 돌아 왔으나 너무나 늦었다. 부모들은 이미 돌아오지 못하는 강을 건너 하늘나라로 가셨다. 영주귀국 조건은 다른 외국나라들(일본, 이스라엘, 독일)에 비해서 차이가 있었다. 귀국은 1세, 1945년 8월 15일 전에 탄생인들만 대상으로 되었으니 부모 자식 간의 이별로 결국 이산가족이 되어 부모들의 운명과 비슷했다. 문정현은 고향이 그리워 남은 여생 편안하게 지내다가 부모님 곁으로 가려고 왔는데 자식들, 손주들 생각에 밤잠 못 자는 날을 어떻게 보낼 것인지 많은 고민을 했지만 새 생활 조건에 비교적 빨리 정착과 적응이 되었다. 부모들 시대보다 발달된 나라에서 살게 되니 자식들과 영상통화로 얼굴을 보면서 대화하여 마음이 놓이고 마음대로 왕래를 할 수 있어 그런대로 지낼 만 하였다.

이곳 경로당에서 노인들을 위한 컴퓨터수업, 당구, 탁구를 배우면서 만족스러운 생활을 하게 되었다. 더구나 그는 동 대표로 선발되어 아파트 입주자들이 새로운 시설을 배우고 익히게끔 격려하고 도와주었다. 한편으로는 러시아에 보내는 서류, 증명서들을 번역하고 통역하는 일에 봉사를 하고 있다.

영주귀국하기 전에 인연을 맺은 한국인 조성일 사장과는 지금도 연락을 하며 매우 가깝게 지내고 있다. 그 당시 아들 또래였던 그는 러시아어도 모르고 러시아 특성도 모르는 채 러시아에 와서 사업을 도와달라고 하였던 용감한 청년이었다. 조 사장과의 인연을 알리고 싶다는 마음을 전하자 조 사장이 직접 보내온 편지를 지면을 통해 알리고 싶다.

"저는 대학에서 무역학을 전공하고 현대상선이라는 입사하여 외국 국적 선박을 관리하는 업무 하였고 그 중에서도 인천항에 입항하는 러시아국적 선박을 담당하였습니다.

그 당시는 88올림픽이 끝나고 러시아와 교류가 활발해지면서 많은 러시아 선박이 국내에 들어왔었고 그래서 저는 평소처럼 러시아 사할린 홈스크 항과 인천항을 근거지로 화물과 승객들을 실어 운항하고 있는 선박에 입항 업무 차 선장실에 들어갔었는데 통역관으로 한국에 들어오신 문정현 씨를 처음 뵙게 되었고 그 계기가 인연이 되어 지금까지 오고 있습니다. 그 당시로서는 러시아 선장이 영어가 잘 안 되고 저 또한 러시아 말이 서툴 때라 문정현 씨의 통역은 너무나 큰 도움이 되었고 너무나 고마웠기에 평소 남들보다 유독 정이 많은 저는 고마움에 표시로 저녁 식사를 함께 하면서 많은 대화할 기회를 가지게 되었습니다. 사실 러시아에 관심 많았던 저는 이런 분을 알고 있으면 차후 러시아에서 무슨 일을 하던 큰 도움이 되겠다고 생각에 그 선박이 출항하기 전까지 몇 번의 만남으로 많이 친밀해졌고 그때부터 호칭을 문 선생님이라고 부르게 됐습니다.

그 후 몇 년 동안 다니던 회사를 그만두고 무엇을 할까 고민 하던 중 문득 러시아에 계신 문 선생님이 생각나서 러시아에 있는 고철을 수입하고자 하는데 도움을 달라고 했고 문 선생님이 흔쾌히 동의하셔서 무작정 러시아로 향했습니다. 문 선생님 도움으로 고철을 수입하여 국내 제철회사에 성공적으로 납품하게 됨으로 오늘날 제가 사업을 할 수 있는 발판이 되었습니다.

문 선생님은 오랜 동안 사할린 홈스크에 있는 큰 통조림 캔공장에 한인으로서는 드물게 고위직 관리자로 근무해 오셨기 때문에 그 바탕으로 저는 그 공장에서 나오는 고철을 쉽게 가져올 수 있었습니다. 몇 년 동안 사업차 사할린에 머물러 있는 동안 이웃을 방문하거나 잔치 집, 결혼식장에 자연스럽게 참석하게 되었고 현재 우리나라에서 잊혀져갔던 문화와 풍습을 멀리 해외에서 지키고 있던 것들을 보고 많은 감동을 받았습니다. 저는 자신들의 의지와 전혀 상관없이 일제의 강제징용으로 인해 그 머나먼 동토에 땅 사할린까지 끌려와 애환이 섞인 삶을 사셨던 우리 동포와 그 후손들의 이야기를 전해 들으면서 눈시울을 젖기도 하였습니다. 그리고 내가 얼마나 행복한 사람인가를 깨달았고 현지에서 느꼈던 그 모든 추억들은 제 가슴속에 영원히 잊혀지지 않고 자리하고 있습니다. 특히나 제가 사업할 시기는 러시아가 경제적으로 매우 어려웠던 시기로 몸서리치게 추운 날씨에 난방도 잘 안 되고 전기도 잘 공급 안 되던 시절 저를 자식처럼 여기고 저의 사업의 성공을 위해 물심양면으로 도와주셨던 우리 문 선생님과 맛있는 식사를 해주시고 어머님처럼 저를 아껴주셨던 사모님, 특히나 우리 사모님이 해주시던 돼지고기가 섞인 감자볶음은 너무나 맛있었습니다. 무역시장의 다변화로 비록 러시아를 떠나 다른 나라로 이동하여 무역을 해오다 이제는 귀국하여 부산에서 새로운 기술 접목하여 사업을 펼친 지 벌써 8년이라는 세월이 지나 사업도 그럭저럭 잘되고 있습니다.

그리고 늘 문 선생님이 걱정하셨던 제 결혼도 한국에 들어와 늦깎이로 중매를 통해 집사람을 만나 귀여운 다섯 살배기 아들을 두고 행복하게 잘 살고 있습니다. 그리고 제가 해외에 나가있는 동안 문 선생님 부부가 한국으로 영주귀국하셨다는 소리에 너무나 반가웠는데 마음처럼 자주 뵙지를 못함을 용서하여 주시길 바라면

[사진 8-14] 문정현의 동료 가족

[사진 8-15] 문정현의 동료 사업장

서 늘 건강하시고 행복하시고 오래오래 만수무강하시길 바라는 마음입니다. 감사합니다."

그 당시 조성일의 발걸음은 너무 용감했다. 성실하고, 지향성 있는 사람으로서 많은 시간과 노력이 요구되었지만 결국 그가 세운 목표를 달성한 데 대해 너무나 기쁘고 축하하며, 훌륭한 와이프와 아들이 항상 건강하며 많은 기쁨을 안겨 줄 것을 기원한다.

또 다른 인연인 이병석의 괴로운 이야기를 지면을 통해 소개하고 싶다. 그는 현재 러시아 하바롭스크에 소재한 법인 '코를레스'라는 회사의 대표이사이다.

"저는 (주)현대모비스에 몸을 담고 직장생활을 하다가 참숯사업이 수익이 괜찮다는 말을 듣게 되어 참숯사업에 처음으로 관심을 갖게 되었고, 죽마고우인 홍영진이라는 친구와 함께 용인에서 "송도참숯"이라는 상호로 참숯업을 시작하였습니다.

그 당시 국내에는 참숯 수요에 비해서 공급이 턱없이 부족해서 중국산에 대부분 의지해야 했고, 그 값도 비싸다는 사실을 알게 되었는데, 그러던 중 러시아 연해주에서 참나무 생산 공장을 운영하고 있다는 사장이 나무가 넘쳐나는 러시아에서 싼 값에 많은 양의 숯을 공급해 주겠고, 중부권 총판권을 주겠으니 우선 대리점 계약금 천만 원을 달라"는 제안에 저는 그 돈을 바로 지불하고 부푼 기대를 안고 기다렸으나, 한 달, 두 달, 6개월, 1년, 2년이 넘은 지금까지도 숯을 단 한 번도 받아보지 못하고 돈만 날렸습니다.

두 번째로 일억 원을 투자하면 국내 총판권을 모두 주겠다고 제안을 받아서 러시아 현지 직원 및 러시아인을 만나서 수차례 협의를 하다가 그 당시 경제적으로 어렵던 저와 친구는 어렵게 돈을 마련하여 위 금액 전액을 지불하고 숯이 오기만을 손꼽아 기다렸으나 오지 않았습니다. 가뜩이나 어렵게 살았던 저와 제 친구는 하늘이 무너지는 것과 같은 충격을 받았으나 그래도 어떻게든 살아볼 방법을 찾아보려고 발버둥 쳤으나 이미 큰돈을 잃은 뒤라 너무 힘든 생활의 연속이 되었습니다. 아무리 생각해도 정말 너무 억울하고 분통이 터진 저는 친구에게 "몇 년째 러시아와 관련된 놈들한테 당하기만 하면서 살았는데 너무 억울하다. 그러니 그놈의 숯을 우리가 직접 러시아에 들어가서 직접 생산해서 만들어 가지고 국내로 들여와 보자"고 하였고, 친구와 뜻을 같이하여 연해주 "나홋트카(나호트카)"라는 곳으로 겁도 없이 발을 들여놓았습니다.

[사진 8-16] 동료와 사업 구상 중인 문정현

러시아로 간 지 몇 개월이 지나면서부터 자금의 부족 때문에 다시 난관에 부딪혔고, 결국 2년 가까운 러시아 현지 생활을 접고 국내로 다시 들어오게 되었습니다.

국내로 들어온 이후로도 우리들은 결코 러시아 사업을 포기하지 않았고 오히려 숯이 아닌 자원 쪽으로 방향을 잡아서 러시아에서 친분을 맺은 많은 사람들과 사업거리가 될 수 있는 연구를 계속하던 중 문정현 선생님과 인연을 맺었습니다.

상기 언급한 석탄사업은 정말 큰 포부를 갖고 진행하였으나 상상을 초월하는 막대한 자금과 기타 여러 사정으로 아쉽게도 결실을 맺지는 못하였습니다. 그래도 저는 러시아 사업을 포기하지 않고, 2015년 말에 사할린에서 동해를 통해서 러시아 소나무와 피트모스를 수입하게 되어 사업의 가능성을 보여주었고, 국내 목재회사와는 러시아 소나무의 공급을 피트모스는 국내 최대의 비료 제조회사(코스닥 상장회사)에 공급할 것을 약속하였으며, 현재 사할린주에서는 위 물량을 대량으로 실어 나를 수 있는 부두를 위한 모스크바에서 모든 사업의 진행에는 사할린 출신이신 문정현 선생님의 통역과 역할이 필요하므로 계속 동행하여 사할린 출장을 다니고 있으며 다음 달 2017년 9월에 문정현 선생님께서 사할린을 방문하시어 사할린주의 부두 인 · 허가 문제와 목재 및 피트모스 무역에 대한 전체적인 확인 및 체크를 하러 가실 예정입니다. 고령의 연세에도 꿋꿋하게 일을 헤쳐 나가시는 문정현 선생님이야말로 젊은 저희들에게 정말 본보기가 되실 수 있는 훌륭한 분이시라 생각 듭니다."

2012년에 사할린 사업가가 석탄 채굴 사업으로서 대한민국으로 상담 하러가서 통역을 해 달라는 부탁을 맡았다. 미팅 시작 전 한국 측 통역이 문정현의 참석에 부정적으로 반응 했다. 아무 근거 없고 권한도 없는 사람이 러시아 대표를 대하고 온 문정현에게 대한 반향은 너무나도 의심스러웠다. 결국 한국 측 대표가 통역을 하면서 자기 이익 점에 대한 문제를 계획적으로 처리 하고 사업 해 왔었다는 것을 그 자리에서 폭로 되었다. 계속 알아보니 그 전 사업에 서도 한 병원의 원장이 일 년 동안 많은 돈을 벌수 있다는 꿈에 빠져 원장은 협회 돈으로 투자 했고 또 한 여자 교육원은 유치원을 매상 해 투자한 결과로 많은 돈을 사기당하고 있었다. 이런 위기 상황에서 처음 이병석씨를 만났다. 이 사장의 역사가 위에 원장 교육원 운명과 매우 동등 했다. 이 사장은 지난 날 있는 돈 전체를 사기로 잃고 목숨까지 위협을 받으며 최악의 환경 속에서 시간을 보냈으며 비참한 생활을 했다. 더욱이 이 사실을 용납하지 못한 아내와는 이혼까지 했다.

이모든 사실을 알고 난 후 특히 러시아와 인연을 끊지 않고 계속 하겠다는 단

[사진 8-17] 문정현과 사할린사범학교 동창생들(2012. 5)
맨 오른쪽이 문정현이다.

[사진 8-18] 문정현과 손자
씩씩하게 성장하는 손자와 즐거운 한 때를 보내고 있다.

단한 의도와 강인성으로 이병석의 도움을 안전과 믿음을 전해 줄 수 있다는 것만 해도 문정현의 영주귀국이 효용과 도움이 된다는 것에 기분이 좋았다. 물론 새로 사업을 시작 한다는 것은 쉽지 않았다. 먼저 심리적으로 준비를 했다. 매우 조심스럽게 파트너를 선택 후 상담 행정에서 파트너의 가능성을 생각하고 첫 계단부터 투자 조건을 검토하였다. 작업을 시작하기 위해 얼마나 기계 설비가 보장 되어 있는 것도 확인 했다. 마지막 단계로 계약 채결 전 샘플을 컨테이너에 보내 주되 견본을 공동선출로 할 수 있도록 약속 했다. 이렇게 안전을 지킨 후 파트너로 인정했으며 작업에 착수 했다. 많은 어려움도 있었다. 결과는 긍정적이고 안전하게 시작 했으니 성과는 좋을 것으로 생각하고 있었다. 내년에도 활발하게 사업은 진행 될 것을 확신하고 있다. 비록 문정현의 날은 짧아지지만, 생명이 멈출 때까지 역경을 이겨내며 남한테 사기당하고 고통을 주는 상황을 적극 적발하면 처벌을 주도록 하겠다고 마음가짐을 새롭게 하였다.

일제강점기 각종 노역에 동원돼 해외로 강제이주 당했던 한인은 무려 5백여만 명!

동토 사할린에 이주된 15만 명 조선인은 그 중에서도 특히 불행한 삶을 영위할 수밖에 없었다. 여기에 당시 전세가 불리했던 군국주의 일본은 1944년 8월에서 9월까지 3천여 명이 넘는 조선인 광부 1만 명을 다시 일본 본토로 또 끌고 가서 혹사시키는 이중징용이 발생했다.

강제징용으로 끌려가신 분들의 비극적 삶의 실체와 그 한스러운 삶이 해방 이후에도 고된 타향살이와 이산가족의 아픔으로 이어져 오늘날까지 계속되고 있음이 여실히 드러나 있다. 이중징용자들의 자녀들은 아버지가 없는 상황에서 어린 나이에 식구들을 먹여 살리기 위해 일을 해야 했다. 소련에서도 대학을 나오지 않으면 높은 지위에 올라갈 수가 없었고 결손가정에 대한 사회적 편견 속에 살아야 했다.

일본에 잔류하고 있던 이중징용 피해자인 아버지를 찾기 위해 문정현 역시 갖은 고통을 참아가면서 수소문하여 아버지를 찾았다. 문정현의 애쓴 보람으로 북송된 아버지를 러시아로 모시고 오지만, 오랫동안 헤어졌던 이산의 아픔이 치유되기도 전에 고통의 연속이었고, 이 또한 연민의 정으로 통한의 세월을 견딜 수 있었다. 다행이 공부한 전문적인 지식으로 직장에서 어렵게 승진하여 남부럽지 않게 살게 되지만 뜻하지 않은 갑작스런 사고로 아들을 잃는 참혹했던 가족사도 들었다.

가난해도 어려워도 잃지 않고 지켜왔던 아름다운 가족 사랑의 미풍양속과 가족 공동체가 지켜야하고 추구해야할 진정한 근원의 가치와 천륜의 도리를 문정현의 삶을 통해 다시 한 번 느껴보는 계기가 되었다. 가족 공동체의 구성이 사회의 근간을 이루고 더 나아가 국가를 형성한다고 볼 때 서로에게 희망을 주는 것이요, 믿음이 있는 곳이요, 사랑과 소망이 있는 곳이요, 용서가 있는 곳이 바로 기쁨의 공동체가 바로 가족이다.

그동안 많은 어려움을 극복하고 성공 할 수 있었던 것은 곁에서 튼튼히 뒷받침을 해주었던 사랑하고 귀중한 아내 이춘자였다. 아내 덕에 견딜 수가 있었고 무슨 일 이든 두렵지 않았다. 언제나 어려움이 찾아오면 남 먼저 말없이 해결에 나선 아내에 대해 매우 고맙고 감사함을 표현하는 얼굴에서 아무 조록 마지막 날 까지 웃음 잃지 않고 건강하게 살아주길 늘 마음속으로 기원하는 문정현의 속내를 알 수 있었다.

가정이 피폐해지는 요즈음 우리 역사의 상처, 우리 민족의 맺힌 한, 이런 것들에 대하여 사할린 한인들의 생애사를 통해 부모 자식 간 수많은 가슴 아픈 이야기들로 가족 간의 사랑을 우리 국민 모두가 성찰해보는 계기가 되었으면 좋겠다.

참고문헌

고욱 · 이인화 · 전봉관 외(2003).《디지털 스토리텔링》. 황금가지.

김게르만(2005).《한인 이주의 역사》. 박영사.

김남석(2017). "〈남은 여생의 시련〉을 통해 고찰한 사할린 한인의 귀환과 귀환자의 권리에 관한 일고찰".《Trans-Humanities》10(2): 131-168.

김민영(2000). "사할린 한인의 이주와 노동, 1939-1945".《국제지역연구》4(1): 23-52.

김성종(2009). "사할린 한인동포 귀환과 정착의 정책과제".《한국동북아논총》40: 195-218.

김승일(2006). "사할린 한인 미귀환 문제의 역사적 접근과 제언".《한국 근련대사연구》38: 185-205.

김영순(2008).《문화산업과 에듀테인먼트 콘텐츠》. 한국문화사.

김영순(2011).《스토리텔링의 사회문화적 확장과 변용》. 북코리아.

김영순 · 박봉수(2016). "영주귀국 사할린 한인의 한국어 교사 경험에 관한 연구".《언어와 문화》12(4): 55-81.

김영순 · 박봉수(2017). "사진자료 수집법: 사진은 그림이 아니라 이야기이다". 2017 질적연구밥법론 여름캠프. 인하대학교 아시아다문화융합연구소.

김인성(2011). "사할린 한인의 한국으로의 재이주와 정착분석: 제도 및 운용실태를 중심으로".《재외한인연구》24: 279-301.

김진희 · 김영순 · 김지영(2015).《질적 연구 여행》. 북코리아.

김춘자(2015). "사할린 한인사회와 우리말 방송의 역할". 한국이민사박물관 사할린 한인 연구 세미나 자료집.

민병은(2016). "1945년 전후 사할린 거주 한국인들의 민족적 · 문화적 정체성 형성에 있어서의 다양성 연구: 이회성의《백년동안의 나그네》분석을 중심으로".《한일민족문제연구》30: 161-196.

박경용(2013). "사할린 한인 김옥자의 삶과 디아스포라 생활사".《디아스포라연구》7(1): 163-196.

박봉수 · 김영순(2016). "민족 미디어를 통한 사할린 한인의 민족 정체성 구성 경험 탐구". 학습자중심교과교육학회,《학습자중심교과교육학회지》16(5): 737-760.

박봉수 · 김영순(2016). "사할린 영주귀국자의 통과의례에 나타난 고향의 의미".《교육문화연구》22(6): 565-586.

박봉수 · 임지혜(2015). "사할린 동포의 영주귀국 경험과 그 의미 탐색".《언어와 문화》11(2): 161-192.

박봉수(2016). "영주귀국 사할린 한인의 통과의례 내러티브 탐구". 인하대학교 박사학위 논문.

박봉수(2017). "포토텔링을 활용한 자서전 글쓰기: 영주귀국 사할린 한인 임순련의 생애사". 《인문사회 21》 8(6): 379-392.

박봉수 · 이미정(2016). "사할린 영주귀국 노인의 자원봉사활동 경험의 의미". 《디아스포라연구》 10(1): 43-73.

박승의(2015). 《사할린 한인의 운명: 역사, 현황과 특성》. 금강P&B 한림대학교 러시아연구소.

박신규 · 이채문(2016). "영주귀국 사할린 한인의 귀환 이후 삶과 적응과정에 대한 분석: 부산 정관 신도시 사례를 중심으로". 《한국민족문화》 60: 3-36.

방일권(2012). "한국과 러시아의 사할린 한인 연구". 《동북아역사논총》 38: 363-413.

방일권(2014). "이루어지지 못한 귀환: 소련의 귀환 정책과 사할린한인". 《동북아역사논총》 46: 277-314.

배수한(2010). "영주귀국 사할린동포의 거주실태와 개선방향: 부산 정관 신도시 이주자 중심으로". 《국제정치연구》 13(2): 281-310.

배윅토리아(2015). "러시아 유일한 동포 한글신문". 한국이민사박물관 세미나 자료집.

신봉규(2013). "영주귀국 사할린한인의 디아스포라적 경험과 모국사회 적응 연구: 오산과 천안 정착민 사례". 《재외한인연구》 31: 95-131.

안미정(2014). "부산 사할린 영주귀국자의 이주와 가족". 《지역과 역사》 34: 317-359.

오승주(2012). "집단미술치료가 사할린 영주귀국한인의 삶의 만족도 및 불안에 미치는 영향: 청원군 집단거주자 중심으로". 원광대학교 석사학위 논문.

윤은향(2015). "내러티브를 활용한 표현활동 수업 실행", 안동대학교 박사학위 논문.

윤인진(2004). "이산가족 정체성의 세대별 비교와 결정요인 연구". 《아시아연구》 52(1): 178-204.

윤인진(2012). "재외동포정책의 목표와 추진체계의 재정립". 《민족연구》 54: 4-22.

윤희진(2014). "지역 향수의 다성적 내러티브와 고향에 대한 사회적 리얼리티 재구성: 영종도 실향민을 중심으로". 인하대학교 박사학위논문.

이가영 · 김선희(2016). "미술치료 매체로서 사진 활용에 관한 체계적 문헌고찰". 《미술치료연구》 24(5): 1289-1307.

이순형(2004). 《사할린 귀환자》. 서울대학교 출판부.

이연식(2014). "사할린한인 귀환문제에 대한 전후 일본정부의 대응". 《동북아역사논총》 46: 315-349.

이연식(2017). "화태청(樺太庁) 자료를 통해 본 일본제국의 사할린 한인 동원 실태 연구". 《일본사상》 32: 151-188.

이은숙(1999). "1930년대 북간도 이민소설의 나타나는 조선이민의 공간이미지". 《대한지리학회 학술대회논문집》. 81-87.

이은숙 · 김일림(2008). "사할린 한인의 이주와 사회 · 문화적 정체성: 구술자료를 중심으로". 《문화역사지리》 20: 19-33.

이재혁(2010). "러시아 사할린 한인인구의 형성과 발달". 경희대학교 대학원 지리학과 박사학위 논문.

이재혁(2011). "일제강점기 사할린의 한국인 이주". 《한국 시베리아연구》 15(1): 85-135.

이지양(2014). "비언어 커뮤니케이션과 사진치료기법에 관한 고찰: 상징적 사진치료를 중심으로". 《조형미디어학》 17(3): 233-239.

임채완 · 선봉규 · 박경환 · 전형권 · 이장섭 · 허성태(2013). "코리안 디아스포라: 이주루트와 기억". 북코리아.

임채완 · 이소영(2015). "영주귀국 사할린 한인의 생활환경과 정책적 욕구". 《세계지역연구논총》 33(1): 145-175.

장석흥(2007). "사할린 한인 '이중징용'의 배경과 강제성". 《한국학논총》. 473-502.

전형권 · 이소영(2012). "사할린 한인의 디아스포라 경험과 이주루트 연구". 《OUGHTOPIA》 21(1): 135-184.

정근식 · 염미경(2000). "디아스포라, 귀환, 출현적 정체성: 사할린 한인의 역사적 경험". 《재외한인연구》 9: 237-280.

정진아(2011). "연해주 · 사할린 한인의 삶과 정체성: 연구동향과 과제를 중심으로". 《한민족문화연구》 38: 391-421.

정진아(2014). "국내 거주 고려인, 사할린 한인의 생활문화와 한국인과의 문화갈등". 《통일인문학》 5(8): 35-65.

조재순(2009). "사할린 영주귀국 동포의 주거생활사: 안산시 고향마을 거주 강제이주 동포를 중심으로". 《한국주거학회 논문집》 20(4): 103-112.

주형일(2001). "브르디외와 사진: 사진행위에 대한 브르디외의 분석이 갖는 의의와 한계". 《한국언론정보학보》 11: 145-178.

최길성(2001). "사할린 한인 이주와 변용". 《동북아 문화연구》 1(1): 243-271.

최상구(2015). 《사할린: 얼어붙은 섬에 뿌리내린 한인의 역사와 삶의 기록》. 일다.

최혜실(2006). 《문화 콘텐츠 스토리텔링을 만나다》. 삼성경제연구소.

최혜실(2011). 《스토리텔링, 그 매혹의 과학: 이야기의 본질과 활용》. 한울.

한국이민사박물관(2015). 광복 70주년 기념 특별전 '사할린 한인들의 망향가'.

한겨레신문. "손꼽아 기다렸던 거장 쿠델카의 집시 사진들 한국에 왔다"(2016. 12. 19.)

한혜인(2011). "사할린 한인 귀환을 둘러싼 배제와 포섭의 정치". 《역사연구》 102: 157-198.

황선익(2012). "사할린지역 한인 귀환교섭과 억류". 《한국독립운동사연구》 43: 431-461.

Дин Ю. И.(2015), Корейская Диаспора Сахалина: Проблема репа-триации и интеграция в советское и российское общес-тво. Южно- Сахалинск Сахалинская областная типогра-фия.

Cornelison Jr. F. S., & Arsenian. J.(1960). "A study of the response of psychotic patients to photographic self-image experience." *Psychiatric Quarterly* 34(1): 1-8.

Dollinger. S. J., Rhodes, K. A., & Corcoran, K. J.(1993). "Photographically portrayed identities, alcohol expectancies, and excessive drinking". *Journal of personality assessment* 60(3): 522-531.

Krauss. D. A., & Fryrea, J. L.(1983). *Phototherapy in mental health*. Springfield, Illinois, U.S.A: C.C. Thomas.

Kuzin Anatolii(2014). 《사할린 한인사: 19세기 후반기에서 21세기 초까지》. 문준일 · 강정하 옮김. HUEBOOKs.

Lewis. M. E., and Butler. R. N.(1974). "Successful aging and the role of the life review." *Journal of the American Geriatrics Society* 22(12): 529-535.

Novak. D. R.(2010) "Democratizing Qualitative Reserarch: photovoice and the Social of Human Communication." *Communication Methods & Measure* 4(4): 291-310.

Stewart. D.(1979). "Photo therapy: Theory & practice." *Art Psychotherapy* 6: 41-46.

Wang & Burris. M. A.(1992). "Photovoice: concept, methodology and use for participatory needs assessment." *Health Education and Behaviour* 24: 369-386.

Weiser. J.(1975). *Phototherapy Techniques: Exploring the Secrets of Personal Snapshots and Family Albums.* 2nd Edition. Photo Therapy Centre Press.

강제동원진상조사위원회 http://www.jiwon.go.kr/

국립국어원, 표준국어대사전(고향 검색. 2017. 09. 01.) http://stdweb2.korean.go.kr/main.jsp

동북아신문 http://dbanews.com/

대한적십자 http://www.redcross.or.kr/

대일항쟁기 강제동원 피해조사 진상위원회(2015) http://www.jiwon.go.kr/

보건복지가족부, 국민기초생활보장사업 안내(2010) http://www.mohw.go.kr/

사할린 새고려신문 http://cafe.naver.com/sekoreasinmun

세계한민족여성재단 http://www.kowinner.org

사할린한인 역사회복 희망프로젝트 http://sahallincorean.tistory.com/entry/

안산 사할린 동포복지회관 http://icsakhalin.co.kr

안산시청 http://iansan.net

인천사할린동포복지회관 http://www.icsakhalin.co.kr

외교통상부 http://www.mofat.go.kr

재외동포 신문 http://dongponews.net/

재외동포재단 http://www.okf.or.kr/

지구촌동포연대 http://www.kin.or.kr

해외한민족연구소 http://ioka.or.kr/

찾아보기

ㅇ